民國文存

31

中國近百年史

孟世傑 编

知識產權出版社

本書將鴉片戰爭至1930年的中國歷史分為積弱時期、變政時期和共和時期三個階段，詳細介紹這一時期中國遭受的外來侵略和國內鬥爭情況，探討其對中國社會發展的嚴重危害以及在曲折中前進的中國社會發展歷程，尤其對1930年以前的中華民國歷史介紹詳細。

本書適合對中國近代史感興趣者及相關研究者閱讀使用。

責任編輯：劉　江　　**責任校對**：韓秀天　　**動態排版**：賀　天

特約編輯：王曉燕　　**責任出版**：盧運霞

圖書在版編目（CIP）數據

中國近百年史/孟世傑編.—北京：知識產權出版社，2013.11

（民國文存）

ISBN 978-7-5130-2393-1

Ⅰ.①中…　Ⅱ.①孟…　Ⅲ.①中國歷史－近代史－研究②中國歷史—現代史—研究　Ⅳ.①K250.7

中國版本圖書館 CIP 數據核字（2013）第 260461 號

中國近百年史

Zhongguo Jinbainian Shi

孟世傑 編

出版發行：知識產權出版社

社　址：	北京市海淀區馬甸南村 1 號	**郵　編**：	100088
網　址：	http://www.ipph.cn	**郵　箱**：	bjb@cnipr.com
發行電話：	010-82000860 轉 8101/8102	**傳　真**：	010-82005070/82000893
責編電話：	010-82000860 轉 8344	**責編郵箱**：	liujiang@cnipr.com
印　刷：	北京中獻拓方科技發展有限公司	**經　銷**：	新華書店及相關銷售網站
開　本：	720 mm×960mm　1/16	**印　張**：	23
版　次：	2014 年 1 月第一版	**印　次**：	2014 年 1 月第一次印刷
字　數：	292 千字	**定　價**：	72.00 元

ISBN 978－7－5130－2393－1

民國文存

（第一輯）

出版前言

民國時期，社會動亂不息，內憂外患交加，但中國的學術界卻大放異彩，文人學者輩出，名著佳作迭現。在炮火連天的歲月，深受中國傳統文化浸潤的知識份子，承當著西方文化的衝擊，內心洋溢著對古今中外文化的熱愛，他們窮其一生，潛心研究，著書立說。歲月的流逝、現實的苦樂、深刻的思考、智慧的光芒均流淌於他們的字裡行間，也呈現於那些細緻翔實的圖表中。在書籍紛呈的今天，再次翻開他們的作品，我們仍能清晰地體悟到當年那些知識分子發自內心的真誠，蘊藏著對國家的憂慮，對知識的熱愛，對真理的追求，對人生幸福的嚮往。這些著作，可謂是中華歷史文化長河中的珍寶。

民國圖書，有不少在新中國成立前就經過了多次再版，備受時人稱道。許多觀點在近一百年後的今天，仍可說是真知灼見。眾作者在經、史、子、集諸方面的建樹成為中國學術研究的重要里程碑。蔡元培、章太炎、陳柱、呂思勉、謝無量、錢基博等人的學術研究今天仍為學者們津津樂道；魯迅、周作人、沈從文、丁玲、梁遇春、李健吾等人的文學創作以及傅抱石、豐子愷、徐悲鴻、陳從周等人的藝術創想，無一不是首屈一指的大家名作。然而這些凝結著汗水與心血的作品，有的已經罹於戰火，有的僅存數本，成為圖書館裡備受愛護的珍本，或成為古玩市場裡待價而沽的商品，讀者很少有隨手翻閱的機會。

鑑此，為整理保存中華民族文化瑰寶，本社從民國書海裡，精心挑出了一批集學術性與可讀性於一體的作品予以整理出版，以饗讀者。這些書，包括政治、經濟、法律、教育、文學、史學、哲學、藝術、科普、傳記十類，綜之為民國文存。每一類，首選大家名作，尤其是對一些自新中國成立以后沒有再版的名家著作投入了大量的精力，進行了整理。在版式方面有所權衡，基本採用化豎為橫、保持繁體的形式，標點符號則用現行的規範予以替換，一者考慮了民國繁體文字可以呈現當時的語言文字風貌，二者顧及到今人從左至右的閱讀習慣，以方便讀者翻閱，使這些書能真正走入大眾。然而，由於所選書籍品種較多，涉及的學科頗為廣泛，限於編者的力量，不免有所脫誤遺漏及不妥當之處，望讀者予以指正。

目　錄

《中國近百年史》編輯大意

一、本書分上下兩冊，供高級中學一學年之用。

二、本書係就拙著《中國最近世史》改編而成，所選教材最為精要。

三、採用本書作教本時，可用《中國最近世史》作參考書。

四、本書注意帝國主義者侵略中國之經過，以說明近今中國政治、經濟、社會改革之背景。

五、本書以闡發三民主義之歷史、根源，指示今後中國民族應有之努力為旨。

六、本書敘事簡明，力避重複繁瑣，最便教學。

孟世傑，北平，二十年五月。

上卷

孟世傑　編

王桐齡　校

第一编　積弱時期

（民國紀元前七十四年至民國紀元前一十四年）

第一章　鴉片戰爭

一、清朝中葉之國際

中國之國際地位　吾國明清以前，國際關係限於鄰近大陸諸國，無與海外列强交涉者。明清以後，環海大通，五洲各國，莫不梯航而至，通商傳教，開千古之變局；遂使中國問題，變為世界問題。

中外交通之略歷　吾國與西洋交通，溯其最遠者為東漢和帝永元九年（九七年）班超遣甘英往大秦，惜未能至。至桓帝延熹九年（一六六年），大秦王安敦（Marcus Aurelius Antonius）遣使由海路來中國，實為中西交通之始。迨唐貞觀中，景教僧阿羅本（Olopen）來東土；元初，威尼斯商馬哥博羅（Marco Polo）仕中國；中外人士往來雖盛，於國際上無何等關係。十五世紀以來，歐人四出闢地；近代西洋各國，遂先後通中國。然始不過通商傳教而已，迨清中葉，國勢衰微，漸與諸外國訂定通商專約，中外國際關係日益複雜。

二、廣東通商狀況

廣東為外國通商集中地　自十七世紀末年以前，在中國通商之外人，皆集中於廣東。其理由有三：一因廣東據中國東南海岸，當東西洋航路之衝，西洋諸國船舶來中國貿易，必須經過廣東，始能轉至其他口岸。二因唐以來即設市舶司於廣州掌蕃貨海舶征榷貿易之事，外商習以為常，故到中國貿易，必先至廣東。三因厦門、寧波等港，中國官吏强收之稅過重，且無限制；主張多收稅之中國官吏，與主張少納稅之外國商人，其間常起交涉；外商當需索過多之會，往往暫不通商，停船於虎門之外。有此三因，廣東遂為外國通商之集中地。

公行制度　十七世紀中，外國商人，集中於廣東。關於收稅之事，在康熙時，有所謂官商者，代外國人購買茶絹，或銷貨內地，官吏藉此以徵收產物稅焉。其後以買賣貨物，有遲延之弊，始分此專賣權於他人，就各船强徵通商稅五千兩。惟各種附加稅甚多，外商苦之，屢有抗議。乾隆中，廣東商人，設立公行，為政府與外商傳遞機關，對於外國通商，為唯一之經理者。故得因政府之權力鞏固其地位，並得為官吏收入賄貨之門戶，至外商來華，恒住公行所設之商館，不許遊行街市。公行員得於正稅之外，課以種種之强求稅。外商不惟不能自由買賣，且不能自行買賣，其苦痛可知。

貿易情形　外商住于商館者，對於中國商人，初無不平之感。因公行制度，雖獨握專業權，軋轢之事，幸亦未見；外國商人，以本國與商埸相隔甚遠，交通不易，亦願公行為之代辦。於時西洋各國，雖同在中國貿易，究以英美商務為盛；其輸出品為茶、絹、大黃，輸入品為鴉片、棉花、毛織物，一時貿易頗著成效。惟廣東官吏，百端需索；外國僑商，漸覺不平。

三、清朝中葉外交觀

朝野不識外交　中國康熙、乾隆間（一六六二年至一七九五年）武功極盛；歐羅巴諸國，適於此時遣使北京，清廷以為己國强大所致。每當外國使臣之至，輒待如屬國，稱為朝貢，揭示城門，通諭人民，如英使馬加特尼（Macartney）之來，所乘舟車，皆樹以“英吉利朝貢”之大旗；覲見皇帝，强之跪拜，於使臣所負之使命，未嘗問及。讀清高宗與英王之敕諭，有“咨爾國王，遠在重洋，傾心向化，特遣使恭齎表章，航海來庭，叩祝萬壽；並備進方物，用將忱悃。朕披閲表文，詞意肫懇，具見國王恭順之誠，深為嘉許”等語。當時朝野上下，岸然自大，輕視外國，昧於外情，有如此者。

社會人心錮蔽　又當時社會錮蔽，人心狹隘；對外概稱夷狄，自居總是天朝。翻譯國名，多從犬旁，俗呼洋人，都說“鬼子”；自尊而卑人若此，外人始以虛名奉中國，以實利歸自己；馴至國家受害於不知不覺間，皆由昧於外交，有以致之。

四、鴉片戰爭之原因

鴉片戰爭之遠因　乾隆、嘉慶間，英人感於國交不平等，公行太壟斷，華商負債不清償；屢遣使至北京，請求訂定商約；每因細故，被斥回國。道光十四年（一八三四年）英政府欲擴張東方商務，遣律勞卑（Lord Napier）為貿易監督，駐廣東。律勞卑唯一之主張，在發揮中英平等權；抵廣東，以公函致總督盧坤，不肯用禀單。盧坤認為目無法紀，拒絕之。律勞卑直令軍艦二艘，進逼虎門，發砲互擊後，退泊黃埔。時律勞卑以酷暑致疾，退休澳門，竟以病死。英政府以羅頻孫（Robinson）代之。盧坤懲於前事，增定防範章程八條，限制英人。羅頻孫在職不得發展商業，惟居留澳門，陰上書本國政府，議於珠江口占一小島為根據，不復求與督臣交涉。道光十六年（一八三六年）英政府廢貿易監督，以甲必丹·義律（Captain Elliot）為領事；僅監督水夫及貨物，以守中國規則之名義，得駐廣州。斯時清廷禁止鴉片輸入之令，一歲常數發；英商則苦欲維持此項有利之貿易，且公請清政府解除禁令，於是兩國衝突，終不可避免。鴉片戰爭中，義律固其主要人物。

鴉片戰爭之近因　中英兩國，以鴉片貿易之紛議，生意外之糾葛，終至以兵力相見。於是數千年來閉關自尊之中國，不得不公開商港，與世界各國互市。故鴉片戰爭，實近世中國變局之造端。按鴉片之為物，吸之甘芬，使人興奮；然積久成癖，一度不吸，便如大病。嘉慶五年（一八〇〇年）以後，鴉片流毒日廣，朝廷禁令愈嚴，秘密買賣益厲。英人設鴉片躉船於伶仃島、大嶼山，沿海奸商蓄快艇為之攬包走漏，律行偷運。道光元年（一八二一年）兩廣總督阮元請禁鴉片烟。三年定《失察鴉片烟條例》。然至十六年（一八三六年）輸入鴉片竟達二萬七千餘箱，漏出銀貨超三千餘萬兩。鴻臚寺卿黃爵滋、禦史朱成列，奏請嚴塞漏巵，以培國本。清廷乃立《十人互保法》，家藏鴉片者，處以死刑。並令各督撫厲行禁令具奏。湖廣總督林則徐厲行禁令，卓著成效。覆奏有云："烟不禁，國日貧，民日弱，數十年後，豈惟無可籌之餉，抑且無可用之兵！"宣宗（道光帝）大為感動，特詔則徐來京，拜欽差大臣，面授方略，馳往廣東，查辦海口，節制水師，杜絕鴉片。時道光十八年（一八三八年）十一月。

道光十九年（一八三九年）正月，則徐至廣東與總督鄧廷楨議，首捕華商販鴉片者數人，殺於商館以示威。既限外商於三日內，將所有鴉片，一律交出。至期，惟英人不奉命；則徐大怒，張兵臨之，英人大驚，出鴉片一千三百七十箱；則徐知非全數，因令各國商民退去，斷絕英人糧食，阻截船舶去路。義律乃悉出英商鴉片二萬二百八十三箱（每箱一百二十斤，價值五六百萬元），請求照舊貿易。則徐馳使奏上，朝命："率同文武官共同銷毀，俾沿海共見共聞有所震讋。"自六月三日始，則徐就虎門海岸陸續銷毀之，凡月餘畢事。英人自領事義律以下，皆怏怏去廣州，赴澳門；各國商民，相率從之，廣東貿易為之衰落，華商失業者甚衆。

林則徐自焚鴉片後，為杜絕根源計，一方請設專條："凡洋人以鴉片烟入口，分別首從，處斬絞。"一方向各國商吏佈告，凡商船入口者，皆須具"有夾帶鴉片者，船貨沒官，人卽正法"之親結。葡、美諸商，皆具結互市如舊，英領事義律不肯；請則徐派委員至澳門會議，擬請刪去"人即正法"一語，餘悉如約。時鄧廷楨調任閩督，則徐任粵督，嚴斥不許。旋於七月七日，有英國水夫五人，因欲飲酒不得，遂加暴行於香港居民，殺死無辜之林維喜。而義律處三人以二十磅之罰金、六個月之監禁，餘二人處以十五磅之罰金、三個月之監禁。中國官吏不承認英國領事裁判權，對於犯殺人罪之外國人，主張用中國裁判法。義律不肯，遂禁止供給香港、澳門英船食物，以困之。迫將殺害林維喜者交出，並恐嚇在黃埔之英船，謂："如不退去，則以砲火寸斷之。"英海軍司令斯米斯（Smith）大憤，以二艦至穿鼻，要求撤回恐嚇英船之命令。清水師提督楊靖江以武裝船二十九隻監視之，並要求與我以交出犯人之保證。斯米斯遂開砲攻擊我艇隊，轟沈數船，大戰之端緒，於焉開始。

五、鴉片戰爭與《南京條約》

林則徐大治軍備　鴉片戰端既開，英政府得議會主戰派之贊助，决計出兵東方。以伯麥（Bremer）統海軍，以加至・義律（George Elliot）統陸軍，發士卒一萬五千人、軍艦二十六艘、大砲百四十門，於道光二十年（一八四〇年）五月至澳門。時則徐被任為兩廣總督，練兵籌餉，大治軍備。凡廣東水師所轄洋面四百餘里，為西洋船舶往來之孔道者，無不節節防堵，聯絡一氣。則徐又招募壯丁五千，獎以義勇之名，親赴師子洋校閱水師，明申號令，嚴定賞罰，兵士亦演習純熟，勇氣百倍。英將伯麥率艦隊，逡巡不敢進；蓋既懾於林則徐之威望，復屢遭火船所襲擊，關城不能奪，港口無可扼；戰則不能必勝，退則恐受國譴；伯麥之技倆幾窮。

伯麥北攻沿海各省　伯麥留粵旬餘，無隙可乘，窺見鄰省空虛，遂巧用其聲東擊西之計，浙江沿海各口，首遭其蹂躪。道光二十年（一八四〇年）六月，伯麥北侵厦門，金廈道劉曜春發兵拒戰，英艦不得逞，改略舟山羣島，遂陷定海，浙江東部戒嚴。七月伯麥與義律由定海解纜，循成山岬，入渤海，進逼白河，並投書直隸總督琦善，提出和議六款：

一、償還貨價。

二、開廣州、廈門、福州、定海、上海商埠。

三、兩國交際，用平等禮。

四、賠償軍費。

五、不得以英船夾帶鴉片，累及留居英商。

六、盡裁經手華商浮費。

琦善以之奏聞。時海內承平日久，沿海空虛，諸文武大吏，懼禍及，頗不悦則徐所為，多造蜚語，中傷之。清廷因欲加罪則徐，以謝英人。乃命兩江總督伊里布赴浙與英議休戰，直隸總督琦善赴粵，代則徐職。大局為之一變。

道光二十年（一八四〇年）十月，琦善至廣州，悉反則徐所為，裁撤水師，解散壯丁，盡廢一切守具。義律見琦善易與，要求賠償烟價、歸還捕虜、開放廣州、割讓香港等事，琦善峻拒之。英人為要挾計，乘廣東無備，突於十二月十五日攻虎門，琦善大驚，即夜申和議，允如英人所請。惟時英艦退出白河，北京主戰派復熾。及聞英人進兵之報，清廷赫然震怒，有“烟價一毫不許，土地一寸不給”之諭。並命奕山為靖逆將軍，尚書隆文、提督楊芳為參贊大臣，領各路兵四萬餘赴粵，調江督裕謙赴浙江，飭伊里布回江督本任，欲一舉覆英軍。琦善雖謀設法彌縫，而英人潛知中國大兵陸續發往廣東，乃再為進攻之策。二十一年（一八四一年）二月復入侵，提督關天培戰死，英兵乘勝深入，盡扼珠江要害。比楊芳率湖南兵馳至，已無計可施。是時各國商舶，以停市日久，損失過鉅，皆不直英人所為。美法商人，以行商伍怡和之介紹，遞書調停，楊芳據以入奏。清廷新得英人占據香港之報，必欲雪恥，遂嚴詞拒絕，並怒逮琦善。比奕山、隆文及新任總督祁墳抵粵，英人已入堂奧。奕山復思僥倖一試，不堅守楊芳、林則徐固守不浪戰之議，遂使廣州要害，盡落敵人掌握中。只得於四月七日與英議訂休戰條約五欵：

一、將軍等允於烟值外，先償英軍軍費六百萬元，限五日內交付。

二、官軍退駐城外六十里地。

三、香港割讓事件，俟異日協商。

四、英軍退出虎門。

五、交換俘虜。

休戰條約既定，奕山議以廣州商民分担二百萬償金，藩運海關三庫籌撥四百萬償金；日夜搜括，惟恐不及。英兵乘間遊行廣州街市，大肆騷擾。粵民大憤，三元里民萬餘，樹平英團旗幟以自衛。乘英軍不備襲擊之，義律陷重圍，賴知府余保純往解，得免。迨償金交畢，英軍撤去廣州，奕山退屯金山，飾詞入告，謂“英人窮蹙乞撫，請照舊通商”，且以“償軍費”改稱“還商欠”；至“烟價”“香港”二問題，則一概不提。清廷以為事已妥洽，乃追論林則徐罪，遣戍伊犂。英人以《廣州條約》不過一時的休戰，屢向奕山要求承認道光二十年所提六欵，及香港割讓事件。奕山不得已，以“賠償烟價與割讓香港二件，皇帝不諭允”答之。英大怒，會伯麥自印度續調戰艦來粵，新任大使僕鼎查（Pottinger）亦抵澳門，遂移軍北進；攻掠閩浙海岸。七月破厦門佔鼓浪嶼，八月攻定海。先是英軍以天津和議還付定海，至是定海再陷。時欽差大臣裕謙駐守鎮海，英人以重砲攻城，城破，裕講投水死。英軍乘勢溯甬江迫甯波；清廷以吏部尚書奕經為揚威將軍，規復浙東。奕經奏調川陝河南新兵六千；募集江淮義勇，沿海亡命數萬，以道光二十二年（一八四二年）正月朔，抵杭州，銳意謀進取，戰復不利。時浙撫劉韻珂力主和議，奏請伊里布來浙主和。英軍已盡撤甯波、鎮海之屯，以迫乍浦，陷之。

英軍進攻長江　英人既陷乍浦，擬進攻長江，以扼南北交通。故伊里布雖來浙議和，終不能止英艦北上。及五月八日遂陷吳淞、寶山，十一日更陷上海。兩江總督牛鑑急走江寧，英人遂從容過福山、江陰、圌山諸要隘，逕于六月八日抵鎮江。十三日英陸戰隊七千先破城外援軍，然後與砲隊幷力攻城，城遂不守。

《南京條約》　英人既陷鎮江，悉衆西上。七月四日，全軍達江甯。清廷乃以耆英、伊里布、牛鑑三人為全權大臣議和。道光二十二年（一八四二年）七月二十四日，遂正式結清英修好條約，卽所謂《南京條約》，約中主要條款有八：

一、清英兩國，將來當維持和平。

二、清國政府向英政府納軍費一千二百萬元，商欠三百萬元，鴉片賠償六百萬元，共二千一百萬元，限千八百四十五年歲末清付。

三、開廣州、厦門、福州、甯波、上海五港，計英國派領事居住，並准英商帶家眷，自由往來。又英商貨物，照例納進口稅後，准由中國商人販運，進內地各處，所過稅關，不得加重課稅。

四、以香港之主權，讓與英政府。

五、放還英人為俘虜者。

六、戰役中為英軍服役之華人，一律免罪。

七、將來兩國往復之文書，用平等款式。

八、條約得清帝批准，償金交付六百萬元之後，英軍當自當時所佔領之長江沿岸等地撤兵；惟舟山及鼓浪嶼，在條約實行之前，仍由英軍占領。

和議既定，英軍退去江寧，清廷追論牛鑑不守江口罪，奪職逮問，以耆英代之。命伊里布至廣東議互市章程，伊里布旋卒於廣州，清廷遣耆英代之。是年五月兩國全權交換批准條約於香港。自是五口通商，次第實施。惟粵民嚴拒英人入城，伏他日廣州事變之機。

道光二十六年（一八四六年），清政府對於英政府之償金，全數還清。時僕鼎查已歸國，佛郎西士・達維斯（Francis Darvis）代為香港總督。耆英與之會於虎門，請“撤舟山、鼓浪嶼之兵，密陳粵民鷙悍惡外，廣州居住之開放，乞延期二年”。達維斯以舟山列島永不割讓與他國為條件，始承認之。於是先定舟山永不割讓與他國之約，然後撤舟山、鼓浪嶼之屯兵。至是鴉片事件，始完和結局。

第二章　太平天國之突起

一、清政不綱及太平軍發難

曹振鏞、穆彰阿之病國　道光中年，倦於大政，厭言官之多事。用大學士曹振鏞計，凡遇章奏，如有疑誤，無論鉅細，輒加譴責。由是中外惶悚，皆矜矜自持，不復有敢言者。晚年，帝又偏任穆彰阿，穆彰阿闒庸無識，怙權攬勢，帝為所蒙蔽，卒不加疑。於是內外兵禍，紛至沓來。

清季秘密社會之由來　明季以來，國人抱種族觀念者，主張排斥滿人。往往借宗教勢力，秘密結社，以為反清運動。白蓮教會，一再發難於乾嘉之際，風動五省，擾攘十年，支流餘裔，蔓延各地。復變為紅陽、青蓮、八卦、天地、無為等名目。其源流分合，雖不可深知，構成原質，不出釋、道二宗。嘉道以還，西人東漸者日衆，基督教會遂亦為秘密社會之新分子。太平天國之洪秀全，即假基督教以起事者。

洪秀全潛謀起事　洪秀全，廣東花縣人，睹清政之溷亂、官吏之貪殘、民生之困蹙，因蓄革命之志。時廣東人朱九濤，自稱明室後裔，襲白蓮故智，以邪說惑衆。謬言“鑄成鐵香爐，可駕以航海”。秀全與同邑馮雲山，擬假其徒衆起事，因往師之。九濤死，秀全等以師說不足大合衆心，基督教勢力，可藉以抗官吏。乃受教於英教士郭笠士門，創上帝會。陰令其黨馮雲山、盧賢拔，造作眞言寶誥。以基督為耶火華（Jahovah）長子，己為次子；謂耶火華為天父，基督為天兄，己為天弟。凡入會者一律平等，男曰兄弟，女曰姊妹，無有尊卑等差；人納香鐙銀五兩為會費，獨拜上帝，不得拜他神。爾後信徒之數漸逾二千人，確立上帝會基礎於廣西，清與太平軍十五載之兵爭，遂肇於是。

清政腐敗，粵盜四起　清廷自鴉片戰後，舉凡京旗綠營之腐敗，盡行暴露於外。草澤英豪，洞見當時統治力之薄弱。加以連年凶歉，流亡相屬，不為盜賊，無以謀生。地方官吏復易視民瘼，文恬武嬉，漫無準備。道光二十七八年間，廣東、廣西，饑民徧野，盜匪蜂起，爭以官逼民反為辭，肆出剽掠。慶遠有張家福、鍾亞春，柳州有陳亞葵、陳東興、山豬羊，武宣有劉官方、梁亞九，象州有區振組，潯州有謝江殿，皆以頑悍著稱於時。自餘股匪，不得主名者，尚有數十股。撫臣鄭祖琛老病憚事，雖嚴檄所司緝捕，屬吏視為具文，盜勢益張。居民為自衞計，到處創辦團練，以相守望。桂平團練與上帝會，始相水火，既漸聯合一致；由是教徒益衆，洪秀全勢力日張。

洪秀全起兵金田村　道光三十年（一八五〇年）六月，洪秀全率其徒踞金田起事，更分赴旁邑，招納亡命。一時自命為豪傑之士者，貴陽林鳳祥、揭陽羅大綱、衡山洪大全，皆率黨奔赴。於是秀全有衆萬人。部勒既定，仍返金田，其徒衆皆蓄髮。

二、太平軍之略地

咸豐初政與粵省軍事　道光三十年（一八五〇年）正月十四日，帝疾大漸，召諸王大臣宣示秘緘，立四子奕詝為皇太子，頃之卒，謚曰成皇帝，廟號宣宗。皇太子卽位，以明年為咸豐元年，令杜受田入閣，斥穆彰阿、耆英。累詔求直言，通民隱，起廢員，舉賢能。副都御史文瑞、大理卿倭仁、通政使羅惇衍、侍郎曾國藩等，先後應詔，論列時政，語多切至，並優詔褒答。其先朝緣事降革者，若林則徐、姚瑩等，皆以時論所推，相繼被召。顧其時廣西兵事，已滋蔓不可制。數月以來，將帥不和，督師屢易，曠日持久，致使秀全乘間鼓動，其勢日張。太平天國勃興之機運，蓋有莫之致而至者。

太平軍北上　咸豐元年（一八五一年）閏八月，洪秀全據永安，始建號曰太平天國。秀全自稱天王，封楊秀清東王、蕭朝貴西王、馮雲山南王、韋昌輝北王、石達開翼王、洪大全天德王。秦日昌、胡以晃等四十餘人，各稱丞相、軍師有差。並移檄遠近，以“恢復中原，掃除胡虜”為詞。九月，清督師賽尚阿屯陽朔，督諸道兵，以十一月合圍永安，四閱月不下。咸豐二年（一八五二年）二月，太平軍潰圍北趨陽朔，三月太平軍圍桂林，月餘不能破，乃解圍北入湖南境。以七月逼長沙南門而軍。十月蕭朝貴親督陣攻城，往來指揮，城軍發砲轟之，死于陣。秀全乃於十月十九日夜半，作浮橋，悉衆渡湘西走。趨甯鄉，破益陽，掠民船數千，窺岳州。復劫估舟五千餘，由是艨艟萬艘，帆幟蔽江，所過城鎮，望風披靡。十一月九日薄漢陽，十二日破之。以鐵索聯船為浮橋，自漢陽達武昌，環省城築壘，日夜攻之，以地雷毀之而入。武昌既破，清廷命琦善選兵駐河南，羅繞典防荊襄，並起丁憂在籍侍郎曾國藩，治團練，駐長沙。

太平軍東下　太平軍既破武昌，決計東下。咸豐三年（一八五三年）正月朔，連舟萬餘，棄武昌而東。兩江總督陸建瀛，遣兵三千，往防湖北下游老鼠峽。又遣壽春鎮總兵恩長率松江兵二千繼進，自將續到兵數百，親軍數百，溯江倍道前進。及太平軍縱掠蘄黃，長驅至武穴，恩長麾兵進戰，中砲墮江死，舟師盡潰。建瀛次九江，聞敗報，從兵四散；以二舟踉蹌東走。江西巡撫張芾，亦自九江引軍退，九江不守。建瀛過安慶，巡撫蔣文慶邀請入城同守，不聽，太平軍悉衆來蹴，破安慶，文慶死焉。建瀛既遄歸江甯（南京），並撤燕湖、荻港、板子磯兵，防東西梁山，未幾而衆潰。將軍祥厚等詣商戰守事，皆稱疾不出，乃會疏劾其“喪師避寇”，比奉詔革職拿問，城已將陷。

太平軍陷江寧建天京 太平軍駐安慶三日，留衆守之，進陷太平、蕪湖。正月二十六日，福山總兵陳勝元，以水師逆戰蕪湖江上，中砲，墮江死。太平軍遂以二十九日薄江寧。聯營二十四座，衆號百萬，携具仰攻，晝夜不息。相持七八日，太平軍乃於儀鳳門外靜海寺中，掘隧道百餘丈，抵城隅，實火藥其中。二月八日，地雷發。清軍方以全力傾注一隅，太平軍別隊已由水西門衝人。祥厚等退保內城，率駐防兵守禦二日，內城又破。將軍祥厚、提督福珠洪阿、副都統霍隆武力戰死之。已革總督陸建瀛易服走，為太平軍所斫殺。自餘官紳吏民被殺者四萬餘人。秀全既定江寧，決議奠都金陵，改江寧為天京，而遣丞相林鳳祥、羅大綱、李開芳、曾立昌等，取鎮江、揚州，以斷清軍南北之聯絡。

第三章　太平天國之衰微

一、太平軍北伐之失敗

江南大營、江北大營之由來　先是太平軍棄武昌東下，清欽差大臣向榮有之，並率所據部東躡；以咸豐三年二月二十二日，全軍抵江寧，則城陷逾旬日。乃結營於城東孝陵衞，是為江南大營。琦善亦率直隸、陝西、黑龍江馬步諸軍，由河南信陽州與提督陳金綬、學士勝保進至揚州，軍於城外，號稱江北大營。

林鳳祥、李開芳北伐之失敗　太平丞相林鳳祥既陷揚州，秀全命與李開芳率所部進窺河南。鳳祥與開芳入皖北，掠滁州，據臨淮關。以四月二十一日，破鳳陽，入河南。五月七日，破歸德，進窺開封，遂掠朱仙鎮，由中牟引而西。一方則分軍圍鄭州滎陽，以牽制黃河南岸清軍，一方則潛放煤艇，自鞏縣渡河。六月二日，遂圍懷慶。七月二十八日，西入山西。八月由垣曲出曲沃，據平陽。勝保督軍進剿，太平軍勢漸蹙；因由山西潞城黎城、間小徑，循太行東出。自河南之武安，徑趨直隸之臨洛關。清欽差大臣訥爾經額防次臨洛，太平軍因冒清軍旗幟掩襲之，訥軍萬餘，潰散路略。九月七日，太平軍入深州，據守十餘日，東走天津。敗於城西小稍直口，因退至楊柳青，更據靜海，分屯獨流，以為犄角。四年正月，清軍力戰破太平軍，太平軍棄靜海西南趨阜城，歸路已為勝保軍遮斷，勢日窮蹙。三月，增格林沁[1]自當阜城太平軍，林鳳祥、李開芳棄阜城，南走連鎮。五月二日，李開芳

[1] “增格林沁”今作“僧格林沁”。——編者註

另率輕騎襲敗山東高唐，以為犄角。於是鳳祥、開芳各自為守。五年（一八五五年）正月，連鎮糧絕，僧格林沁克之，擒林鳳祥于窟室，檻送京師殺之。勝保圍高唐，無功，僧格林沁移師攻高唐，撤南門圍軍，誘之出城。二月，開芳以糧且盡，突圍出，駐軍馮官屯（屯距高唐四十五里，距茌平十八里）。僧格林沁引運河之水注入屯內，四月十六日屯內水深逾丈，開芳不得已請降。僧格林沁將其解送北京殺之，由是黃河以北之太平軍絕跡，太平軍北上之計畫完全失敗。

二、曾國藩起湘軍助清

湘軍之起源 先是寶慶江忠源募鄉勇五百，從烏蘭泰擊寇，號楚勇。湘鄉羅澤南、王鑫以諸生辦團練有聲，巡撫張亮基嘗令各募一營至長沙助戰守，號湘勇。咸豐二年，曾國藩奉朝命辦團練於長沙。國藩亦湘鄉人，曾任禮部右侍郎，時以丁母憂在籍。至是與羅澤南等，講求束伍技擊之法，參用明代戚繼光遺制，朝夕訓練，組成勁旅，遂以湘軍名聞天下。

湘軍之基礎 曾國藩以為軍興以來，二年有餘，糜餉非不多，調集大兵非不衆，往往見敵即潰，未嘗轉戰。兵器皆用大砲鳥槍，遠遠轟擊，未曾長短交鋒。其故由于滑弁游卒，未嘗練習，無膽無藝。使募鄉民之壯健樸實者為兵，有一人之教練，則收一人之益；行一月之教練，則有一月之效。故其招募兵勇，以年少力強、樸實有農民之氣者為上；油頭滑面，有市井氣，衙門氣者，概不收用。物色統兵之人，得羅澤南及其羣弟子。澤南講朱子學，貧書生也。故書生與農民，為湘軍之基礎。軍中多鄉里子弟，統將皆係本營之官，平日相習，患難相救；更將之以忠義之氣，輔之以訓練之勤，相激相劘，明恥教戰，以守則同固，以戰則同强。國藩更禮賢下士，治軍貴精不務多。以“不怕死，不要錢”自誓，山野材智之士，感其誠皆樂為用，因得樹戡定之功。

湘軍出境助戰　太平軍北伐之師橫行豫、晉、燕、齊等省，轉戰四千五百餘里，賴有僧洛林沁、勝保兩軍與之角逐。同時在長江下流流域，與太平軍鏖戰，卒收全功者，為湘楚之健兒。咸豐三年（一八五三年）五月，楊秀清遣胡以晃攻安徽，陷安慶，又進圍南昌，巡撫張芾拒守。時江忠源以戰功累遷至道員，署湖北按察使，方奉清命赴江南大營。行次九江，聞南昌圍急，兼程往援。太平軍圍攻不能下，乃分軍入腹地，聯絡土寇為聲援，以圖牽制。忠源飛書湖南請援。七月國藩與駱秉章派湘勇一千二百、楚勇二千、營兵六百，屬道員夏廷樾、編修郭嵩燾、知縣朱孫詒等護之馳援。諸生羅澤南復率其子弟鄉人，自成一軍與偕。湘軍出境助戰至此始。廷樾等至南昌，一戰不利，諸生死者七人，收衆入城。忠源以新軍不可當大敵，令往擊土寇，旬日之間，土寇悉平。

湘軍增練水師　郭嵩燾從江忠源守南昌，訊知太平軍皆舟居，嵩燾因建議興水師。忠源大韙之，疏請清廷於四川、湖南、湖北三省，分造戰船，習水師，令廣東籌欵鑄礮。於是曾國藩自長沙移駐衡州，銳意造船礮，設衡州、湘潭兩局，覃思規畫。水師守備成名標，進廣東快蟹，三板船式；廣西同知褚汝航，又別上長龍船制。國藩令二人董理船政，凡成快蟹四十、長龍五十、三板一百五十；各募壯丁習水戰，得五千人，湘軍始有水師。

太平軍分擾長江　太平軍包圍南昌九十餘日，知不可取。引軍西上，乘風上駛，水陸大進，連破黄州、漢陽。總督吳文鎔急馳守武昌。太平軍北擾德安，南及興國（今江漢道陽新縣），阻於防兵不得進；退守漢陽，為同知伍愷所敗，再退據黄州。江西、湖北，暫得稍安。時江忠源回軍漢陽，詔授安徽巡撫。太平軍攻廬州，忠源力疾至廬州，太平軍圍城匝。十二月十六日夜中，以地雷裂水西門而入。忠源揮兵搏戰達旦，知不可為，手劍自刎，不殊，有健兒負之走，囓其項，脫身投水死。

太平軍再陷武昌，湘軍肅清湖南 先是太平軍陷黃州，進窺湖北省城，總督吳文鎔乃以十二月赴黃州督師，駐堵城。咸豐四年（一八五四年）正月，太平軍張燈高會，文鎔以有機可乘，出兵襲之。苦戰累日，殺傷頗衆，會大雪，戰士多凍死，乃罷戰。越數日楊秀清分兵攻文鎔後，文鎔拒戰大敗，死亂軍中。太平軍乘勝復取漢陽，進圍武昌。時曾國藩已組成水師十營、陸師十三營，計水陸軍萬七千人，自衡州進次長沙。將援武昌，傳檄遠近，歷數太平軍罪惡；大要為“破壞固有之人倫風俗，擾亂社會之安寧秩序，强迫人民信仰天主教，束縛生產之自由，焚燒寺廟神像”等項；以期號召人心，為湘軍助力。二月水師涉洞庭湖，遇大風，壞數十艘；陸師至岳州，前隊亦潰退，引還長沙。太平軍襲入湘潭。副將塔齊布以陸軍自崇陽回援，出太平軍之不意與搏戰，太平軍始披靡。國藩益發舟師援應，八日之間，水陸十戰十勝，遂復湘潭，湘軍再振。而漢陽之太平軍，則圍攻武昌益急，以六月二日陷之，於是武昌再陷。曾國藩則增募新軍，分道進兵，先援湖南，收岳州，湖南肅清，湘軍遂得北援湖北。同時僧格林沁、勝保兩軍，亦肅清河北。太平軍北伐、西上之師，皆遇勁敵牽制。

湘軍北援湖北 湘軍既據岳州，以八月取武昌。九月進逼下游，取大冶、興國、廣濟、黃梅。湖北盡入湘軍掌握。

湘軍東援江西，太平軍三陷武昌 湘軍既定湖北，清延詔以曾國藩署湖北巡撫，令自九江、安慶進逼江寧。十二月曾國藩進圖江西，圍攻九江。石達開以上游空虛可乘，因進攻湖北，遂以咸豐五年（一八五五年）正月，連陷漢口、漢陽。由興國通山北趨青山，以二月十七日襲破武昌，於是武昌三陷。

三、太平天國內訌

向榮圍攻金陵之失敗　咸豐五六年間，太平軍北伐之師，雖為僧格林沁所覆，而分擾長江之師，則甚得志。自武昌抵金陵，所在多有太平軍盤踞。雖武漢方面有胡林冀、江西方面有曾國藩、金陵方面有向榮，猶能以其間攻城略地，往來自若。先是咸豐三年（一八五三年），向榮軍孝陵衛，號江南大營。屯軍堅城，分兵出援，攻戰累歲，迄無成效。六年五月，太平軍楊秀清以江南大營頻年攻戰，餽餉乖時，兵力單薄，有機可乘；密約鎮江兵回攻其東，自率城軍攻其西，向榮軍大潰。張國樑以身翼榮突圍出，稍收散卒，退保丹陽。於是數年以來，屏蔽蘇松，力扼金陵之江南大營瓦解。太平軍復躡至丹陽，環城築壘百餘，榮憤懣成疾，以軍事付國樑，踴身疾呼而死。清命江南提督和春代向榮，自盧州移丹陽，再圖進取之計。

太平諸王內訌　先是太平軍定都金陵，軍事皆決於楊秀清，刑賞黜陟由之出，諸王如韋昌輝、石達開雖同起草澤，比于偏裨。江南大營既潰，金陵無圍師，秀清自以為功莫與京，陰欲自立，脅秀全過其宅，令其下呼之“萬歲”。秀全不能堪，因召韋昌輝圖之。八月，秀清宴昌輝，昌輝因卽席刺秀清洞胸，盡殺秀清家屬及其黨。秀清機警有權略，善將將，才在昌輝上。既被刺殺，諸王水火，羣下解體。石達開聞變，自湖北趣歸，誚讓昌輝，昌輝怒，欲併圖之。達開縋城走寧國，昌輝悉殺其母妻子女。秀全更覺昌輝跋扈過於東楊，因密令東、翼二王之黨，殺昌輝，以謝達開，甘言召之歸。秀全以楊、韋拔扈故，終疏遠達開，達開危懼不自安，遂走安徽不復歸。於是始起諸王略盡，軍中政事，一出秀全兄弟仁發、仁達之手，太平朝從此不振。

長江流域太平軍之失勢　太平諸王，既自相屠戮，無暇外禦，丹陽和春、張國樑之兵，遂漸獲優勢。七年（一八五七年）十一月十二日，瓜洲、鎮江，同日攻下，江南大營復振。而進攻武昌官文、胡林翼之師，又十一月二十二日復武漢，湖北一帶太平軍失勢。自軍興以來，四年之中，武昌三陷，漢陽四失，公私財力，掃地以盡。胡林翼以“平寇之要，首在安民”，乃蠲江夏等四十六州縣租稅，以蘇民困；復牙帖，開鹽釐，以裕軍儲。疏請於武昌設陸師八千、水師二千，以為東征大軍之後援。由是武漢設立重鎮，水陸東征之師，以武漢為根本。大營有據險之勢，軍士無反顧之虞，軍器糧餉之供給不絕，傷兵病卒之休養得所，清軍始有起色。先是江西自咸豐五年冬，國藩困守南昌。七年二月，國藩遭父憂還長沙，國華、國荃皆隨之行。詔以楊岳斌、彭玉麟統水師，旋起國荃仍統吉安軍，規取江西。八年（一八五八年）三月，曾國華贊李續賓軍攻九江，燬城入，江西遂告安寧。湖北、江西既定，長江中游險要，盡在清軍掌握。其為洪氏所踞之都會，惟安慶、江寧而已。清廷方慶大功卽日可就，不意俄人蠶食黑龍江下流，英法啟釁粵東，延及京津，內憂外患，交迫而至。太平後起之秀，如陳玉成、李秀成輩，得以其間復展鴻才，乘機進取；太平天國之命運，遂得復延六七年。

第四章　黑龍江以北之割讓

一、俄羅斯之東方侵略

木喇福岳福、尼伯爾斯克之東方經略　俄自《尼布楚條約》媾和後，歷代君主每以開拓黑龍江事業為懷，值乾嘉時代，中國餘威尚在，迄未敢發難。鴉片戰爭結局，各國競逐太平洋上之利益。道光二十七年，俄帝尼哥拉斯一世，遂拜木喇福岳福（Muravief）為東部西伯利亞總督。派尼伯爾斯克（Nevelsky）視察堪察加、鄂霍次克海，兼當黑龍江探險之任。二十九年（一八四九年）七月，發見薩哈連（即樺太）係脫離大陸之一大島，由韃靼海峽可直入黑龍江口；尼伯爾斯克旋即佔領黑龍江下流及薩哈連島。咸豐五年（一八五五年）黑龍江將軍奕山與木喇福岳福會議界務，俄欲以黑龍江及烏蘇里江為兩國界，不諧而罷。

二、《愛琿條約》

《愛琿條約》之締結　咸豐七年（一八五七年）英法聯軍與中國開釁，木喇福岳福於黑龍江北岸，大擴殖民地。八年，木喇福岳福自行移兵一萬二千餘黑龍江口，然後遣使告黑龍江將軍奕山，請“會於愛琿商議國境事件”。奕山承政府命，與木喇福岳福會於愛琿，木喇福岳福提出草案，要求黑龍江以北烏蘇里江以東地，及國境河流自由貿易、通航等權。奕山固執《尼布楚條約》談判，木喇福岳福因使其譯官伯羅，以“和議破裂”威嚇之。時中國內有太平軍之亂，外有英法聯軍之役，奕山無强拒俄人之胆，重加交涉，俄少讓步。遂於咸豐八年（一八五八年）四月十六日，締結《愛琿條約》。約中要點如下：

一、黑龍江北岸，全為俄羅斯領地。但原住精奇里河以南之滿洲人民，仍得永久在原地居住，歸中國官吏保護，俄人不得侵犯。

二、自烏蘇里江以東至海，所有之地，作為中俄兩國共管之地。

三、黑龍江、烏蘇里江、松花江，限於中俄兩國船舶通航，准兩國人一同交易。

《愛琿條約》上之損失　《愛琿條約》，由奕山之手，將康熙時《尼布楚條約》所獲大興安嶺以南之地，割為俄有，而雍正時《恰克圖約》規定兩國共有之烏得河流域更無論。且烏蘇里江以東之地，俄人並無實際之經營，竟無端作為共管，殊可詫異。又約中松花江，中國指為黑龍江下流，即自松花江口至黑龍江口之一段，俄人則認為橫貫滿洲內地之松花江，於是內河航權，亦模糊斷送。俄人經營遠東之計畫，漸著成效。

第五章　英法聯軍之役與烏蘇里江以東之割讓

一、中英開釁廣東之原因

廣東紳民之排外　太平軍亂中，英法莫不欲借端開釁，首示决裂者為英，助英為虐者法，美俄則假調停之名，巧收漁人之利。至英國發難之原因，則由粵民排外，粵督倨傲所促成。蓋自道光二十二年《南京條約》成，英人例得於五口地方，自由出入；獨廣州紳民，自三元里决戰以來，與英人積怨甚深，合詞訴大府，請勿許英人入城。時耆英為兩廣總督，英香港總督佛郎西士達維斯（Francis Davis），屢逼耆英實行條約，耆英輒遷延之。道光二十七年，耆英內用，徐廣縉為兩廣總督，葉名琛為廣東巡撫。二十九年，英香港總督以軍艦闖入粵江，迫行前約。廣縉密召諸鄉團練，先後至者，十餘萬，兩岸團勇呼聲震天；英人大懼，請仍修前好，不復言入城事。香港總督文翰（Bonham）屢催廣縉更定廣東通商專約，後以"嚴禁入城"之語，載入約中，粵民大悅。自是廣東不與英商生交涉者數年。

葉名琛外交政策之誤謬　咸豐二年（一八五二年）徐廣縉移督湖廣，葉名琛陞任總督。會英政府亦以包冷（Bowring）代文翰為香港總督。包冷性剛復，懷積極侵略主義。五年（一八五五年）名琛以功拜體仁閣大學士，名望日隆，益自負，常以"雪大恥尊國體"為言，馭外人甚嚴，每接交涉文件，輒略書數字答之，或竟不答，不屑講交鄰之道，與通商諸國相聯絡，英香港總督包冷甚恨之。六年（一八五六年）英政府任巴夏禮（H.S.Parker）為廣東領事。巴夏禮尤負氣好爭小節，既與名琛爭入城約不得，則興包冷謀乘機搆釁，而亞羅船（Arrow）事件適起。

亞羅船事件　方是時中國苦於太平軍亂，政令廢弛，奸商乘之，假英人勢力，恣謀巨利。英人乘我內亂，欲大擴張香港貿易之利益，而利用奸商，與以護照或國旗，使得自由出入各港。又我國關稅則例，每利於外商，故華船入英籍，揭英旗。往來沿海者甚多。咸豐六年（一八五六年）九月初十日，有中國船亞羅號者，揭英旗自厦門來廣東；其中船員英人二名、華人十三名；巡河水師探係奸商託英籍自護者，登艇大索，拔其旗投甲板上；執華人十三名，械繫入省，以獲匪報。巴夏禮聞之大怒，據《南京增補條約》責擅執華傭為不當，侮辱國旗尤非禮，要求遣還所獲十三人，並在四十八小時內，具狀謝罪。名琛大怒，下十三人於獄，不回答，亦不為戰備。於是英海軍中尉西穆爾，率英艦以二十六日，攻黃埔礮台；旋礮擊省城陷之；名琛逃遁，英軍焚總督署及官吏邸宅。顧英軍此舉，不過作勢恐嚇，求達其入城目的而止，故不久退歸軍艦。粵民見英軍退，爭起為暴動，舉英、法、美各國商館，及十三家洋行，悉焚毀之。巴夏禮知釁端已成，法、美必怒與合縱，遂馳書本國政府，請增兵決戰，並斂舟退歸香港待命。

二、英法聯軍陷廣州

英、法、俄、美之態度　英政府得悉廣東釁端，首相巴為斯頓（Palmerston）力主用兵，更說法、美、俄諸國，以合縱之利，請共派大使往北京。俄、美二國，初無意與中國開戰，惟各簡使臣，求改訂商約。法帝拿破崙三世，欲耀威海外，以收人心，因斷然與英國聯盟。七年六月，英使額爾金（Elgin）率先發艦隊，以七月抵香港。九月先貽書名琛，請約期會議償欵，重立約章，則兩國和好如初，否則以兵戎相見。名琛置不覆，額爾金再三趣之，皆不答。法美領事，亦以毀屋失財，移文責償，且言願居間排解。名琛不聽亦不設備。額爾金淹留香港月餘，不得要領，適法使噶羅（Baron Gros）、美使利特（Reid）、俄使布恬廷（Butiatine），先後至。英法同盟軍，遂以十一月向廣州，以基督誕降節，致名琛最後通牒，“限四十八小時內，獻廣東城出降”。

廣州之陷落　葉名琛既接英法“最後通牒”，置若罔聞。將軍巡撫司道等，相率就總督商戰守，名琛灑然若無事。衆同請，則大言曰：“過十五日，必無事矣！”蓋名琛之父志詵，好扶乩，名琛亦篤信之，一切軍機進止，皆取决焉。過十五日，必無事云者，乩語也，衆無如何。英法同盟軍至期不得覆，遂以十一月十二日，遣陸戰隊六千上陸。十三日黎明據海珠砲台，併力擊總督署，名琛微服奔粵華書院。十四日同盟軍三面進擊，城遂陷。

葉名琛之被虜　英人入城搜索名琛甚急，十一月十九日夜，名琛自粵華書院，移居左都統署。二十二日，英人搜得之，挾至香港。八年（一八五八年）三月，英人挾至印度加爾各答。以九年（一八五九年）三月病卒。

三、《天津條約》

英、法、美、俄四國軍艦北來　英法同盟軍，既陷廣州，欲遂乘勝迫政府，改訂約章，酌給償金，增開商埠。俄、美亦欲乘間增改通商條約。於是四國使臣，决議率艦北上。英艦十餘艘、法艦六艘、美艦三艘、俄艦一艘，次第由上海向天津進發。

英法聯軍陷大沽　三月初旬，四國軍艦，雲集大沽口，投書直隸總督譚廷襄，仍請議和。並數以小汽船及舢板探水，廷襄以方議欵，不之禁，亦不設備。四月初八日，英法聯軍，突駕小輪船數十艘，闖入大沽口內，猛攻砲台，官兵略行抵禦即逃散，聯合軍遂陷大沽。

《天津條約》之簽訂　英法聯軍，既陷大沽，更率輕砲艦，逕抵天津。北京自聞大沽陷落，即遣僧格林沁督兵赴天津，備敵深入。更命大學士桂良、吏部尚書花沙納，為媾和全權大臣，赴津議欵。桂、花兩全權，遂於咸豐八年（一八五八）正月十六日，照英、法兩大使所擬條欵，簽訂中英、中法《天津條約》（同月美俄亦緣例結中美、中俄《天津條約》）。茲分記其主要條欵於下：

《中英天津條約》

一、自後英國得派公使駐中國北京，中國亦得派公使駐英國倫敦。

二、英國使臣謁見中國皇帝，不得行有礙國體之禮，准用歐西各國使臣謁見皇帝之禮。又兩國官吏交涉，按品級用平等禮式。

三、耶穌教、天主教教徒之安分者，中國官不得苛待禁阻。英國人民携帶護照者，得往中國內地游歷。

四、除廣東、福州、厦門、寧波、上海五口通商外，更開牛莊、登州、台灣、潮州、瓊州之五港為通商口岸。又長江一帶，俟粵匪蕩平後，許擇三口通商（後開鎮江、九江、漢口三處）。

五、英民犯罪，由英領事懲辦，中國民欺害英民，由中國地方官懲辦。兩國人民爭訟事件，由中國地方官與英領事官，會同審辦。

六、《南京條約》後，輸出入貨品，課從價值百抽五之稅。今以物品之價格下落，課稅亦宜減輕，由兩國派員另訂新稅則。經此次協定稅則後，凡關于通商各欵，每十年酌量更改。

凡商船滿百五十噸以上者，每噸課鈔銀四錢；百五十噸以上[1]者，每噸課鈔銀一錢。

七、此次英商損害銀二百萬兩，英國所費軍費二百萬兩；悉由廣東督撫設法賠償後，英軍始退出廣東城。

《中法天津條約》

一、自後法國得派公使駐中國北京，中國亦得派公使駐法國巴黎。

二、兩國官吏辦公交涉，按品位准用平等禮式。

三、除廣東福州、廈門、寧波、上海五口已開放外，更將瓊州、潮州、台灣、淡水登州、江甯六口一體開放；但江寗俟剿滅粵匪後開放。

四、各通商口岸，准法國派領事居住，准法商攜帶家眷自由往來；並准法國派兵船以資彈壓。

五、天主教徒得入內地自由傳教，地方官必厚遇保護；法國人民携帶護照者，得往中國內地游歷。

六、法人有嫌怨中國人者，由領事詳核調停，遇有爭訟，領事不能調停者，移請中國官協力查核，秉公完結。

七、法商依此新定稅則；輸納貨稅，但以貨值依時有低昂，稅則亦應有更變，自後每十年校訂一次。

凡商船滿百五十噸以上者，每噸課鈔銀五錢；百五十噸以下者，每噸課鈔銀一錢。

若以後中國對他國許與特惠曠典時，法國享最惠國之例。

八、此次法商損害費與法國軍費，共銀二百萬兩，悉由廣東海關賠償後，法軍始退出廣東城。

《天津條約》上主權之損失　《天津條約》中，損害主權最鉅者

[1] 此處原文爲“上”，查《天津條約》可知應爲“下”。——編者註

有四：一為領事裁判權許與，一為協定稅率開始，一為內河開放，一為最惠國條約開端。領事裁判權許與，則外國人入我領土內，不服從我國法律，是國家之獨立權受限制。協定稅率，則外國商人不容我國自由制定稅則，是大傷獨立國之尊嚴。鎮江、江寧、九江、漢口開為商埠，更准法國派兵船進駛，便為內河開放，致各國皆援為例。片面的最惠國條約開端，特惠曠典，許與一國，遂為各國所均沾，為害尤不可勝言。

四、英法聯軍再行開釁之戰况與《北京條約》

新稅率之協定　《天津條約》既定，英、法等四國艦隊悉去白河。清廷以更改稅則事宜，必須詳察各海口情形；因命桂良、花沙納，會同兩江總督何桂清妥議。咸豐八年八月下旬，三人先後至上海，與英、法等國，協定值百兩徵二兩五錢之稅率；又以洋藥之名，徵收鴉片烟稅，每百斤三十兩。更於十月與四國使臣簽定之。

《天津條約》之交換與白河之開釁　《天津條約》末項規定：“本約調印後以一年為期，經兩國皇帝批准，在北京交換。”僧格林沁督兵抵津，目擊種種失敗，實由於武備未修。及同盟軍退去，一方劾直督譚廷襄議罪，一方急修守具，於白河兩岸築堡壘，建砲臺，河中置三柵橫斷水道，以防敵艦駛入。九年（一八五九年）五月下旬，英公使卜魯士（Hon Frederick W.A.Bruce），法公使布爾布隆（M.de Bourbaulon），伴艦隊抵白河，遵例換約。直隸總督恒福送書英艦，告以“大沽設防，不便行走，請由北塘入北京。卜魯士拒之”，竟駛入大沽，逼近砲台，開砲轟擊，步兵蟻附登岸。守兵開礮還擊，擊沈數船，殺登岸英兵數百，英法艦隊受重創，餘艦一艘狼狽退去。美公使華若翰（Ward）後至，改道行走，換約歸國。英法公使則急告本國，退歸上海，以待援軍。並牒通商大臣何桂清，謂若“事事遵八年原約即罷兵”。桂清入告，廷議欲乘獲勝之後，更改前約；得旨所有八年議和條款，概作罷論。戰端遂再起。

英法聯軍再陷大沽　法、英兩國，接白河敗報，決意用兵。英政府仍命額爾金為特命全權公使，克靈頓為海陸軍總督，率兵一萬三千東來。法政府仍派噶羅及蒙他板率兵七千二百東來。咸豐十年二月下旬，英法同盟軍佔領舟山。六月相逐向渤海進發。懲於大沽前敗，改由北塘上陸。北塘防疏，英、法馬步隊遽佔領之。逼新河，僧格林沁禦之大敗。敵艦由北塘分嚮大沽，前後夾擊，更自後路攻陷大沽北岸砲台。僧格林沁乃撤營城及南砲台防兵，次於通州之張家灣。

英法聯軍入北京　七月七日，英法聯軍軍艦，進航白河，直抵天津。清廷命大學士桂良與直隸總督恒福，為欽差大臣，共商和議。桂良、恒福以十四日與英法大使會晤，開媾和談判。至二十日結《天津媾和條約》如下；

一、咸豐八年，《天津條約》之外，中國政府允開天津為通商口岸。

二、中國政府賠賞英法二國軍費八百萬兩。

三、英法公使，各着帶數十人，入北京交換《天津條約》。

時僧格林沁在張家灣厚集兵力，有衆三萬，清廷以為可恃；又以英法二國要求太重，桂良、恒福並無締約全權，拒不批准。英、法大使聞和議不就，因以七月二十四日，自天津督軍進逼北京，文宗有駕幸熱河之議。適副都統勝保自河南召回，命率禁兵萬人，赴通州助陣。又派載垣、穆蔭為欽差大臣，赴通州議款。八月三日，載垣與英參贊巴夏禮會議，巴夏禮倨傲甚。載垣等難之，因密知會僧格林沁，捕巴夏禮等解京，而與聯合軍戰於張家灣。僧軍敗退，與勝保諸軍，共屯八里橋附近，以扼聯軍進路。七日，聯軍大舉攻八里橋，勝保敗退至北京。是役為開戰以來之大激戰，雙方鏖戰甚猛，聯軍雖獲勝，並不敢輕進，文宗念禁兵不足恃，京師不可守，遂出奔熱河。命奕訢留守當和局。並詔東南督撫，率兵勤王。奕訢住圓明園，送書聯軍乞和，聯軍索回巴夏禮甚急。八月二十一日，聯軍分路攻北京，翌日侵入圓明園，掠園中寶器為戰利品，奕訢避居長辛店，急釋巴夏禮。巴既出，遂燔圓明園，以洩其忿。九月二日聯軍由永定門入城，提議更易清朝皇統；適俄國公使伊格那提業福以互換《天津條約》留居北京，力任調停，勸奕訢出任和局。咸豐十年（一八六〇年）九月十一日，簽訂《中英條約》。其約文要點如下：

一、《天津條約》除此次改正條款外，俱為有效。

二、中國政府，允增開天津為通商口岸。

三、中國政府，准華民赴英國所屬各地，或外洋別地工作，不禁阻。但中國得查照情形，會訂章程，以謀保護。

四、中國政府，割九龍司地方之一區，為英國領地。

五、賠款改增為八百萬兩，總數還清後，英國始撤分屯中國各處之兵。

十二日簽訂《中法條約》，其約文要點如下：

一、《天津條約》，除此次改正條欵外，俱為有效。

二、中國政府，允增開天津為通商口岸。

三、中國政府，准華民赴法國所屬各地，或外洋別地工作，不禁阻。但中國得查照情形，增訂章程，以謀保護。

四、中國政府准法國宣教師，在各省租買田地，建築自便。

五、《天津條約》，商船滿百五十噸以上者，每噸課鈔銀五錢，茲改為四錢。

六、賠款改增為八百萬兩，總數還清後，法國始撤分屯中國各處之兵。

中俄《北京條約》之續訂　和議既成，俄使以有德於我，要求讓與烏蘇里江以東之地。奕訢等欲拒不能，於十月初二日，與結《中俄北京條約》，其要項如下：

一、兩國沿烏蘇里江、松阿察河、興凱湖、白琳河、湖布圖河、琿春河、圖們江為界，以東為俄國領，以西為中國領。

二、西疆未勘定之界，此後應順山嶺大河，及中國常駐卡倫等處，立標為界。自雍正五年所立沙賓達巴哈之界碑末處起，往西直至齊桑淖爾，自此往西南，順天山之特穆爾圖淖爾，南至敖罕邊境為界。

三、俄商由恰克圖到北京，經過之庫倫、張家口地方，亦准為零星貿易。許俄國於庫倫設領事官一員。

四、中國許開喀什噶爾，照伊犂、塔爾巴哈台試行貿易之例，一律辦理。

《北京條約》上之損失　《北京條約》上重大之損失有二：一為割讓九龍司之一區與英；一為割讓烏蘇里江以東地與俄。蓋英人經略遠東，以香港為根據地，九龍半島，為香港對岸形勝之地，中國若於九龍建礮台，則香港可在立碎之下。至俄國侵略中國，自《愛琿條約》得黑龍江以北，大興安嶺以南地；至是不過數月，又得烏蘇里江以東九十萬三千方哩之地；俄人遂於黑龍江北建阿穆爾州，併烏蘇里江以東於沿海州；經營海參崴軍港，我國東北邊患乃日亟。溯自道光朝禁烟啟釁以來，以一省之地，牽掣全局，事變百出，始終一線相承，為東亞開一新局勢。

總理各國事務衙門之創設　《北京條約》既訂，歐美各國，先後派遣公使駐劄北京。清廷感於外交之重要，乃於咸豐十年十二月，創立總理各國通商事務衙門，會奕訢、桂良、文祥等管其事。我國之有外交機關，此其嚆矢。

第六章　太平天國之平定

一、湘軍經略安徽

湘軍兵敗三河　咸豐八年（一八五八年）三月，和春、張國樑進逼江寧，八月，李續賓、曾國荃肅清江西。官文、胡林翼議先清皖北，後及江南，以圖皖之事專屬李續賓。時英法聯軍北擾畿甸，太平軍已乘勢復破廬州，九月續賓克桐城、舒城進逼三河。太平英王陳玉成、侍王李世賢，聯合捻首張洛行，自廬州抄清軍後路，四面合圍，七營先陷，續賓知事不可為，乘夜入太平軍陣死焉。曾國華及諸員弁死者六千人，湘軍精銳幾盡。楚皖間，復大震。

湘軍進攻安慶　先是十月，三河覆軍變作，清起胡林翼署湖北巡撫進駐黃州，適多隆阿、鮑超大破太平軍於宿松，太平軍始不能上攻。九年（一八五九年）二月，曾國藩命蕭啟江拔南安、曾國荃克景德鎮，江西粗定。遂自率軍至黃州，欲合湖北軍圖安徽，會石達開自江西南安敗入湖南，聚軍圍寶慶，官文、胡林翼遣、李續宜率軍五千往援。六月續宜合劉長佑、田興恐等軍，大破其衆，達開走廣西。於是官文、胡林翼與國藩定議赴皖，先攻安慶兼搗廬州，國藩駐宿松，林翼駐英山，太平英王陳玉成聞清軍至，聯合張洛行，由廬州上攻。十年（一八六〇年）正月，多隆啊、鮑超諸軍合力破之，三月，議以國藩所部攻圍安慶，江南大營敗報又至。

江南大營再潰　江南大營自七年十一月取有鎮江以來，銳意規取金陵，以八年二月入秣陵關，三月逼金陵城而軍，五月連敗太平軍，太平軍嬰城固守。是時圍帥八萬，和春雖為統帥，戰事皆倚張國樑，國樑威名著甚。太平軍乃伺間旁軼，多方誤之，攻浙攻閩，江南大營每分軍往援旁地，孤軍轉鬬，累月不歸。太平軍乃命浙皖江北各軍膺集金陵，以閏三月七日紛撲大營。國樑拒戰八晝夜，力不能支，軍士潰散，和春張國樑乃退保丹陽，圖再舉。會李秀成率萬騎躡至，國樑揮軍力戰，創甚，躍馬丹陽河而死。和春突圍走常州，嘔血而卒。

曾國藩督師祁門　江南大營潰敗，常蘇相繼為太平軍所據。十年六月，清以曾國藩為兩江總督，督辦江南軍務。國藩自皖聞命，保左宗棠襄辦軍務，商調鮑超軍助戰皖南，乃以圍攻安慶之師，授其弟國荃，自率軍進駐祁門。是時太平軍分擾江、皖、浙三省，國藩議先攻皖南，次及江浙。會英法聯軍陷天津，國藩乃與林翼籌商北援，軍事益棘。旋以和議成，乃專力皖事。十月太平軍三路迫祁門，十一年（一八六一年）正月，左宗棠回軍擊樂平，六戰皆捷，祁門始安。而國荃自安慶遺書，謂株守偏陬，無益，宜出大江規全局。於是國藩軍略，為之一變。

湘軍取安慶　太平軍環攻祁門，原冀清軍解安慶之圍以自救，曾國荃知其旨，圍攻安慶益力。十一年正月，胡林冀移營太湖，合圍安慶，國藩亦遣楊載福、鮑超助攻，而自移駐東流，八日以地雷轟破安慶城；安慶守將以下，死者萬六千人。太平軍據安慶與江寧為犄角，九年之間，兩覆江南大營，至是湘軍力戰，據有安慶，金陵外府頓失，洪氏從此不競。

二、曾國藩統轄東南

咸豐末年之局勢　咸豐十一年（一八六一年）八月，安慶捷報至京。清文宗已卒於熱河，子載淳即位，是為穆宗。穆宗歸於京師，以明年為同治元年。方文宗卒時，黃州德安之太平軍，已先後潰敗，胡林翼則以積勞咯血卒於武昌。國藩移駐安慶。適太平忠王李秀成、侍王李世賢，蹂躪江西；曾國藩調鮑超與左宗棠軍往攻，太平軍潰走浙境。於是鄂、皖、贛之太平軍絕跡，湘軍乃得以戰勝之勢，專力下游。

同治初年清廷任用曾國藩之專　先是太平軍李秀成、李世賢入浙，破杭州；巡撫王有齡等，死難。國藩請以浙事，專任左宗棠，清廷以左宗棠為浙江巡撫，沈葆楨為江西巡撫。同治元年（一八六二年）正月，授國藩協辦大學士，仍督兩江。二月擢國荃為江蘇藩司。國荃自克安慶，回湘增募新軍，復至安慶；其弟貞幹（原名國葆）亦從兄轉戰，所向有功；國藩乃以規取金陵事，付之國荃、貞幹。又因蘇常迭陷，疏薦道員李鴻章才大心細，堪膺疆寄；令仿湘軍營制自練淮軍，並選名將程學啟、郭松林以助之。鴻章以三月授江蘇巡撫；國藩乃以蘇事委鴻章，令督程學啟、郭松林、劉銘傳等東下。國藩建節安慶，指揮衆軍，國荃、貞幹規取金陵之師，李鴻章謀取蘇州之師，左宗棠規取全浙之師，皆秉承節度。又不惟江北多隆阿圍廬之師，李續宜援潁之師，江南鮑超進攻寧國之師，張運蘭防剿徽州之師，楊岳斌、彭玉麟肅清下游之師，受成國藩；即袁甲三、李世忠淮上之師，都興阿揚州之師，馮子材鎮江之師，亦奉命統籌兼顧。大權攸屬，軍政統一，戰事日有起色，良由清廷信任之專。

三、戡定太平軍

太平軍亂中之上海　上海為揚子江口惟一根據地，歐人往來貿易者甚夥。西洋各國，不願使之落於太平黨之手，多偏袒清軍。先是蘇松太道吳煦，募華兵五六百人，使美人華爾（Ward）以西法訓諫成軍，名為洋槍隊。保守松江，屢破太平軍，因號為常勝軍。十一年十一月設會防局，會同外人防守上海。上海官紳，以兵力脆薄，恐難持久，遣錢鼎銘至安慶，見國藩請濟師。會李鴻章任蘇撫，以上海為財源地，每月可得二十萬餉銀，遂於同治元年三月，橫斷太平軍直抵上海。

李鴻章平定蘇松　李鴻章既抵上海，營於城南，更募勇三千，益華爾軍。五月程學啟大破太平軍，解松江圍，淮軍之名始聞中外。常勝軍分軍攻克浙江慈谿，華爾中礮死，代以美人白齊文（Burgcvin）。白齊文反側，閉松江城素餉，鴻章解其兵柄，以英將戈登（Gordon）代之。鴻章以二年（一八六三年）三月取太倉，四月取崑山，六月取吳江，八月取江陰，進逼蘇州。太平將部雲官降。學啟恐其難制，密白鴻章，襲殺諸降將，整衆入城，遂有蘇州。李秀成向南京退却。三年（一八六四年）二月，程學啟攻下嘉興，受傷而卒（是月左宗棠入杭州）。三日鴻章督軍，圍常州，逾月取之。於是蘇之太平軍轉入江西。撤常勝軍三千人，戈登歸國。

左宗棠平定浙江　先是咸豐十一年十二月，左宗棠擢浙江巡撫，奉命援浙。時紹興、杭州，皆為太平軍所據，浙中郡縣多破。同治元年二月，宗棠入浙，五月破李世賢於衢州，九月李世賢退援金陵。三年三月，宗棠親督軍攻杭州，太平軍遁去，轉由徽州入江西；全浙郡縣，以次為清軍有。

曾國荃攻破江甯　先是咸豐十一年八月，曾國荃占有安慶，太平英王陳玉成，由六安走廬州。同治元年四月，多隆阿分隊攻城，破之；玉成以數百騎奔壽州，投練總苗沛霖，沛霖誘擒之，解送潁州勝保營。勝保檻送玉成於京師，清命殺之於途，玉成既死，楚皖之間，太平軍失勢。曾國荃乘勢自安慶順流而下，進薄江甯，馳軍雨花臺。洪秀全促守浙侍王李世賢，守蘇忠王李秀成回救。國荃下令開壁大戰，破之。世賢走廣信，秀成走江北，復分軍追破之。同治二年十一月，李秀成率敗軍自蘇州退回金陵，勸洪秀全棄城同走，不聽。秀成乃命世賢，先就食江西，躬自留守。三年（一八六四年）正月，國荃攻破鍾山石壘名天保城者，城圍乃合。三月蘇杭各路清軍告捷，國荃聞之，圍攻江甯益力。五日清命李鴻章會攻江寧，鴻章不欲分國荃功，延不至。圍攻金陵諸將，亦恥借力於人，奮奪龍膊子山陰堅壘，名地保城者，遂築砲台於上，日夕轟擊，而潛穴其下。六月十六日，地道火發，城圮二十餘丈，城遂破。先是洪秀全知事不可為，於五月二十七日，仰藥死。其子福瑱，至是突圍去，李秀成為國荃軍所獲。曾國藩在皖聞獲秀成，星夜馳至，與國荃會訊之；秀成書起事本末，為供詞，積十餘日，可七萬言；事畢，被殺。太平朝自韋楊相訌後，賴秀成一人支拄危局，縱橫盪决於長江數省者，亘六七年，秀全倚為柱石；江甯捷聞，清廷動色相慶。

石達開之被擒　先是咸豐九年二月，太平翼王石達開擾湖南。五月圍寶慶不克，七月走廣西圍桂林，又不克。十年正月，侵入廣東邊，為粵軍所敗。十一年七月，遣衆分攻黔滇皆不利。同治二年，達開蓄意入川，圖竊據，乃於三月自率大隊渡金沙江。川督駱秉章懸重賞示諸土司使抄達開後。及達開至紫打地方，將渡大渡河，河水適暴漲，川軍唐友耕等亦至，列營河對岸。其地左阻松林河（在四川建昌道松林司北），右阻老鴉漩河（在松林河南東流入大渡河），土司復自後偃古木塞路。達開糧罄路窮，奔老鴉漩，清軍追至，被擒，送城都[1]殺之。

太平幼主之擒獲　同治三年六月，太平幼主洪福瑱，自江寧出走廣德，及廣德不守，福瑱走甯國。八月鮑超大破太平軍於許灣，福瑱輾轉入廣信。江西軍席寶田緊躡之，及之石城，卒得之於荒谷中，殺

[1] “城都”當作“成都”。——編者註

於南昌市；太平餘衆，始盡滅。統計太平軍經歷十五年（起自一八五〇年滅於一八六四），蹂躪十六省，卒底於亡。

第七章　捻亂

一、捻之騷擾

捻之由來　當太平軍擾江南時，捻亦猖獗於淮北。捻者，皖豫鄉民行儺為龍戲之名。康熙時山東奸民結黨，聚捏成隊，沿襲其稱，肆行刼掠，有拜幅、拜捻等派，其後捻目益多，淮徐間因以一聚為一捻。其黨明火刦人，有捻紙燃脂之習慣，俗謂之捻子。嘉慶道光間，黨徒日衆，清廷屢飭河南、湖北等省，會拿之。咸豐三年，洪秀全既陷江寧，潁、壽、蒙、亳（安徽西北部）各捻遂乘勢起，不飢寒，而抗征稅，子弟父兄相率刦盜。或數百人為一捻，或數千人為一捻。

捻之猖獗　咸豐三年，捻首張洛行、李兆受據潁州、蒙城之雉河集舉事，練總苗沛霖附之。清廷命周天爵駐徐州以鎮羣捻，天爵旋歿，代以欽差大臣袁甲三。甲三駐臨淮關，都統勝保等屢破捻衆。七年（一八五七年）捻走河南，圍固始，太平軍亦合勢分擾廬、巢。勝保、甲三會師正陽關，議招撫兆受、沛霖以滅捻患。八年（一八五八年）兆受歸誠，沛霖亦降。十年（一八六〇年）勝保以督師皖中，日久無功，改命督軍河南。另以傅振邦督軍徐宿，德楞額督軍山東。袁甲三更復鳳陽。乃未幾英法聯軍薄京師，文宗出奔熱河，捻乘機侵入濟甯，縱橫荷澤一帶，山東大亂，德楞額軍敗於嶧。僧格林沁奉命往討，尋與捻黨連戰於荷澤，皆不利。同治元年（一八六二年），勝保因偏袒苗沛霖，與袁甲三、李續宜先後齟齬，調往陝西剿回亂。以親王僧格林沁統轄山東、河南全省軍務，並調度直隸、山西兩省防兵，主剿捻事。二年（一八六三年）二月，僧格林沁督師剿捻於蒙、亳一帶，適捻首張洛行等聚於尹家溝，因派隊往攻之，其驍將陳國端亦破捻黨老巢雉河集。捻首張洛行乃以二十騎遁至宿州，遂為知州英翰擒獲，解送僧軍。其從子張總愚，領其餘衆走山東，僧軍移攻淄川。六月苗沛霖以心懷怨望，復勾結捻黨陷壽州，踞懷遠，以抗清軍。會其部下有曾為陳玉成親兵者，為玉成復仇，殺以獻，並生擒其黨苗景開等。苗沛霖既平，捻勢亦弱。

僧格林沁之戰歿　僧格林沁既殲苗沛霖，尾追捻黨楚豫邊界，連敗於麻城、廣濟間，喪其良將恒齡、舒通額、蘇克金等，僧大怒。同治四年（一八六五年）四月，捻首張總愚、賴文光等，悉衆入山東曹州境，僧格林沁率師疾追，至曹西，全軍敗沒，僧格林沁戰死。

二、捻之銷滅

曾國藩之勦捻方略　僧格林沁既敗歿，清命曾國藩赴山東督師，以李鴻章署江督，國藩督辦直隸、山東、河南三省軍務。國藩以“捻已成流寇，若匪流而兵亦與之俱流，則匪之資糧無限，而我之兵力有窮”，乃定議以四省十三府州地（山東兗、沂、曹、濟四郡，河南歸、陳兩郡，江蘇徐、淮、海三郡，安徽廬、鳳、潁、泗四郡），設四鎮重兵。安徽以臨淮為老營，山東以濟甯為老營，河南以周家口為老營，江蘇以徐州為老營；各駐大營，為四省之重鎮，一省有急三省往援。以劉銘傳駐防周家口，張樹聲駐防徐州，潘鼎新駐防濟寧，劉松山駐防臨淮。另以李昭慶馬隊一支，為遊擊之師。期以有定之兵，制無定之捻，自此辦捻之局，始漸有綱紀。復於黃河設水師，創“守黃防運之策”，謂“必蹙敵於一隅，以長圍圈制之，然後可以聚殲”。於山東之運河東岸，河南之賈魯河、沙河西岸，沿堤興築長牆，分汎置守。督師年餘；大小數十戰，力遏其鋒，捻勢因此而衰。五年（一八六六年）九月，河南長牆，為捻衆竄破，張總愚率股自河南中牟竄許、陝（許昌、陝縣）經靈閿（靈寶、閿鄉），入秦，是為西捻。任柱、賴文光一股，復由豫回竄東境，是為東捻。時議因咎國藩無功，國藩遂自請罷斥，並薦李鴻章自代。朝命回江督原任，以李鴻章代之勦捻。

東捻西捻之平定　捻既分為東西二股，同治六年（一八六七年）正月，東捻任柱、賴文光、牛洪、李允等，遂由河南趨湖北。五月任柱、賴文光等，再入河南，走山東。會天旱水涸，運河成乾溝，人馬可行，遂衝過運河東岸長牆。膠、萊防潰，將趨登萊。李鴻章採諸將議倒守運河，進扼膠、萊，蹙之海隅。迫至日照地方，槍傷任柱，柱逕奔江蘇贛榆縣境。十月劉銘傳追擊至贛榆，有潘貴升者，殺柱以降。餘衆推賴文光為首，勢漸不支。十二月文光南趨揚州，遂為統帶吳毓蘭所擒。東捻全股悉平。西捻自五年十月，由張總愚率之入陝西，十一月張總愚由陝西壺口，搶渡黃河，陷山西吉州。復由絳州、曲沃、垣曲山僻小路，竄近豫疆。七年（一八六八年）正月，遂由磁州廣平（永年縣），直犯順德、鷄澤、平鄉、鉅鹿等處；畿南震擾，京師戒嚴。李鴻章建議“防守黃運，蹙捻海東”，及捻竄運東，遂力主“防運”之議，圍之於徒駭，黃、運之間，河汊紛歧，水溜泥陷，捻奔走無路，遂將大股殲除。總愚携八騎，走至徒駭河濱，下為投水死，西捻蕩平。

第八章　咸同時代之庶政

一、咸豐之時政

滿漢畛域之化除　咸豐初葉，海內多故，有軍機大臣文慶者，知賽尚阿訥爾經額等諸滿人，皆怯懦不能戡亂，乃慨然言曰：“欲辦天下大事，當重用漢人。彼等多來自田間，知民之疾苦，諳其情偽。豈如吾輩滿人，未出國門一步，夢然於大計者哉！”因屢進言於文宗，勸帝除去滿漢之見，不拘用人資格。文宗後用其言，遂樹戡亂之基。厥後肅順恣作威福，數興大獄——如因嫉大學士柏葰資望較深，性行鯁直；遂藉咸豐八年順天科場通榜關節案誅鋤之。自考官以及士子，斬絞軍流者數十人——然曾國藩之總督兩江，胡林翼之巡撫湖北，皆彼所推薦。又肅順嘗與人言曰：“滿族中無一人可用者，國家遇有大疑難事，非重用漢人不可！”於是博徵將才，曾、胡、左、李併用，故太平軍難興，清廷卒收得人之效。

肅順之誅　咸豐晚年，宗室肅順、端華、載垣，三人盤結，同干大政。英法聯軍入北京，三人勸帝幸熱河。十一年（一八六一年）七月，遂卒於熱河。帝既卒，遺兩后。孝貞后（慈安太后）無子，孝欽后（慈禧太后）生載淳。載淳卽位，是為穆宗，年甫六歲。肅順、端華、載垣等稱遺詔，為贊襄政務王大臣。改明年為祺祥元年。會御史董元醇疏請太后垂簾，並派近支親藩輔政。太后將從其請，肅順等以無故事，抗論力阻。奕訢逕赴熱河，覲見兩太后，密謀誅肅順等。議定，奕訢先回京，兩太后即下回鑾之旨。十月一日抵京，卽縛端華、載垣於廷，逮肅順於密雲，械送京師。越日賜端華、載垣死，誅肅順於市；垂簾之局始定，又改元同治。

二、同治之時政

同治之中興　同治卽位時，太平軍與捻黨之亂方熾。第不久卽能削平大難，蔚成中興；以有曾國藩、左宗棠、李鴻章等戮力於外，文祥、沈桂芬、李棠階等効忠於內也。恭親王奕訢，尤能公忠體國，破除積習，信任漢人，以平國難，媾和歐美，以維邦交；故同治之中興，非穆宗冲人之力，尤非太后女主之功。

同治之內政　同治在位不過十三年，稽其善政，頗有足稱者。如同治二年，從曾國藩、李鴻章請，創辦新政，改習洋務，首設同文館於京師，以為通各國文字之本；減蘇浙兩省糧額，以廓清田賦偏重之弊。三年遣同知容閎出洋，採辦機器。四年命兩江總督兼充南洋大臣，設江南製造局於上海。五年派斌椿率同官生，前赴外國遊歷，更從左宗棠奏請於福建設船政廠，試造火輪船。六年又派美國人蒲安臣（Hon. Auson Burlingame）偕志剛、孫嘉穀往有約各國，辦理交涉，以廣國際之經驗，儲兵事之預備。七年御史德秦以疏請修理園廷褫職。十一年御史邊寶泉以劾李鴻章奏進瑞麥嘉獎。十二年成祿（烏魯木齊提督）以糜餉，為左宗棠揭參逮問，以杜臣工之容悅，振軍國之紀綱。凡若此者，或為從前未有之政，不憚因時以創行；或為天下觀聽所繫，不吝從諫以防弊。

第九章　陝甘回亂與雲南回亂

一、陝甘回亂之肅清

陝甘回亂之起源　先是咸豐末年，河南巡撫嚴樹森，招募陝回六百，赴汴防守。其後嚴轉任湖北，遂解散回兵，使歸鄉里。已而團練大臣張芾復招之。同治元年二月，太平扶王陳得才與捻黨合竄入武關（陝西商縣東），全陝大震。回勇聞警皆散，道經華州，强伐漢民家竹，被殺二人，附近回民，欲糾衆為復仇。會有任五者，本雲南叛回，曾於咸豐五六年頃舉兵，事敗，潛匿於渭南之倉橋渡，見此形勢，以為有機可乘，遂於四月佔領渭南，與回勇倡亂。

勝保、多隆阿之進勦　渭南亂起，張芾馳往臨潼，任五糾黨數千人擊張芾擒之，手刃以報怨。圍同州（大荔縣），掠西安，回教徒之勢力，遂不可侮。清命勝保赴陝西，督辦軍務。勝保到陝，每飾報捷音，遂以驕恣欺罔逮問，賜自盡。另授多隆阿為欽差大臣，督辦陝西軍務。多隆阿由樊城急赴陝西，入潼關擊回之背，一戰而捷，遂解同州之圍。扼之於洛河之南，破倉橋渡，入西安，鋒甚鋭。同治二年（一八六三年）二月，甘肅回民滋事，陷固原，圍平凉。適寗夏回民與漢民爭，因陷寗夏靈州，自金積堡迎其教主馬化隆起事。甘肅各地居民，以次變亂。時陝回為多隆阿驅勦幾盡，惟滇匪藍大順，由四川突入陝西，踞盩厔未下。多隆阿移師圍之，親督諸將力攻，克復縣城，以受創重卒。

左宗棠三路平回　同治三年五月，命想岳斌為陝甘總督，勦討無功。五年(一八六六年)八月,楊岳斌以病免,調左宗棠為陝甘總督。六年(一八六七年)正月,命左宗棠為欽差大臣,督辦陝甘軍務。七年(一八六八年)六月,西捻平定,宗棠入覲,自期以五年平陝甘之亂。十月還西安,遂定三路平回之策:北路由綏德取道花馬池,直搗金積堡,以劉松山當之。南路由秦州趨鞏昌,討河州狄道之回,以周開錫當之。中路由左宗棠親率劉典諸軍,盡驅陝西回黨入於甘肅。十二月劉松山進攻回壘,所向皆捷。不旬日遂圍董福祥於鎮清堡;福祥乞降。八年(一八六九年)二月,左宗棠大營進乾州,督諸將西進,陝西之回黨,遂盡趨甘境。六月宗棠進兵甘肅,駐涇州。八月劉松山軍進靈州,金積堡回首馬化隆,屢代陝回乞降,而暗嗾其黨,決秦渠水,以阻清軍。陝西回首白彥虎等,亦由黑城入金積,屢犯清軍。松山奮擊,大破之。旋克復靈州,化隆又哀詞乞降,陝回不自安,皆西竄。十一月宗棠移駐平涼。九年(一八七〇年)正月,松山圍攻金積,破其附近各寨,進攻馬五寨,飛礮中左乳,遂卒。左宗棠檄其兄子錦棠,代統其衆。九月清軍盡平金積堡之寨,十一月馬化隆詣錦棠營請罪。十年(一八七一年)正月,處以死刑,回勢瓦解。十二年(一八七三年)夏,諸將合攻肅州,八月宗棠自往督攻,九月克之,斬其魁馬文錄(即馬四)等,甘肅悉平。惟白彥虎遁走關外,為以後新疆兵事之導線。

二、雲南回亂之平靖

雲南之回亂 先是咸豐五年(一八六六年)十二月,回教之悍民,與漢人起衝突於臨安府之銅鑛,遠近之回教徒,聞風響應。永昌回民杜文秀,曾作亂,被清軍擊破,匿居蒙化之圍埂;圍埂回人萬餘助之,遂起兵蒙化襲踞大理(今太和縣),自是大理以東回民,相率戕官以應之，全省大震。十一年十一月，回民馬起等，率衆進逼雲南省城。有武生馬如龍，情願解散招撫，親赴各壘勸導，立解省圍，並退出所踞各城。同治元年（一八六二年）奉旨嘉獎如龍，命以總兵用。二年二月，署雲貴總督潘鐸，欲力振威權，安輯回漢。回人掌教馬德新，因召回將馬榮率黨二千入省城，潘鐸諭令出城，竟為所害，署布政使岑毓英，就署作壘以守，陰使人促馬如龍入援。如龍還省與毓英夾擊馬榮，大破之，榮走南寧。三年九月毓英克尋甸，擒殺之，並下曲靖，省城迄東悉平。然杜文秀仍據大理不下，雲南省之大半，仍在回教徒之手。

岑毓英之勦回　先是潘鐸被戕，清廷以勞崇光為雲貴總督，勞崇光始駐貴州，不敢入滇。時岑毓英以曲靖為根據地，養兵積糧，屢破各地回黨。五年（一八六六年）四月，道路稍通，勞崇光始被馬如龍迎入省城。崇光定議先勦省東之寇，然後西征。以毓英勦豬拱箐、海馬姑之寇，以馬如龍專辦迤西事，以圖杜文秀。六年（一八六七年）二月，勞崇光卒。六月，岑毓英蕩平豬拱箐（在貴州畢節縣西，地界滇黔川三省之交）、海馬姑（山名，在貴州畢節縣西南）。七年（一八六八年）三月，岑毓英為雲南巡撫，毓英善遇馬如龍，推誠慰勉；約共滅敵，如龍感奮，由是大局始有轉機。八年（一八六九年）五月，岑毓英肅清東省回壘，漸破圍攻省城各壘。八月，省城解嚴。十一年十一月，清軍穴地道，破大理外城，杜文秀窮蹙，飲毒自盡，餘衆盡降，全滇以次底定。

第十章　同治時代之外交

一、天津教案

天津教案之起訖　自清廷許外人在中國各地設堂傳教，於是民教齟齬，教案疊出，天津教案為禍最烈。先是天津有匪徒迷拐人口，為知府張光藻、知縣劉傑所獲，供稱受迷藥於教民。民間遂喧傳天主教堂，遣人迷拐幼孩，挖目剖心為藥料。又以義塚內屍骸暴露，俱視為教堂所棄。同治九年（一八七〇年）五月，遂聚衆焚毀各國教堂；並毆死法國領事豐大業，通商大臣崇厚，請簡大員查辦。時曾國藩為直隸總督，方因病請假，朝命力疾赴津，與崇厚會同辦理。國藩力主和平，而法使羅淑亞肆意要挾，必令府縣官議抵；崇厚欲許之，國藩不可。法國又遣兵船到津，以為恫嚇。通商大臣崇厚，懼事决裂，請免國藩，以鴻章代之。鴻章甫受任督直隸，普法之戰頓起，法人倉皇自救，不復他及。天津教案，遂銷沈於若有若無之間。嗣仍由國藩與法使議結，於賠修教堂外，定滋事人民正法十五人，軍流二十一人，張光藻、劉傑皆遣戍；其事乃已。

二、臺灣交涉

台灣交涉之經過　同治十年（一八七一年）七月，中日訂修好通商條約。十一月有琉球船，遇颶風，飄至臺灣，為牡丹社生番劫殺五十四人。十二年（一八七三年）一月，日本小田縣民四名，亦漂至遭害。時日本欲行“開國主義”，不得不先有事於中國。日皇因遣大使副島種臣，副使柳原前光聘清，交換前年修好通商條約，並詰問臺灣生番掠殺難民事。三月至天津，會直隸總督李鴻章於山西會館，交換修好通商條約。四月至北京，值清政府與歐美各國公使，以謁見皇帝禮式起紛議。副島種臣因調停其間，廢叩頭禮創行五鞠躬禮。各國使臣於六月謁見穆宗於紫光閣，副島以大使資格，獨先謁見。旋以台地事，命其副使柳原前光，往詢總理衙門大臣毛昶熙。昶熙等答曰：“生番係化外之民，我政府未便窮治。”副島種臣因留柳原前光為駐華公使，自歸國，直報告“生番非中國版圖”。同治十三年（一八七四年）三月，日本命陸軍中將西鄉從道為都督，率海陸軍向臺灣。清政府聞警，始以“生番係版圖之地，何故不照會卽遣兵”，詰責日本政府。同時命船政大臣沈葆楨，赴台灣辦防務。日兵抵臺，分道進攻不利。葆楨抵臺，調淮軍十三營，由提督唐定奎統率至臺，備戰。日本見臺防漸固，遂於八月，更遣專使大久保利通，來議臺事。締結下之《中日和約》：

一、日本此次征台灣，係保民義舉，中國不認為不是。

二、中國賠償撫恤難民銀十萬兩，賠償在臺灣修道建屋費四十萬兩。

三、約束生番，自後不加害航民。

第十一章　道咸同時代之文運

一、學術之變遷

考証學之漸衰　道咸以後，考証學漸形衰謝，推原其故，蓋因乾嘉時代，漢學家成為一種“學閥”；思想界受其專制，思有以自拔，若方東樹之《漢學商兌》，卽對於漢學流弊，痛加攻擊者。況夫考証學中，訓詁一科，為諸大師發明略盡，名物一科，則聚訟紛紜，典章制度一科，則無所折衷。以云實事求是，甚難，故考証學本身因之動搖。鴉片戰後，經世致用觀念，與“西學”並興。洪、楊發難，東南文獻，掃地以盡，有志之士，或奮跡事功，或鑽研新學，羣以國勢陵夷，歸咎於考証學無實用，遂使往日尊嚴之學閥，為時代所唾棄。環境變化，考証學因之日絀。總此諸因緣，直接使考証學衰微，間接促進學術新機運，學派分裂之機遂蘊於是。

今文學之復興　乾、嘉時首揭今文之學者，為武進莊存與（方耕）。存與著《春秋正辭》，刊落訓詁名物之末，約取《春秋公羊傳》，求其所謂微言大義者，雖與戴震友善，而其學不相師。存與弟子劉逢祿（申受），著《春秋公羊傳何氏釋例》，於何氏（何休）所謂“非常異義可怪之論”，多所發明。又著《左氏春秋考證》，力攻《左傳》，謂為劉歆所纂亂。逮道光間，其學寖盛。最著者曰：仁和龔自珍（定庵），邵陽魏源（默深）。龔自珍受訓詁學於段玉裁，經義則挹自莊（存與）劉（逢祿）；喜治史，亦耽佛，好談名理，往往引《公羊》義譏切時政。於舉國醉夢承平時，傀然憂之若不勝，其識見固有大過人者。所著《定庵文集》，瑰瑋連犿，淺學或不得其指，然實近世思想自由之先導。魏源所治今文學，於《春秋》而外，推及它經，所著《詩古微》，大攻《毛傳》及《大小序》，謂為晚出偽作。又著《書古微》，對於《古文尚書》暨馬（融）鄭（玄）經說，亦排斥不遺餘力。龔、魏而外，復有仁和邵懿辰（位西）著《禮經通論》，謂《儀禮》十七篇為足本；《古文逸禮》三十九篇出劉歆偽造；至是羣經今文說皆出。

理學之復盛　道、咸以降，事變迭起，學者漸病考證學繁瑣，無裨實際。於是或談經濟，或談性理，學術界復返於清初波瀾壯闊態度。其以經術作政論者，若龔（自珍）、魏（源）則為新思想之嚮導，已具論於前。其以理學倡導者，則有曾國藩、倭仁、羅澤南等。曾國藩性理之學，上接朱紫陽，經世之略，更過王陽明。倭仁之學，以九容入手，見過自訟，言動無妄，行己接物，絕無偏私。羅澤南訓諸生以道德，相率投袂討寇，馳名天下。

二、文學之趨勢

曾國藩中興桐城派　桐城之末流仿效，不免以空疏相尚。嘉慶以後，學者漸薄清淡簡樸之文，多高語周秦漢魏。如龔自珍、魏源所為文皆出入諸子，縱橫廉悍，不拘法度，沈博奧衍，往往有奇氣。時人宗之，桐城之文衰。咸同之際，曾國藩、吳敏樹同起而振之。敏樹沈思獨往，不屑奉一先生之言以自隘，卒之所得未嘗越姚氏軌範以外。國藩熟於陽剛陰柔之旨，極其伸縮變化，鏗訇隱轔，自成清越，義理辭藻，兼擅其長，故雄渾雅淡，風骨特勝。國藩既以功業文章，焜燿一世，復極力提倡古文，桐城派遂為世重，迄於光宣，傳習不衰。

桐城派之合駢散為一　先是乾嘉學者，每以六朝駢儷之文為正宗，斥唐宋八家之古文為偽體。故汪中以文章之衰，為起自韓昌黎；阮元著《文筆通考》，以有韻者為文。桐城派對之，力傳散文，又合駢散為一派。劉開、梅曾亮則以散文大家，兼治駢文，其文皆閎中肆外，典麗肅穆，足與駢文巨子並駕齊騖。李兆洛則通駢散之界，一心復古，而王闓運實集其大成。至于駢體正宗，若孫同康之精雅，皮錫瑞之疏暢，王先謙之簡潔，亦不愧為後勁。

道光以後之詩派　道光以後，詩學界分兩派：其一派清蒼幽峭，鎔鑄諸家，體會淵微，出以精思健筆。陳太初《簡學齋詩存》四卷，《白石山館手稿》一卷，字皆人人能識之字，句皆人人能造之句；及積字成句，積句成韻，積韻成章，遂無前人已言之意，已寫[1]之景：又皆後人欲言之意，欲寫之景。當時嗣響，頗乏其人。魏源之《清夜齋稿》，稍足羽翼。同光以後，此派以鄭孝胥為魁壘，其源合也。其一派生澀奧衍，語必驚人，字忌習見。鄭珍之《巢經巢詩鈔》為弁冕，莫子偲足羽翼之。後則沈曾植、陳三立實其流派。

三、科學、美術之不振

科學不發達之原因　清沿明制，以八股文取士，其科場程式，束縛最嚴。既定以八比之式，又限以長短之制，雖有聰明才智，亦無所用之。故士皆疲精力，汨性靈，於斷爛文義之間，莫由自進於高明廣大之域。士子進身之路既狹，學問之途遂隘；科學之不進步，此其主因。乾嘉以後，宿學老師，專意復古。繁稱考證，研幾哲理，形下之學缺焉不講；蓋由德成而上，藝成而下之觀念，有以錮弊之。

道、咸時代之科學　乾、嘉以來，學術界以經學為中堅，以小學

[1] 原文此處模糊，根據《石遺室詩話》卷二與下文補爲“寫”。——編者註

為治經之塗術，以音韻學、校勘學、輯佚學、金石學、典章制度學附麗之。其粹然有科學之精神者，要以史地、天算等科為最。史學清初盛於浙東，乾嘉時亦多作者。道咸時，惟魏源以獨力成《元史》，又有《聖武記》，號稱善本。嘉道間學者，漸留意西北邊新疆、青海、西藏、蒙古諸地理，徐松、張穆、何秋濤最名家。松有《西域水道記》《〈漢書·西域傳〉補注》《新疆識略》。穆有《蒙古游牧記》、秋濤有《朔方備乘》。治外國地理者，則有徐繼畬之《瀛環志略》，[1]魏源之《海國圖志》。特諸書多偏於考證，鮮有論及人文者，未免使活學變為死學。至天文算數則盛於清初，咸同時李善蘭、華衡芳承曾國藩命頗譯算學名著，西學漸興。

道咸以後美術之衰微　清初美術，以書畫為盛。同治以降，以書名家者，有翁方綱（號覃溪，北京人）、翁同龢（字叔平，江蘇常熟縣人）、楊沂孫（號濠叟，江蘇常熟縣人）等。畫家則翁同龢、湯貽芬、戴熙皆有名。總之，書畫以初清、中清為盛，道咸以後，宇內分崩，海夷肆擾，才智之士，無暇及此，美術因之不進步。

❶《瀛環志略》亦作《瀛寰志略》。——編者註

第十二章　孝欽后之擅政

一、孝欽后之專恣

孝欽后之放縱　孝欽后（慈禧太后）性警敏，優於才。文宗在時，雖心鄙之，以其誕生穆宗，未忍廢。及文宗卒後，孝貞后（慈安太后）以先帝賜西宮死密詔示之。孝欽因是危懼，不敢自佚，先意承志，以事孝貞，幾於無微不至。如是者數年，孝貞以為其心無他，遂取先帝密詔焚之。嗣是孝欽日漸放縱，語多不遜，專權且肆，不與孝貞協商。孝貞始大悔悟，然已無及。

孝欽后與穆宗之不睦　穆宗雖為孝欽所生，尤為孝貞所鞠愛，帝亦孝事孝貞，逾於孝欽；故孝欽不悅於帝。時內監安得海，甚得孝欽歡，漸干國柄，譖去恭親王奕訢，帝心惡之。會山東巡撫丁寶楨入覲，帝見其遇事敢為，密商於孝貞，令寶楨誅安得海於山東境；孝欽頗不懌。及帝年壯，兩宮為帝擇后，孝貞后欲婚尚書崇綺之女，孝欽后欲婚侍郎鳳秀之女。同治十一年（一八七二年），帝年十八，兩太后遂以婚事命帝自決，帝擇孝貞后所擬定者為后，孝欽后益不懌。

穆宗之卒　穆宗大婚後，以皇后才德兼備，動必以禮，愛敬有加。孝欽后陰使內監時時監視之，帝懊喪，恒終歲獨宿乾清宮。十二年正月，帝親政，內侍有陰道帝以微行者，暗疾乃中於帝躬。孝欽后命太醫以天花治之，十三年十二月，帝遂卒。

二、德宗入繼

德宗之立　穆宗既卒，孝欽后以醇親王奕譞之子載湉，承繼文宗顯皇帝為子，入承大統。載湉，年甫四齡，即由醇邸移居禁中，卽皇帝位，是為德宗，以明年為光緒元年，仍由兩宮垂簾聽政。穆宗中興之主也，孝欽不為立後，而立德宗，蓋有三因。（一）孝欽以為苟為穆宗立後，則已當為太皇太后，尊而不親。（二）醇親王奕譞之福晉（滿洲語謂王妃），為孝欽后之妹，實生載湉，因循私親而立之。（三）載湉年甫四齡，孝欽利其幼沖，易遂擅政之欲。

孝哲皇后之殉　穆宗卒後，孝哲皇后阿魯特氏，誓以身殉，因不復食，遂暴卒；距穆宗之卒，未百日。

第十三章　新疆回亂與《伊犂條約》

一、新疆回亂與俄佔伊犂

阿渾妥明據烏魯木齊稱清眞王　先是陝西省回教徒之阿渾（回教中之大教師曰阿渾）中，有妥明（一稱妥得鄰）者，託星命之術，遊金積堡一帶。及陝亂起，潛出關至烏魯木齊（今新疆省治），攻陷各地，時同治三年（一八六四年）。妥明自稱清眞王，控制西南路。

阿古柏入喀什喀爾自立　阿渾妥明既獨清眞王，和闐回衆不服，乞援浩罕，浩罕方與俄有兵事，乃遣張格爾之子布蘇洛偕安集延（浩罕東城）酋阿古柏帕夏東侵，開喀什喀爾王國之基，並略取西四城（英吉沙爾、葉爾羌、喀什喀爾、和闐）。叛回白彥虎，自陝甘出走，亦依附之；旋攻東四城（庫車、喀剌沙爾、烏什、阿克蘇），皆下之，阿古柏遂盡有天山南路八城。同治九年（一八七〇年）妥明與浩罕部戰於庫車敗績，阿古柏乘機攻妥明，妥明乞降。其後阿古柏復攻之，妥明出禦，大敗，走死綏來。阿古柏遂據烏魯木齊而有之，幾統一天山南北二路。未幾，仍歸喀什喀爾。

俄國佔領伊犁　同治十年（一八七一年），阿古柏移府治於阿克蘇，以窺伊犂。俄人不肯讓阿古柏先着鞭，乃陽託於治邊安民，以同治十年五月，進佔伊犁。阿古柏知伊犁不可取，引還喀什喀爾。

二、新疆回亂之平定與英人之要求

左宗棠之出兵　回地既亂，俄勢南伸，西北邊事，幾為當局所諱言。光緒元年（一八七五年）二月，以左宗棠為欽差大臣，督辦軍務，翌年三月，駐軍肅州。時廷議多主張棄南八城，封阿古柏為外藩。左宗棠上疏力爭，略云：伊犂既歸俄有，阿古柏又據喀什喀爾，若置之不問，必有日蹙百里之勢，後患何堪設想。帝嘉納之。

新疆北路之平定　光緒二年（一八七六年）四月，劉錦棠出嘉峪關，六月，錦堂圍古牧克之。守兵六千，殲焉。師次烏垣，城東安夷土回纏頭皆宵遁。烏魯木齊迪化州亦皆平定，阿古柏所遣援兵至達板（距烏魯木齊二百里），亦不敢進，天山北路略定。

阿古柏之死　九月以後，大雪封山，清軍不能踰嶺而南，阿古柏與白彥虎乘暇移達板、新城兩山間，以大通哈守之（大通哈猶言大總管）。光緒三年（一八七七年）三月，劉錦堂乘冰解，由烏魯木齊越嶺向達板，破之；南路八城，門戶洞開，阿古柏知勢不可為，飲藥死。

新疆南路之平定與英公使之要求　阿古柏既死，英國公使，向總理衙門要求保全喀什噶爾國。左宗棠聞之，力阻和議。疏云：英人欲為阿古柏帕夏之子孫立國，宜割印度之地以與之。英公使遂不復言。三年（一八七七年）八月，劉錦堂自托克遜進兵，一月中南路東四城（喀剌沙爾、庫車、烏什、阿克蘇）皆下。至西四城（喀什噶爾、葉爾羌、英吉沙爾、和闐），仍為阿古柏長子伯克胡里所據，白彥虎亦往助之。十一月，劉錦堂分兵三路，共向喀什噶爾。伯克胡里、白彥虎分路遁入俄羅斯，遂復喀城。新疆悉定，所未收復者，惟伊犂而已。

三、《伊犁條約》爭議

崇厚使俄與初次《伊犂條約》 同治十年（一八七一年）五月，俄人佔領伊犂。七月以暫時佔領伊犂通告總理衙門。光緒四年（一八七八年）二月，左宗棠悉定天山南北路，我國迭要求返還伊犂。光緒五年（一八七九年）五月，因命侍郎崇厚為全權大臣，赴俄議收還伊犂事。締結返還伊犂條約十八條，規定："中國償遠俄國佔領費五百萬盧布，伊犂南部，特克斯河流域之廣大平原，割讓為俄國領土。又修改同治三年《塔爾巴哈台界約》所規定齋桑泊方面之國境及通商事務。"事聞，廷議以崇厚擅將特克斯河流域，讓與俄國，為權限以外之行為；又俄人據此，則扼天山南北之交通，足為新疆全部之隱患，因交章劾之。孝欽后大怒，不批准條約，崇厚歸國。六年正月，清政府一方遣駐英公使曾紀澤為使俄欽差大臣，命改訂還付伊犂條約。一方大整軍備，始命左宗棠赴新疆。既詔入京備顧問，另以劉錦堂督辦新疆軍務，曾國荃、李鴻章嚴守海防。而俄則增兵伊犂，聲言決裂，並集海軍，遊弋中國海面。自春至夏，兩國幾釀成戰事。

曾紀澤使俄與改訂《伊犂條約》 中俄兩國，戰雲既亟，英將戈登與清駐英公使曾紀澤，始終持調停之策，勸依和平交涉，修正前約，勿開戰端。紀澤抵俄京，拒不與議。嗣經紀澤反覆辯論，許本前條協議，始得開始談判。因以光緒七年正月二十六日（一八八一年二月二十四日），改締還付伊犂條約，其重要條欵如下。

一、中國賠償俄國，自同治十年至今，在伊犁所費之軍政費九百萬盧布。

二、自伊犂西部別珍島山，順霍爾果斯河過伊犂河，南至烏宗島山，廓里札特村，沿此等地劃一線，其以西之地，割讓為俄國領土。

三、同治三年《塔城界約》，規定齋桑泊方面之國境，尚有不妥，應自奎洞山，過黑伊爾特什河，至薩烏爾嶺，劃一直線為境。

四、准在肅州（卽嘉關）及土魯番兩城設立領事，其餘如科布多、烏里雅蘇臺、哈密、烏魯木齊、古城五處，俟商務興旺，由兩國陸續商議添設領事。

五、蒙古各處各盟，均准俄人貿易，照舊不納稅，並准俄民在關外天山南北兩路各城貿易，暫不納稅。

《伊犂條約》之得失　改訂《伊犂條約》，劣於崇厚原約之點：一則為償金之增大，一則為擴張俄人之通商權利。從此內外蒙古、天山南北，皆許俄商無稅貿易，其影響於將來者甚大。其優於崇厚原約之點，則在爭回特克斯河流域不割讓一事。

新疆建省　《伊犂條約》既定，左宗棠建議新疆為行省。劉錦棠亦上疏謂不如添設甘肅巡撫，駐烏魯木齊為省治，改名迪化府。光緒十年（一八八四年）十月，遂授錦棠為甘肅新疆巡撫，責以改建行省各事務。至十一年九月，新疆南北都縣之治乃定。

第十四章　外藩之喪失

一、琉球之喪失

琉球喪失之由來　琉球以三十六島立國，自唐迄清，世臣中國。惟其地鉅[1]九州甚近，為日本所必爭。同治十三年，台灣戰後，日本遂直認琉球為國土，與內國郡縣同例。

日本併合琉球　光緒元年（一八七五年），日政府禁琉球向中國派遣慶賀使與朝貢使，且禁用中國正朔，命改用明治年號。光緒五年，日本發軍艦數艘，執琉球王以歸，尋廢之，夷其地為冲繩縣。

二、安南之喪失

安南與法人之齟齬　先是乾嘉間，阮光平占領東京，謂之新阮；廣南舊阮，後裔名福映者，欲統一全國，求助於法。許以布教自由，與割化南島以為酬報。阮氏既統一，背棄前約，仇殺法人，法大怨之。咸豐八年（一八五八年），法攻越南，經四年之戰，越不能支，卒於同治元年（一八六二年）五月，結《西貢條約》以和，儼然視越南為保護國。同治六年（一八六七年）法又佔領柬捕寨，法之勢力，侵入交趾支那全部。越南人民不平，遂常有暗殺法人之事。太平餘黨劉永福，據紅河江畔之勞開府，娶安南王女為妻，部下八萬人，號黑旗黨。越人資其兵力，頗敗法軍。法人乃易强硬手段，為懷柔政策，十三年（一

[1] “鉅”當爲“距”。——編者註

八七四年）遂與越訂立和約。約中法國承認安南為獨立國，安南之外交事務，由法國監督。法人蓋欲使安南脫離中國，然後徐施侵略之計。

中法衝突之接近　光緒六年（一八八〇年），安南政府漸覺法人鬼蜮，力排斥之。一面遣使至北京，仍請為中國保護國；一面獎助黑旗黨為驅逐法人之計。八年（一八八二年）二月，法海軍大佐黎威爾，率兵進佔河內。九年二月，劉永福疊逼河內，擊殺黎威爾，法海軍少將孤拔，率援兵二千，以七月率艦抵順化河口。礮臺守兵竭力防戰，終不能守，順化旋見陷，因訂法越順化協約。約中要點"以東京割讓法國"，"嗣後越南為法之保護國，非法國許可，不得與他國交通"。清廷聞之，諸大臣多欲訴之武力，以謀解决。會廣東稅務司德人德璀璘力任調停，四月乃授李鴻章全權大臣，與法使福祿諾締結預定媾和條約五欵於天津。中國將安南全讓為法有，惟保留法越結約，不插入有犯中國國威之字句而已。

中法戰爭與媾和　法政府以議會不批准此約，密令諸軍巡邊，藉端啟釁。五月六日，進軍諒山。清軍痛擊之，法兵敗退，是為"諒山衝突"，為中法開戰之導線。七月六日，孤拔闌入馬江，突轟清艦，擊沉七艘；南洋海軍，喪亡殆盡。並毀馬尾造船廠，進破福州諸礮臺。惟孤拔亦中礮，退據澎湖列島，旋卒。光緒十一年（一八八五年）正月，法軍封鎖揚子江口，以絕南北之聯絡。廣西巡撫潘鼎新失守諒山，法軍進攻鎮南關。二月，提督馮子材、蘇元春，總兵王孝祺等，屢敗法軍，克復諒山。駐北京英國公使巴夏禮，見法人久厭遠征，中國亦願罷戰，因出為調停。四月二十七日，李鴻章遂與法公使巴特納會於天津，議成中法媾和條約十款，其主要者如下：

一、中國承認安南為法國之保護國。

二、中國擇勞開以上、諒山以北二處，開為通商口岸。

三、法國撤退基隆、澎湖之軍隊。

四、中國於南數省築造鐵路時，雇用法國人。

五、兩國派員勘定邊境，協定通商細則。

三、緬甸之喪失

英緬衝突之由來 緬甸當乾隆朝，其主孟隕受清廷冊封，定十年一貢制，久為藩屬。其西境有阿臘干部者，本不屬緬甸，緬王乘暹羅內亂，遂領有之，復東侵暹羅，反為所敗。阿臘干人乘機謀獨立，不克，多遁至孟加拉，緬兵追之，侵入孟加拉，遂與英有隙。道光二年，緬王孟既在位，遣軍攻西北諸小國，又欲乘阿撒母（在印度東部）內亂佔領之。阿撒母求援於英，英政府於道光四年（一八二四年），遣兵由海路進迫阿瓦（緬甸國都），緬政府大懼。道光六年（一八二六年）緬王以阿臘干地歸英，並償兵費百萬金磅以和，是為英緬第一次和議。道光十七年（一八三七年），緬王弟孟坑弒王自立，遷都於曼德來。道光二十五年（一八四五年），孟坑王為叛徒所弒，長子巴干麥即位，在緬英人，屢遭迫害。咸豐元年（一八五一年），英藉口仰光知事怠慢使臣，發兵據仰光，進軍擺古。適緬王為革命軍所殺，王之義弟墨多默即位，因於是年九月，與英人媾和，“割擺古州為英國領地”，是為英緬第二次和議。

英國之併吞緬甸 英國既由沿海侵入緬甸，法國遂急欲在緬扶植勢力。光緒十年（一八八四年）法緬攻守同盟密約成，“緬王以湄公河以東之領土，割讓法國”。十一年英政府見法有事越南，遂決意併吞緬甸。印度總督達發林要求緬甸“受英國保護”。十月緬王七一波奮然決戰，英陸軍中將布連達加德，率兵艦溯伊洛瓦底江直上，抵曼德來新都，緬王大驚出降；旋被禁錮於印度之麻打拉薩。是役英軍乘中法搆釁之時，以兩週而定緬甸全土，迅雷不及掩耳之軍略，令人欲援不得，故不遇第三國干涉，得達合併緬甸之目的。

中英協約與滇緬境界及通商條約　光緒十二年二月，英國合併上下緬甸；五月以之編入英領印度，清廷以緬甸為我藩屬，命駐英公使曾紀澤就英廷抗議，擬立君存祀，俾守入貢舊例；英人不允。六月中英《北京協約》，規定中國承認英國對於緬甸有最高主權。英國仍行承認緬甸照常例十年遣使進貢中國一次，但其使節限於緬甸種族。滇緬境界，由兩國派員會同勘定，邊境通商事宜，另立專約規定。於是滇緬畫界之事起，至二十年（一八九四年）正月，始與英締結滇緬境界及通商條約。規定永昌、騰越邊界外之隙地，歸於英國；木邦、科干及從前中緬共屬之孟連、江洪二地，若不先與英國議定，不得讓與他國。蓋孟連、江洪二地，在湄公河左岸，英人以法緬密約，湄公河左岸領土，緬王業行讓歸於法；故以該二地與中國，免與法國衝突。若中國不能依約保守，更得要索賠償。

四、暹羅之獨立

暹羅獨立之成功　近代暹羅，本中國人鄭昭所建國。昭被弒後，其婿鄭華繼之。以乾隆五十五年，入貢於中國，遂受封為暹羅王。三傳至摩訶芒果，始與英法等國締約通商，且整頓工商各業，削貴族特權，以蘇民困。子庫臘隆昆以同治七年（一八六八年）嗣位，鑑於越南、緬甸之削弱，毅然以變法為事，親歷印度及歐洲，遣子弟入學於各國，更官制，定法律，興學校，氣象一新。光緒十九年（一八九三年），英法議定湄公河上游為中立地，相約不得侵犯，許暹羅獨立，廢其入貢中國之例。繼又改定暹羅之中部為中立地帶，然英法之齟齬終不絕。

第十五章　李鴻章之革新運動

一、李鴻章之辦理洋務*

李鴻章辦理洋務之治績　太平軍之役，李鴻章以用洋將華爾戈登，助成平吳大業，深悉外人船堅礮利；以為國家捨養兵設防，練習鎗礮，製造兵輪，無與自立。同治二年（一八六八年）設外國語言文字學館於上海。四年，設江南機器製造局於上海。九年，設機器局於天津。十一年，挑選學生赴美國肄業，設輪船招商局。光緒元年（一八七五年），籌辦鐵甲兵船，請遣使日本。二年，派武弁往德國學水陸軍械技藝。六年，始購鐵甲船，設水師學堂於天津。七年，設開平礦務商局。八年，築旅順船塢，設商辦織布局於上海。十一年，設武備學堂於天津。十三年，開辦漠河金鑛。十四年，北洋海軍成軍。二十年，設醫學堂於天津。綜其大綱，不出軍事、商務、工業、學校四途。

李鴻章革新運動之失敗　李鴻章於同光間，以全力經營新政，中國不收富強實效，其原因半由於羣議之掣肘，半由於鴻章之自取。蓋斯時清廷勵精圖治，彌重言路，言官擊彈，不避權貴，其勢足以左右朝野輿論。凡稍談外交識敵情者，咸斥之為漢奸大佞，遇事則挾其鴟張虛矯之氣，以鼓動多數無識之徒為之後盾。軍機大臣翁同龢，復多方齮齕鴻章，以報私怨。此羣議之所由掣肘。又鴻章當功名鼎盛之時，自待過高，易視天下事。馴至偏裨故吏，布滿要津，才不才不暇問。以為吾中國之政教文物風俗制度，無一不優於他國，所不及者惟

* 本章祇有一節，蓋作者囿於體例而在本節前補“一、”。——編者註

鎗砲、輪船、鐵路、機器。故練兵不知有兵之本，籌餉不知有餉之原，支支節節，終無所成，皆由自取。

第十六章　中日俄朝鮮之角逐

一、朝鮮之排外與日本之西侵

朝鮮之排外運動　朝鮮在中國東北境，世為中國藩屬。惟與日本僅隔一海峽，故雙方貿易日盛，使聘不絕。同治二年（一八六三年），朝鮮熙倫王李昇卒，無子，興宣大院君李昰應之子熙，入即位。熙年十二，不能視事，大院君攝政，固執鎖國主義，嚴禁耶穌教徒。同治四年（一八六五年），俄艦至元山求通商。五年（一八六六年），法軍艦七艘，以殺法教士為名進襲江華島。九年，美國船沙曼號溯航大同江。各國紛紛與朝鮮開交涉，並詰清廷，清廷以“朝鮮雖奉中國正朔，而宣戰媾和一任該國自理，中朝向不干預，答之。同治七年（日本明治元年），日本遣對馬島守吏宗重正，往朝鮮修舊好，大院君不肯接受日本國書，宗重正返國報告朝鮮冥頑，須以兵力懼之，於是征韓論漸起。日本外務大臣副島種臣以台灣事件赴中國時，曾以朝鮮暴慢質問清政府。總理衙門答以“中國對於高麗雖與冊封及正朔，然其內治與和戰，皆高麗自主，與中國無關係”。自是日本遂定以獨立國待遇朝鮮之方針。

日本朝鮮《江華條約》之締結　光緒元年（一八七五年），日本軍艦駛入江華灣，被礮臺守兵砲擊，遂應戰，奪其礮臺。二年二月，抵朝鮮，日本遣使詰責拒絕國書與砲擊軍艦事，且要求結修好條約。時朝鮮王妃閔氏用事，大院君失權，閔族公卿，主張開國，遂與日人結《江華條約》。約中規定“朝鮮為自主之邦，與日本有平等之權”，“朝鮮於沿海二處，開通商埠（後開元山津與仁川）”。

清廷防禦日人西漸之方略　日本《江華條約》既結，日人已得通於大陸之關鍵，殊惹列強之注視。清廷懲於琉球之合併，對於日本愈戒懼，欲引進歐美諸國之勢力於半島，以殺日本西漸之勢。光緒六年（一八八〇年），美國遂與朝鮮締結通商條約，英、德、義、俄、法諸國亦先後與朝鮮定約通商（光緒八年至十二年）。

二、中日之衝突與《天津條約》之締結

朝鮮新舊黨之傾軋　日本企圖朝鮮脫離中國宗屬，陰扶植勢力於韓土，朝鮮遂有親日派之發現。此派號稱新黨，主持變法維新，董其事者，為李載冕、金宏積、朴定陽諸人與主張務守舊法之李昰應不相協。光緒七年（一八八一年），新黨之有力者，金玉均、徐光範等，愈倡進步主義，大排斥舊黨，奉外戚閔族為中心，建設新政府。斯時退隱之大院君，見國勢日趨向於日本，又同志退朝，閔氏專政，陰謀糾合與黨，恢復勢力。光緒八年（一八八二年）七月，舊式兵士以月餉不發，叩訴不平於大院君。大院君陰嗾亂兵襲閔氏，殺總理機務衙門諸官吏，襲擊日本公使館。

中日衝突接近　日本政府，既得朝鮮事變報告，以朝鮮問罪處分，授花房義質。朝鮮使臣魚允中，則在中國乞師靖內難，直隸總督李鴻章知日韓構釁，必無良結果，因命駐朝鮮公使馬建忠、北洋水師提督丁汝昌、廣東水師提督吳長慶，率兵四千赴朝鮮京城，執大院君以歸。立意整頓朝鮮，使吳長慶屯陸軍於朝鮮京城，以袁世凱為朝鮮總領事，朝鮮局面為之一變。日本公使花房義質因與朝鮮全權公使李裕元、金安集結濟物浦條約，約中規定“自後日本以軍隊駐京城，護

衛公使館"，"遣大使往日本謝罪"。十月朝鮮政府派朴泳孝、金晚植為全權謝罪大使往日本，徐光範、閔泳翊金玉均等隨行。徐光範、金玉均夙抱進步主義，返國大倡改革之說，又糾合同志，組織獨立黨。中國駐朝鮮總領事袁世凱深與事大黨之閔族結託，贊助有守舊政策；於是朝鮮事大黨獨立黨之傾軋，變為中國、日本之暗鬭。

朝鮮獨立黨之亂　光緒十年（一八八四年）中法以安南事件起釁，日本駐朝鮮公使竹添進一郎乘機煽惑朝鮮獨立黨舉事。十月金玉均、朴泳孝陰使刺客，刺舊黨黨魁閔泳翊等，反馳赴王宮告變。王大驚，急請日兵入衞，竹添進一郎即率兵前赴。翌日遂由新黨組織新內閣，清駐朝鮮總領事袁世凱，以閔妃一族之請求，遂整隊入王宮靜亂。朝鮮守門兵為內應，共攻日本軍，竹添進一郎以衆寡不敵，自焚使館，退走仁川，日本人被殺三四十人。朴泳孝等擁王出北門，清駐防提督吳兆有進攻之。國王逃歸清軍，洪英植被誅，金玉均等奔日本，新黨內閣僅兩日而顛覆，舊黨復柄政。未幾與日本結條約，恢復平和。

中日《天津條約》　朝鮮半島上，中日暗鬭既久，日本遂於光緒十一年（一八八五年）正月，派宮內卿伊籐博文為特派全權大使來中國，以清兵殘害居朝鮮日僑責問。清令李鴻章與開談，三月，李鴻章與伊籐締結《天津條約》，約中規定：將來朝鮮若有重大事件，兩國或一國認為有必要出兵之時，須先行文知照，事平後即行撤退。

三、中日戰爭之原因與開戰以前之形勢

中日戰爭之原因　中日戰爭之根本原因，為日本欲藉戰勝之力，以奪中國對朝鮮之地位。至促成戰禍之遠因，則有三端：一為《天津條約》後，中國遣大院君歸國，對於朝鮮宗屬關係，日益進步。二

為光緒十九年，朝鮮咸鏡道發布防穀令，禁止穀物輸出日本。三為光緒二十年，韓國刺客洪鐘宇刺殺金玉均於上海，李鴻章不以為非，且以軍艦送金玉均屍及洪鐘宇歸朝鮮，日本國論囂然不平，至於直接促成戰禍之近因，則為朝鮮全羅道古阜縣東學黨之亂。黨魁崔時亨自稱緯大夫，欲藉清君側，以大行改革，民間多斬木揭竿響應。朝鮮乃拜洪啟薰為招討使，敵勢猖披，不能抵禦，全州（全羅道首府）失陷。朝鮮政府一方命巡邊使李元會率重兵拒賊，一方請中國出援兵，遂釀成中日之戰。

中日兩國出兵朝鮮之背景　東學黨之起，袁世凱主張出兵，李鴻章因以光緒二十年（一八九四年）五月一日，派直隸提督葉志超率兵六營，由海路赴朝鮮。日本大鳥圭介之兵，亦以是日抵仁川。李鴻章依《天津條約》照會日本，日本亦以出兵朝鮮照會我總理衙門，並決定與中國開戰。五月七日，葉志超定牙山為本營。五月十日，日陸軍少將大島義昌率混成旅團本隊抵仁川。東學黨以中日兩國皆派大軍進國內，各鳥獸散，遂復全州，亂黨悉平。

日本政府對於朝鮮之脅迫　東學黨既歸鎮靜，中日兩國軍隊對峙不撤。日本因向中國提出對朝共同改革案，中國不表同意，日本因獨力進行，命大鳥圭介以兵力迫朝鮮王更改國紀。朝鮮王以日兵近在肘腋，不敢峻拒，因承認大鳥之改革案。六月十六日，袁世凱令朝鮮取消之，且要求日本撤兵。日本公使大鳥圭介遂於六月十七日，向朝鮮提出最後通牒，要求廢棄中韓間一切條約。朝鮮政府不能決，大鳥卽照會朝鮮外務督辦趙秉稷，告以日本不得已，依兵力解決。

四、中日戰爭

中日開戰之端緒　日本於六月二十一日，命大鳥圭介進攻王宮，虜朝鮮王李熙，令大院君主國事。凡韓臣之黨於中國者，多被殺戮，或放逐；袁世凱亦被迫歸國。時李鴻章已奉廷寄籌戰備，乃派總兵衛汝貴統盛軍馬步六營進平壤，提督馬玉崑統毅軍二千進義州，另派兵乘英商船高陞號渡海援救牙山。日政府聞之，即命混成旅團，向牙山攻擊；更令聯合艦隊，游弋黃海方面。二十三日清軍艦濟遠、廣乙與礮艦操江翼衛高陞號，向豐島前進；竟遭日本艦隊襲擊，兵士死者七百餘人。同日大島義昌攻擊牙山駐軍，牙山失守。葉志超退駐公州，趨平壤。及七月一日，中日兩國，始正式公佈宣戰。

陸軍平壤之敗　日本志在決戰，旬日中調兵至朝鮮逾萬，戰地形勢，盡為日軍所扼。牙山陷後，馬玉崑統毅軍，左寶貴統奉軍，衛汝貴統淮軍之盛軍，豐伸阿統奉天之盛軍，皆由陸路渡鴨綠江至平壤。葉志超亦由公州繞王京北走，達平壤。志超得拜為總統，以庸懦無為，莫能統一號令。日本總指揮野津道貫定策包圍攻擊，分兵四路進攻。清軍以日兵來逼，分劃守界。八月十六日，大烏之混成旅團猛攻馬玉崑防禦之橋頭堡。馬軍奮戰，至正午，日軍死傷甚衆，遂退軍水灣橋，馬軍亦不出壘追擊。攻平壤西南之師團本隊，雖破衛汝貴、豐伸阿兩軍，迫進壘下，以壘堅，至正午不能克，亦退兵。攻平壤北面之軍，用榴霰彈攻牡丹台，地佔全城形勝，清軍以全力持之。左寶貴中礮殞，兵氣大沮，敵軍遂奪玄武門入城。衛汝貴率全營遁，葉志超豎白旗罷戰，即夜率諸將棄平壤北走，悉退鴨綠江西岸之九連城、鳳凰城一帶。朝命褫志超職，以四川提督宋慶總統諸軍。

海軍黃海之敗　先是豐島海戰之後，清艦隊毫不敢取攻擊之勢，丁汝昌率全部海軍駐威海衛，日艦時來窺伺；及汝昌率全軍抵旅順，李鴻章令護劉盛休銘軍十三營，乘運送船五艘濟師平壤，自鴨綠江口登岸。八月十三日，丁汝昌率北洋艦隊定遠等十二艘軍艦，及水雷艇六隻，護送銘軍，以十五日安抵鴨綠江口。五運送船鼓輪直入，淺水兵船及水雷船與之偕，餘艦泊碇於大東溝西南十三海里之處。士卒糧砲，均運送上陸。十六日晨，海軍將歸旅順。日本海軍司令伊東祐亨率吉野等十二艦，向華軍猛撲。自中午十二點三刻鐘，鳴砲第一聲，下午三點鐘，日船忽紛紛遠去，不知聚商何事。倏又進逼華艦，猛擊不休，五點鐘日艦又退。華艦遂得整隊謚返旅順，暸見日艦，尚有隱隱相從者，直至廟島，始無蹤影。是役清軍失艦五，餘皆受重傷，兵將死傷一千二百餘人。

遼東州縣之陷落與旅順口之失守　平壤黃海戰後，清陸軍駐鴨綠江以北者，約七十餘營，皆秉宋慶節度。日本則組第一、第二兩軍，第一軍以陸軍大將山縣有朋為司令官，由義州渡鴨綠江。第二軍以陸軍大將大山巖為司令官，由海路攻大連、旅順。九月日本第一軍支隊出東路鴨綠江上游，入踞九連城、鳳凰城，宋慶退扼摩天嶺。又日本第二軍，由海道進抵貔子窩，迫金州。十月金州陷，大連守兵，遁逃旅順。日軍不戰入大連，旅順後路斷絕，日軍直拊礮臺之背。中國諸統領，竭力抵禦，勢不能支，旅順遂陷。

威海衛之陷落與北洋水師之全滅　旅順陷落之後，北洋殘艦，潛伏威海衛不敢出。日艦雖屢來威海口外窺伺，然不敢徑由海路侵犯渤海沿岸諸地。十二月日本以重兵取榮城灣，以拊威海砲臺之背，分南北二道進攻威海。二十一年（一八九五年）五月，日軍從容入威海，清軍僅保殘艦隊及劉公島日島二砲台。十七日，提督丁汝昌决計率全艦突出港外一戰，諸將皆不應命，因退船室仰藥死。營務處道員牛昶炳等秘其喪，作降書，送致日司令官伊東祐亨。於是海軍艦隊全數被擄，北洋水師全滅，渤海南北關門盡失。

遼東方面陸軍之悉敗　先是日本第一軍陷岫巖後，轉戰摩天嶺附近。時宋慶以日本第二軍窺伺旅順，乃令聶士成謹守摩天嶺，自率精鋭倍道赴援。及聞旅順已失，乃由蓋州繞道至牛莊附近駐兵，屢謀恢復海城不利。清廷以淮軍迭挫，欲倚用湘軍，布政使魏光燾、道員李光久等，皆令募軍北援。湖南巡撫吳大澂自請從戎，以二十一年正月，出關抵田莊臺。二月日軍夾擊牛莊，湘軍悉敗，牛莊遂陷。吳大澂夜奔石山站，宋慶聞大澂走，棄營口還田莊台。十三日，日將桂等率步兵猛擊田莊台，交戰三時間，宋慶六十餘營大軍全潰，退向雙台子。自是遼東半島，悉為日軍佔領，兩國休戰條約，亦旋告成。

澎湖羣島之失陷　自北洋水師全滅，日本遂欲殲滅南洋艦隊，使中國毫無海上勢力。於是另編一艦隊，先行規取澎湖列島，以窺台灣。二十一年（一八九五年）二月十九日，海陸軍向澎湖出發。二十七日，砲擊澎湖島東南端砲臺，同時陸軍由裹正角上陸，陷拱北砲台、略馬公城、圓頂半島、澎湖列島五十餘，全歸日軍佔領。我國南部形勝頓失。

五、中日媾和

德璀琳議和之失敗　中國海陸軍，既完全失敗，舍求和外，更無長策。遂商懇英、美、俄、法各國出任調停，願以“朝鮮獨立”與“賠償軍費為條件”。日本必欲中國直接求和，拒不納。清廷不得已，任天津海關稅務司德人德璀琳（G. Detring）為媾和使，以二十年十一月，往日本。日本拒絕會見，德璀琳返上海。

張蔭桓、邵友濂兩全權之被拒　清廷既急欲謀和，美政府復力為幹[1]旋，中日兩國遂議定媾和地為日本廣島。十一月二十四日，清政府派總理衙門大臣戶部左侍郎張蔭桓及署湖南巡撫邵友濂為議和全權大臣往日本。二十一年正月七日，清全權與日本議和全權大臣總理

[1] “幹”當爲“斡”。——編者註

大臣伊藤博文[1]、外務大臣陸奧宗光會於廣島縣廳。日本全權詳閱清全權所呈國書之後，不認張邵二人有全權之資格，因拒絕會議。又微示意中國隨員伍廷芳云："李鴻章大可主持和議。"張邵兩全權，請更換確實全權文憑，繼續談判，不得，遂退去長崎，悄然歸國。

李鴻章頭等全權之派遣與休戰條約之締結　日本既拒絕張、邵兩全權，李鴻章慨然願以殘軀走敵國。正月二十四日，遂派內閣大學士李鴻章為頭等全權大臣，先請美國使館，將國書內容，電知日本政府，探詢是否同意。旋日本電覆承認李之全權，以日本馬關為兩國全權會議地。二月十八日，李鴻章偕參贊李經芳（鴻章長子）、伍廷芳及美人福世德，由天津出發。二十三日，抵馬關。二十四日，與日本全權大臣伊藤博文、陸奧宗光，開始會議於春帆樓，交換全權委任文憑，彼此察閱無異議。會議後，李全權要求先議休戰條約，日本全權要求以大沽、天津、山海關均歸日本軍隊佔領。李全權以為和局未成，先失要隘，未便允諾。撤去休戰問題，要求卽時開示講和條件。二十八日，李鴻章自會所歸，途次日本暴徒小山豐太郎行刺，槍中左頰，彈入目下，一暈幾絕。日本懼各國非難，自行讓步，決定無條件之休戰。李大喜過望，卽日於病榻前，議成休戰條約。規定休戰期間，以二十一日為限。

《馬關條約》之成立　休戰條約雖成，日本以臺灣、澎湖不在休戰區內，依然繼續戰爭，希冀割讓臺灣、澎湖諸島，李全權苦口爭之，不得。

三月十五日，李全權創已愈，復至春帆樓，與日本全權刻意磋磨，力爭營口不割讓，力駁割臺灣無理由，伊籐不讓步。是時休戰期間將滿，日本運兵船陸續過馬關向大連。三月二十日（西歷四月十五

[1] 即伊籐博文，本書"伊藤""伊籐"均見。——編者註

日），兩國全權開末次會議，李鴻章全認日本之要求，簽訂和約十一款，是為中日《馬關條約》。其約文主要條款列下：

一、中國認明朝鮮國確為完全無缺之獨立自主國。

二、中國將管理下開地方之權，永遠讓與日本。

（甲）下開劃界以內之奉天省南邊地方：從鴨綠江口溯該江以抵安平河口；又從該河口劃至鳳凰城、海城及營口而止；劃成折線，以南地方；所有前開各城市邑皆包括在劃界線內；該線抵營口之遼河後，卽順流至海口止；彼此以河中心為分界。遼東灣東岸及黃海北岸，在奉天省所屬諸島嶼，亦一併在所讓境內。

（乙）臺灣全島及所對附屬各島嶼。

（丙）澎湖列島，卽英國格林尼址東經百十九度起，至百二十度止，及北緯二十三度起，至二十四度之間諸島嶼。

三、中國約將庫平銀二萬萬兩交與日本，作為賠賞[1]軍費。

四、中國約將下開讓與各款，從中國全權大臣畫押蓋印日起，六個月後方可照辦。

第一，現今中國已開通商口岸之外，應准添設下開各處，立為通商岸。

（1）湖北省荊州府沙市。

（2）四川重慶府。

（3）江蘇省蘇州府。

（4）浙江省杭州府。

第二，日本輪船得駛入下開各口，附搭行客，裝運貨物。

（1）從湖北省宜昌溯長江以至四川省重慶府。

（2）從上海駛吳淞江及運河以至蘇州府、杭州府。中日兩國，未經商定行船章程以前，上開各口行船，務依外國船隻駛入中國內地水

[1] “賠賞”當爲“賠償”。——編者註

路現行章程照行。

第三，日本臣民，在中國內地，購買經工貨件，若自生之物，或將進口商貨，運往內地之時，欲暫行存棧，除勿庸輸納稅鈔，派徵一切諸費外，得暫租棧房存貨。

第四，日本臣民，得在中國通商口岸城，任便從事各項工藝製造；又得將各項機器，任使裝運進口，只交所定進口稅。日本臣民在中國製造一切貨物，其於內地運送稅、內地稅、鈔課、雜派以及在中國內地沾及寄存棧房之益，卽照日本臣民運入中國之貨物，一體辦理。至應享優例豁除，亦莫不相同。

六、中日媾和條約之影響

台灣獨立之始末　割台議起，台民力爭不得，主事邱逢甲，[1]首創自主議。登台誓衆於新竹，出示告台民，遂議立民主，開議院，制藍地黃虎國旗。及和議旣定，朝命巡撫唐景松以下率兵民內渡。欽派李經芳為交付台灣大臣，將以五月九日，會日將樺山總督於澎湖舟次，舉行台灣授受式。五月二日，台民乃上台灣民主國總統印綬於景松，景松受之。時日艦已於五月一日進窺滬尾，日兵復於六日由基隆北之澳底登陸。十二日，台北城中兵勇，互相殘殺，撫署火起，景松微服出走，台北皆陷。劉永福以幫辦台灣軍務駐臺南，台民詣永福軍前，上總統印章，永福不受，仍稱督辦，入府議防守。五月以後，日本時以兵船窺安平等口，陸軍先據新竹。永福所部及團民拒戰，互有勝負。七月初，彰化失守。九月初，餉械皆竭，飢軍悉潰。台南府城遂陷，永福內渡，台灣遂屬日本。

[1] “邱逢甲”通行本爲“丘逢甲”。——編者註

俄、德、法三國代索遼東　遼東為北洋之藩籬，東三省之管鑰，清政府將依《馬關條約》割讓於日本，俄、德、法即起而干涉。蓋俄羅斯以為日本果佔遼東，不獨俄人太平洋岸擴張之希望絕，即固有之海參威與東海濱省，亦將為所制。法國方經營越，不能無忌於日本，又與俄為同盟國，有共同行動之必要。德法本世仇，法與俄合，德恐俄人助法制德，其勢不得不參入干涉之列，以親愛之意示俄，藉謀鞏固德人東方事業之基礎，而為索酬於中國之地步。於是三國遂互相聯合，合辭以勸告日本退還遼東。時日本久為戰役所疲，不得已允之。另向中國政府約付庫平銀三千萬兩與日本政府，作為日本返還奉天省南部之報酬。伏下爾後日俄戰爭之遠因。

第十七章　列强勢力範圍之畫定與開放中國門戶之宣言

一、《中俄密約》之締結與列强侵略中國之新形勢

《中俄密約》之由來　先是李鴻章將赴日本議和，卽定聯俄國制日本之策。與俄使喀希尼（Carsini）在俄使館密議者數日夜，俄使要索軍防上及鐵路交通上之利便以為報酬，李乃與之相約束而去。及還遼事畢，喀希尼卽欲將前此與李私約者，提出作為公文以要求於總理衙門。值鴻章歸國後，入閣辦事，不居要津，因暫緩其請，以待時機。光緒二十二年四月十四日（一八九六年五月二十六日），為俄皇尼哥拉斯二世加冕巨典。中國應俄公使之請，派李鴻章往賀。喀西尼復賄通孝欽后，甘誘威迫，謂李鴻章此次出使，須與以全權，俾得協定一切。淸政府悉應其請，遂有《中俄密約》之締結。

《中俄密約》之締結　李鴻章奉命至聖彼得堡，呈遞國書後，俄政府即舉遼東事，向中國索酬，遂以防日本侵略為名，訂成類似中俄攻守同盟性質的密約，中俄兩國均未公布。直至宣統二年（一九一〇年）二月十五日，初次發表於倫敦之日報（*Daily Telegraph*）。然締約之年，上海字林西報揭載喀希尼密約之原文，當事國雖始終未承認之，大都為事後事實之張本。茲錄字林西報所載約文主要條欵如下：

一、中國特許俄國延長西比利亞鐵路入中國境，自西比利亞線達黑龍江之愛暉，經齊齊哈爾再經吉林省會再經琿春接至海参威。

二、俄國旣於東洋方面，向無終年不凍之軍港，玆為預防戰爭，俄國太平洋艦隊得自由活動起見，中國允以膠州灣租借與俄國，以十五年為期，但除遇戰爭危險外時，俄國暫不占據膠州灣，以免他國之猜疑。

三、旅順、大連及其附近地方，為軍事上之要地，中國須速築堡壘，嚴設戰備，俄國當盡力援助，並抵禦無論何國之侵略。中國允諾不將該二港割讓於他國，倘俄國不幸而與他國有戰事，中國特許俄國海陸軍集中於該二港。

華俄道勝銀行之契約　墨斯科劃押之草約達北京，俄人援約請設華俄銀行。清廷遂於七月二十日，命駐俄公使許景澄與俄國結華俄道勝銀行契約，約中並不見有損害中國之點；然於華俄銀行條例中，規定對於中國之業務，則有下之數項：

一、領收中國內之諸稅。

二、經營與地方及國庫有關係之事業。

三、鑄造中國政府許可之貨幣。

四、代還中國政府募集公債之利息。

五、布設中國內之鐵道電綫。

是直以銀行之名義，實行政治、經濟之侵略；清政府不察，亦承認之，俄人勢力，遂侵入滿洲內地。

《東清鐵道會社條約》　七月二十二日，駐俄公使許景澄復與華俄銀行訂結《東清鐵道會社條約》，將築造滿洲鐵路權讓與之，藉踐《中俄密約》。北滿鐵路權利，遂完全入於俄人之手，中國雖有監察之名，而無其實。公司股份多為俄人所有，且規定開車後，將中國政府庫平銀五百萬兩全數交還，是直將兩國合營華俄銀行之契約，亦間接取消。厥後中政府復承認其《東清鐵道條例》，使俄人得採掘與鐵道連帶或與鐵道無關係之炭坑，並得營中國之別鑛業及商工業，暨沿鐵道設置警察之權。於是俄人以一銀行一會社，攫取北歐洲置於已國勢力範圍之下。

《中俄密約》之影響　《中俄密約》簽定以前，歐人與華人之關係，不過通商、傳教二事。自《中俄密約》成立，局勢一變，其手腕漸次移於政治、經濟方面。曰租借地方，曰某地不許讓與他國，曰代造鐵路，皆密約有以啟之。蓋密約租借膠州灣，即後此膠州、威海、廣州、旅順、大連之嚆矢；密約旅順、大連不許讓與他國，即各國勢力範圍（行使政治權之地域）之濫觴；而鐵路一端，尤開各國利益範圍（獲商工業優先權之地域）之漸。

二、膠州灣之租借與
德國勢力範圍之劃定

德國佔領膠州灣之原委　膠州灣為東方最廣大之良港，業於《中俄密約》內，許於俄人。中國外交上，風雲日惡。就中以德租膠州灣為發難之始，其原因有四：一因俄、德、法三國干涉還遼以後，法俄皆有報酬，德則無有。二因中東戰後，各國在中國，皆有根據地，惟德無有。三因德國欲得俄國之歡心，以解散俄法同盟之勢力，占領膠州灣，以資俄國占領旅順之口實。四因德政府以擴張二億五千萬元之海軍費，要求議會之承認，不得不急示威於海外，以悅其心。有此四因，德國遂決心伺機佔領中國土地。會光緒二十三年（一八九七年）十月七日，山東曹州府鉅野縣暴徒，殺害德國宣教師二名。報達柏靈，德皇認為時機已至，即命海軍少將岱特利菲率軍艦三艘，先赴膠州灣。十月十九日午遂佔領之。

《膠州灣租借條約》之締結　十月二十日，德兵佔領膠州城。二十一日，駐北京德國公使海靖，始向總理衙門開談，要求“租借膠州

灣九十九年”。德皇並命其弟顯理親王（Admiral Prince Hemrish）為極東巡洋艦隊司令長官，率大艦隊至中國示威。清政府不得已，於光緒二十四年（一八九八年）二月十四日，命李鴻章與德國公使簽訂《膠澳租借協約》，約中要點如下：

一、膠州灣內各島嶼及灣口與口外海面之羣島，又灣東北岸自陰島東北角起劃一線，東南行至勞山灣止；灣西南岸自齊伯山島對岸劃一線，西南行至笛羅山島止；又灣內全水面以最高潮為標之地，皆為租借區域。

二、租借期限以九十九年為限。如期限內返還中國，則德國在該灣所用款項，由中國償還，另以相當地域讓與德國。

三、自膠州灣水面潮平點起；周圍一百里中國里之陸地為中立地。主權雖歸中國，然中國若備屯軍隊，須先得德國之許可，但德國軍隊有自由通過之權。

四、中國准德國在山東築造自膠州灣經濰縣、青州等處，至濟南及山東界，又自膠州灣至沂州經萊蕪至濟南之二鐵道。

五、鐵道附近左右各三十里（中國里）內之礦產，德商有開採之權。

德國勢力範圍、利益範圍之經營　德國依《膠澳租借條約》，將山東全省悉劃入德國勢力範圍與利益範圍之內。又按國際公法，租借地滿百年者，即可收入版圖，約中規定租期九十九年，名雖租借，實則占領。故不久德皇遂以膠州灣為保護領土，令歸海軍部轄理，以海軍少將充知事，專重軍事上之設施。

三、旅順口、大連灣之租借與俄國勢力範圍之劃定

旅順口、大連灣借租條約之締結　德國既占領膠州灣，俄國以為

口實，於光緒二十三年（一八九七年）十一月二十五日，命西伯利亞艦隊入旅順口，要求租借旅順、大連二港，且要求築造自哈爾濱至旅順之鐵道權。清廷以中俄密約中，原以膠州灣許俄，今忽為德所攫，不得已於光緒二十四年（一八九八年）三月三日，由李鴻章與俄駐北京公使巴布羅福，結旅順、大連租借條約九條，其主要者如下：

一、中國將旅順口、大連灣二處，及其附近一帶之地，以二十五年為期限，租借與俄國。但期限滿後，得由兩國會商斟酌續借。

二、旅順口作為俄國海軍港，祇准中俄兩國船舶出入。大連灣開為商港，各國船舶皆得出入。

三、俄國自備經費，於大連、旅順建築礮臺營寨；中國軍隧，不准在界內住居。

四、自哈爾濱至旅大之鐵道，與自牛莊沿海濱至鴨綠江之鐵道，由俄國築造。

南滿勢力範圍之劃定　俄人既得遼東租借地，即向各國宣告大連為自由貿易港；其後更改遼東租地為關東省，設總督以治之。南滿洲廣大之區域，悉劃歸俄國勢力範圍，俄人之太平洋政策亦完全成功。

英俄利益範圍之衝突與俄國之劃蒙古為勢力範圍　先是中國感於軍事上交通之必要，議興築貫通南北之京漢鐵道。光緒二十四年五月，鐵道督辦盛宣懷與比公司訂條約，規定“自保定至漢口之鐵道建築費，由華俄道勝銀行出資，而該銀行即得承辦該鐵道之權”。俄國勢力，直達揚子江流域；英國恐其蹂躪已國利益範圍（揚子江流域），急謀抵制；遂與中國結《關外鐵道借欵契約》，以阻俄國馳騁北部數省之勢。俄公使迫中國廢棄《關外鐵道借欵契約》，英公使嚴拒之。卒於光緒二十五年三月十九（一八九九年四月十六日），於聖彼得堡結《英俄協約》；規定“揚子江流域，為英國之鐵道築造範圍，長城以北，為俄國之鐵道築造範圍，互相承認，不相侵害”，又申明“不相害現存條約”。於是英國公然以揚子江流域為已國勢力範圍，俄國明認滿洲、蒙古為已國勢力範圍。

四、法國勢力範圍之劃定與廣州灣之租借

《中法境界及陸路通商續議專條》之締結　先是光緒二十年（一八九四年）正月二十四日，中英《滇緬境界及通商條約》成，湄公河畔孟連、江洪之地，歸於中國。三國干涉還遼以後，慶親王奕劻於光緒二十一年（一八九五年）五月二十八日，與法公使哲拉爾締結《中法境界及通商續議專條》，以為報償。要點如下：

一、法國領土擴張至湄公河上流東岸之地，江洪河畔確認為法國領土。

二、光緒十三年《北京條約》，中國允開龍州、蒙自、蠻耗三處為國境通商口岸。自後以河口代蠻耗，而加開思茅一處。

三、越南鐵道，得接至中國境內。

海南島不割讓與他國之承認　《中法協約》既定，法國又於光緒二十三年二月，要求下之二欵：

一、海南島不割讓與他國。

二、延長龍州鐵道，開採兩廣、雲南礦山，修築滇安間通商道路。

清政府皆承認之。

兩廣、雲南不割讓與他國之承認及廣州灣之租借　光緒二十四年二月，德租膠州，三月俄租旅大；各國競攫軍港。法以保均勢為詞，命駐北京代理公使，先後提出下之要求：

一、廣東、廣西、雲南三省，不割讓與他國。

二、自東京至雲南府之鐵道，由法國築造。

三、租借廣州灣九十九年。

四、郵便事務，由總稅務司（英人赫德）分下時，用法人承辦。

二十五年夏，適廣州灣附近遂溪縣民，殺害法國武官二人、教士一人；法克爾若爾提督乃以剿暴徒為名，竟闖入廣州灣。二十五年（一八九九年）十月十四日，清提督蘇元春與法克爾提督締結廣州灣租借條約如下：

一、陸地南自遂溪縣所屬通明港，沿官道北至志滿墟，東北轉至赤坎，更東進橫調神島北部，復東至吳川縣所屬西礮臺後面之間；水面自吳川縣之海口外三海里（中國十里）之水面起，沿岸西進至南通明港口外三海里之間；又東海島（即湛川島）、硇州島之全部，皆為租借區域。

二、租借期限為九十九年。

三、期限內全屬法國管轄。得為軍事上設備，又對於人民得發布法令，但不妨害中國之主權。

四、中國船舶往來，準與中國各通商口岸，同一待遇。

五、赤坎至安鋪之間，法國得設鐵道電線。

由是法國以廣州灣為軍港，以為東京之防衛，以保兩廣之利益，且與香港對峙，足與英國保平衡之局。

五、英國勢力範圍之劃定與威海衛、九龍半島之租借

揚子江流域勢力範圍之劃定　先是俄、德、法在中國競拓勢力範圍，英國欲保持其遠東商業上利益，不得不與各國取同一步驟。光緒二十一年《中法境界通商續議專條》成，英政府以中國割江洪地與法國，為背光緒二十年之《滇緬境界及通商條約》，要求特種權利，更

正前約，以為賠償。清廷無詞拒絕，因命李鴻章與英公使瑪德納特(Sir C Macdonald)，於光緒二十三年正月，更正《滇緬境界及通商條約》數項。依此中英新協約，英國於印度支那方面，則斷英法將來之衝突；於川滇兩粵方面，則與法國並駕齊驅。及德佔膠州，俄佔旅順，英公使遂於光緒二十四年正月，向總理衙門提出下之要求：

一、揚子江沿岸各省之土地，不得租借割讓與他國。

二、開放內河。

三、二年後開長沙為通商口岸。

四、中國總稅務司永久雇聘英國人。

清政府皆承認之。英人復擴張利益範圍於黃河流域，除與俄國協約互相承認勢力範圍外，復以華人親俄損英，破壞英國之勢力範圍為詞，要求築造下記鐵道，以為賠償：

（一）天津、鎮江間。

（二）山西、河南、襄陽間。

（三）九龍、廣東間。

（四）上海、南京間，浦口、信陽間。

（五）蘇州、杭州、寧波間。

清政府無法又皆承認之，惟天津至山東南境之一段，則改歸德國築造；蓋由德公使以津鎮鐵道，破壞德國山東利益，向英公使激爭所致。

威海衛租借條約之締結　先是俄人索借遼東，英國抗議無效，遂轉向中國要求租借威海衛。李鴻章與英使反覆辯論，英使不肯干休。清政府不得已，遂以光緒二十四年五月十三日，命慶親王奕劻與英公使瑪德納特，締結威海衛租借條約如下：

一、威海衛灣內之水面全部，灣內劉公島及諸島嶼，與沿灣濱岸達內地十哩（合中國三十里）之地為租借區域。

二、以俄租旅順二十五年為期限。

三、租借地歸英國管轄，但限於不妨碍租借地之兵備，中國官員仍可在城各司其事；灣內水面，中國兵船仍可使用。

四、格林尼趾東經一百二十一度四十分以東之海岸（即寧海州以東至榮成角之北海岸）及附近為中立地，歸中國管轄。但英國得於域內擇地戍兵卒，築礮臺，為一切防護與適用諸事務（如修道路、設醫院諸事）。又域內除中英二國兵外，不許他國兵進入。

《九龍租借條約》之締結　光緒二十四年三月，中法談判時，中國政府以廣州灣許法，英國遂要求租借九龍地方，以為抵制。中國無法拒絕，李鴻章遂於光緒二十四年五月十八日，與瑪德納特締結《九龍租借條約》如下：

一、自大鵬灣之西角起，沿大鵬灣北岸，以一直綫橫貫九龍半島，沿深州灣北岸，與西方小半島，出外海；以一直綫南下，至南大澳島（大嶼)西南海面；東折，橫過香港南端而東，與大鵬灣南下直綫相會合。凡綫內九龍半島全部，香港附近大小四十餘島嶼。又大鵬、深州二灣及香港四近水面，悉為租借區域。

二、租借地以九十九年為期，歸英國管轄；以不妨碍兵備為條件，中國官員仍可在城內司事，居民依舊樂業。大鵬、深州二灣水面，中國兵船仍可使用。

自是英國對於中國之勢力，北與俄國均勢，南與法國平衡；合俄法二國所獲之權利利益，英國兼取之，其外交辣腕，直令人驚惕。中國亦怵於列邦之威壓，自開秦皇島、吳淞口、三都澳等為商埠，以杜外國之要求。

六、日本勢力範圍之劃定

福建不割讓他國之宣言　日本自中日戰爭以後，外交方針，一以列強為指歸，專從事擴張勢力範圍、利益範圍。光緒二十四年（一八九八年）三月二日，伊藤內閣，遂命駐北京矢野公使，以“福建省與臺灣相接，利害關係甚大”為詞，照會清總理衙門，要求“永不將福建省及沿海一帶，割讓或租借於其他外國”。總理衙門備文承認之。是為中國不割讓福建省之宣言，亦即日本認福建為已國勢力範圍之根據。

七、意大利之要求三門灣

意大利要求租借三門灣之交涉　意大利以各國紛租軍港，亦思染指。光緒二十五年（一八九九年）一月，意政府令駐北京意公使瑪爾七諾，向中國要求“租借三門灣為意國東洋海軍根據地”。清政府嚴拒之，返其要求書，並於江浙一帶，鎮守重兵，以備決裂。意公使不待本國訓令，直向中國發最後通牒，意政府因撤瑪爾七諾歸國，並宣言“意國並無佔據中國土地之意，僅欲謀得商業之擴張”。另派新公使談判數次，無成而罷。

八、美國開放中國門戶之宣言

列強在中國利益衝突之危機　光緒二十三年、二十五年間（一八九七至一八九九年），俄、德、法、英、日、意諸國，爭奪租界地域與勢力範圍；或直接迫中國承認，或間接列強協商，以視十九世紀初葉，列強之對於阿非利加，相去不遠。各國皆欲保持條約上所獲得之利益，於是鐵道之敷設，鑛山之開採，在在引起爭端。俄英以京漢鐵路、關外鐵路之承辦幾致開戰。英德以津鎮鐵路之激爭，屢次協商。各國在中國之益利衝突，觸處含伏，遠東戰禍，即迫於眉睫。列强處分中國之問題，遂成世界問題。

美國提倡開放中國門戶主義　美國向持門羅主義，不事侵略。合布哇、菲律賓後，對於遠東關係密切，麥荊來總統（Mekinley）見各國蠶食政策，將排斥美國利益於東方，遂命外長赫伊（John Hay）於光緒二十五年（一八九九年）八月至十一月，先後向英、德、法、日、意六國，發出開放中國門戶宣言書，要求各國政府履行下列之提議：

一、貴國在中國所有之“利益範圍”或租借地域內，决不干涉任何通商口岸，或任何已得之利益。

二、貴國所有之“利益範圍”內之各口岸（自由口岸不在此限），對於無論何國之貨物入口，一律適用現時中國關稅；該項關稅，應由中國政府徵收。

三、貴國“範圍”內之各口岸，對於他國入口船舶，徵收船鈔，不得超過貴國船舶所繳納者。又貴國“範圍”內所建築或管理之鐵路，對於他國人民運載之貨物，徵收運費，不得超過貴國人所運載之貨物。

中國之倖免瓜分　光緒二十六年（一九〇〇年）春，各國皆贊成美國提議，於是中國形勢一變。各國以相互之利益，為相互之約束，變單獨進取之主義，為協以謀我之行動。機會均等，利益均霑，中國保全之基礎亦立。蓋當時諸國競爭，俄援德例，英援俄例，法援英例；今日割一地，明日割一地，無所底止；美國乘機調和列强之衝突，雖為希圖擴張本國經濟勢力，亦實救出中國於瓜分場中，不啻世界公共和平之曙光。

第二編　變政時期

（民國紀元前十四年至民國紀元元年）

第一章　德宗變法

一、德宗變法之原因

國民心理之反動　清室末年，內憂外患迭起，國民之氣磅礴鬱結，不安於舊日狀態。才智之士，爭有以自見，羣以改造中國相期待。國民心理不滿意於清室統治，變法圖強聲浪，日喧聒於一般人耳鼓，德宗變法，此其種因。

外勢壓迫之反響　咸豐、同治以來，疊經外患，甲午而後，國權日替。憂時之士，譯新書，談新學，排外自大之風為之一變。外勢壓迫，至斯而極，有志改革之業者，遂投袂而起。德宗變法之機，因肇於是。

清政之腐敗　先是光緒七年三月，孝貞后遽卒，醇親王奕譞當國，吏治腐壞，賄賂公行。孝欽后又寵宦官李蓮英，擢為總管，權傾朝右。迨光緒十五年（一八八九年），德宗大婚，孝欽始歸政，但仍遇事牽制。甲午敗後，各國益肆侵淩，瓜分之說騰於全球。德宗深為痛心，故對於朝政力求整頓，思效法歐洲，冀國之再興，故清政之腐敗，實為德宗變法之直接原因。

二、德宗變法之動機

德宗勵精圖治　先是清德宗習見國事日非，外患日迫，人才日缺乏，財政日困難，武備日廢弛，民生日憔悴。孝欽方且以行樂為目的，終日盤遊無度，更無餘暇經營國事，朝臣大都泄泄沓沓，醉生夢死，酣嬉歌舞，粉飾昇平，愍焉憂之。值戶部尚書協辦大學士翁同龢，以上書房總師傅，兼軍機大臣輔政，朝夕進見，得君甚專，上毅然倚之，有變法自强之志。

康有為奏請變法自强　南海康有為，初於光緒十五年，以諸生伏闕上書，極陳時局，請及時改革，以圖自强，格不得上。二十一年（一八九五年），有為及其弟子梁啟超等，咸入京會試，各省舉人，盡集都下，乃集公車千三百人上書請變法，辭意過於憤激，沒不得上呈。未幾有為通籍，授工部主事，屢上書，仍不得達；乃退立强學會、保國會於京師、上海等處，並創辦時務報館，以其徒梁啟超為主筆，專門鼓吹新政。風聲所樹，舉國傾動。翁同龢見有為著作，大驚服，備以其議論奏聞。光緒二十三年十月，德人據膠州，變立新政之潮，澎湃於人民耳鼓，德宗更一意革新。十一月有為復上書，請堂官代奏，堂官惡其伉直，屏斥之。給事中高燮曾嘉其忠，抗疏薦之。二十四年正月，命王大臣傳有為至總署，詢問天下大計，旋詔有為具疏統籌全局。有為具疏主張維新之要義有三：一曰大誓羣臣以定國是；二曰立對策所以徵賢才；三曰開制度局而定憲法。然後立十二局分司各事，大籌數萬之款。立局以造紙幣，各省分設銀行，用印度田稅之法，仿各國印花之稅；郡縣徧立各種學堂，沿海急設武備學院，大購鐵艦五十艘，急練民兵百萬。德宗以其言未嘗不可取。翁同龢復乘間言於帝曰："有為之才，過臣百倍，請上舉國聽之"，德宗以為然。

德宗之决計變法　光緒二十四年（一八九八年）戊戌四月，恭親王奕訢卒。帝師翁同龢，力贊維新，德宗用其言，决計變法。二十三日，下詔定國是。二十六日翰林院侍讀學士徐致靖奏保舉通達時務人材，工部主事康有為、湖南鹽法長賓道黃遵憲、江蘇候補知府譚嗣同、刑部主事張元濟、廣東舉人梁啟超等。二十六日，德宗召見康有為，以廷臣守舊阻礙變法為憂。有為曰："請上勿去舊衙門，而惟增置新衙門。勿黜革舊大臣，而惟薦擢小臣。不必加以官，而惟委以差事，賞以卿銜，許其專摺奏事足矣。彼大臣向來本無事可辦，今但仍其舊，聽其尊位重祿。而新政之事，別責之於小臣。則守舊大臣，既無辦事之勞，復無失位之懼，則怨謗自息矣。"德宗從之。命有為在總理各國事務衙門行走，許其專摺奏事。並命梁啟超辦理譯書局事務，維新黨始獲進用。

三、德宗變法之成績

新政之頒行　德宗思治心切，康有為等激於知遇之恩，凡有所見，靡不上達。德宗言無不聽，概與發詔，雷厲風行，天下之民，莫不引領以觀厥成。竊以為中國之强，可計日待也。計自戊戌四月而後，以至八月之初，關於革新之詔，不下百數十通，茲撮舉要項，縷陳如下：

一、廢八股取士制，鄉會試及生童歲科各試，一律改試策論。

二、開辦京師大學堂。

三、變更兵制，改練洋操。

四、籌設各種學堂，命各省府廳州縣將現有之大小書院，一律改為兼習中學、西學之學校。以省會為高等學，郡城為中等學，州縣為小學。

五、獎勵士民著書、製器暨捐辦學堂。

六、命各省督撫裁撤冗兵，力行保甲。

七、改定科舉章程，廢止考試詩賦小楷，以講求實學實政。

八、開辦中國通商銀行，以活動金融。

九、刪改各衙門則例，使之歸於簡易。

十、設立礦務鐵路總局於京師，以一事權。

十一、整頓水師，增設礦務鐵路學堂。

十二、誥誡因循。

十三、設立農工商局於京師，並令各省府州縣，早立農務學堂，廣開農會，刊農報，購農器，認眞刻印農學、商學書籍。

十四、飭各省設立商會，於上海設總商會。

十五、裁汰冗員。

十六、廣開言路，諭各省督撫傳知藩臬道府，凡有條陳，均令其自行專摺具奏。至州縣等官言事者，即由督撫將原封呈遞。至士民有欲上書言事者，即由本省道府等隨時代奏，均不准稍有抑格。

四、新政之推翻與新黨之逮捕

孝欽后之干政　二十四年四月，德宗召見康有為，孝欽即逼德宗黜翁同龢以為抵制，並以其黨榮祿為直隸總督北洋大臣，總統近畿諸軍；裕祿為禮部左侍郎在軍機大臣上行走，以偵察內情。自是朝士顯分新舊兩黨，舊黨附和孝欽與德宗為難；新黨力贊德宗，擘劃變法，遂釀成舊黨、新黨之傾軋。

舊黨新黨之傾軋　德宗重用康有為，守舊大臣滋不悅。自大裁冗員以後，京師訛言康有為欲盡裁六部九卿衙門，於是人心皇皇，莫不痛恨維新黨。其時孝欽遙執朝政，諸大臣知德宗無實權，不肯奉行帝意。康有為屢有陳奏，為軍機大臣所忌。德宗乃從孫家鼐請，命康有為督辦上海官報。德宗加內閣候補主事劉光第、內閣候補中書林旭、江蘇候補知府譚嗣同四品卿銜，在軍機大臣上行走，參預新政，軍機大臣為之側目。孝欽因與榮祿輩，密謀廢立。

德宗之幾廢　孝欽密令榮祿諷御史李盛鐸，奏請德宗奉孝欽至天津閱兵，蓋欲至津脅而廢之。德宗語慶王奕匡曰：“誓死不往天津。”德宗見孝欽於頤和園，孝欽大震怒，以為輕躁浮動，紊亂祖制，叱其謬誤。德宗大懼出，急召楊銳，賜以密諭，諭康有為等，妥速密籌，設法相救。有為等引直隸按察使袁世凱為同志，德宗召見世凱，賜以密詔，命奪榮祿兵柄。世凱還津，具以新黨密謀告榮祿，榮祿即乘專車抵京，至頤和園，上封事於孝欽請訓政。孝欽立命以榮祿之衛兵代守禁城，令榮祿仍回津以俟召命。八月六日晨，新黨謀圍頤和園之謠起，孝欽乃遽還宮，下詔稱德宗病不能視事，復垂廉訓政，引帝入南海瀛臺。欲乘是即行廢立，飭軍機密電南省各督撫，令其具覆。江督劉坤一、粵藩岑春煊皆抗電力爭，坤一電尤激，各國使臣，亦表示反對。上海紳商經元善等三千餘人，又聯合海外僑民數十萬，公電孝欽請保護聖躬；非常之謀，竟寢。

新黨之殲滅　孝欽既出訓政，首捕康、梁不得。因遍電各省，嚴密察拿。而有為業於八月五日出京，乘英商重慶輪船，赴上海；轉由英兵艦，護往香港，因得遁海外。啟超則自聞警後，即趁輪走日本。御史楊深秀，京卿楊銳、林旭、譚嗣同、劉光第及康有為之弟康廣仁等六人，皆被殺，時人謂之六君子。一時與新黨有連者，皆獲罪。或發遣，或革職，或查抄，並奪前協辦大學士翁同龢職，交地方官嚴加管束，新黨為之一空。

舊政之規復　德宗既被幽，孝欽復將德宗所頒行之新政，無論是非，一律停罷，變更及廢止之舊政，不問當否，一律規復。召榮祿入京，命在軍機大臣上行走，授裕祿直隸總督，所有北洋各軍，仍歸榮祿節制。舊黨彈冠相慶，氣焰大張。

五、戊戌政變之影響

立溥儁為大阿哥　光緒二十五年（一八九九年），后黨諸臣，復慫恿孝欽廢立，孝欽意復為動。大學士榮祿，謂上罪不明，外國公使將起而干涉，不可不慎。孝欽乃立溥儁為大阿哥，以掩飾廢立之謀。

仇外運動之突起　先是康有為逃香港，梁啟超走日本，孝欽力索之。各國以國事犯，無交出理由，拒絕之，又廢立之謀，為各國公使所持，不得行，遂深致恨於外人。及溥儁立為大阿哥，戴漪[1]諷各國公使入賀，不應，且有違言，亦憤甚。由是清廷日夜圖攘夷，始而排外，繼則仇外，終釀成拳匪[2]之禍。

革命思想之擴佈　自戊戌六君子被殺、康、梁遁逃海外，一般人始恍然於清廷之不可以有為。孫文等革命思潮，遂澎湃怒發而不可遏。

唐才常革命　康有為走海外，結同志立保皇會，令湖南志士唐才常在上海組織自立會以為機關，廣發富有票，聯絡各省營兵及會黨，分立五軍。初約光緒二十六年（一九〇〇年）七月十五日，在武漢同時舉事。預約新堤、蒲圻之軍，在湖北者迅為接應，岳州、長沙之軍，在湖南者遙為聲援。以部署未定，屢愆期。會事機不密，為鄂督張之洞所知，捕才常等二十餘人於漢口，皆見殺。湖南之黨人，復駢死百餘人。

[1] “戴漪”當爲“載漪”。——編者註

[2] “拳匪”乃舊統治者封義和團運動之蔑稱。本書作者受舊思想之影響，故有此類認識。爲保證文獻的完整性，本次整理未予處理。下不再註。——編者註

第二章　義和團之亂與八國聯軍入京之禍

一、義和團之得勢

義和團之起　先是白蓮教餘孽，有所謂義和拳者，蔓散各省，以山東為最多。光緒中葉，山東堂邑縣，復有義和會出現，即舊所稱義和拳、梅花拳者。義和會旋彌滿於山東曹州、沂州等縣，以仇殺洋教為名。自謂善避鎗砲。山東巡撫毓賢庇護之，英公使訴之清廷，清廷撤毓賢職，代以袁世凱。袁世凱親試拳匪妖術無驗，一意主剿。拳匪在山東不能駐足，潛入直隸河間府景州、獻縣。乾字拳先發，坎字繼之。坎字拳蔓延於滄州、靜海間，白溝河之張德成為之魁，設壇於靜海屬之獨流鎮，稱天下第一壇，遂為天津之禍。乾字拳由景州蔓延於深州、冀州，而淶州，而定興、固安，以入京師。天津、北京，拳匪本分二系，皆出於義和會，其後皆改稱義和團，皆尚紅。另有黃色一派，則乾字拳所創。其徒自稱神拳，以降神招衆。又有紅燈照者，皆十餘齡幼女為之，與義和拳同宗異派。義和拳標扶清滅洋之宗旨，呼洋人教士為毛子，教民為二毛子，遇則殺之。

義和團致亂之原因　義和團致亂遠因，大率由歷史上遺傳之排外心理、迷信心理，與清季外力之壓迫，政綱之廢弛所促成。而其近因，則由於戊戌變政之失敗，與天主教徒之橫行。積憤既深，有觸卽發，義和團一起，朝野上下，無不發揮其仇外報復之狠心，以從事殘殺，構成亘古未有之奇禍。

義和團之猖獗　義和團之初起也，山東巡撫毓賢被駐京各國公使控訴，撤任入京，乃介紹拳首李中來與載漪結合，載漪大悅。毓賢旋得任為山西巡撫。當時政府既欲利用拳匪，以排斥外人，於是匪禍愈熾。拳匪謂“鐵路電線，皆洋人所藉以禍中國者”，遂焚鐵路，燬電線。凡家藏洋書洋圖，皆號二毛子，捕得必殺之。天津、京畿一帶，到處設壇練拳，拳匪焚燒教堂，殺害教徒。並破壞鐵道、電錢，北京、保定間之聯絡全斷絕。北京各國公使，因招近海諸國水兵，入北京護衛公使館。軍機大臣榮祿在病假，連上七奏，請剿匪，不聽。剛毅、趙舒翹，請召集為團練，以端王統之。莊王載勛、貝勒載濂、輔國公載瀾、左都御史英年、大學士徐桐及其子侍郎承煜，與總管太監李蓮英，力贊其說。於時黃村車站被焚，京津鐵道全燬，拳匪大得勢。又召董福祥率甘軍移紮京城。五月十五日，拳匪攻燬教堂，焚掠街市，甘軍之兵，亦於是戕殺日本公使館書記生杉山彬於永定門外。京中遂成兵匪橫行之世界。

二、對外之宣戰

大沽之陷落　京津鐵道破壞之時，各國碇泊大沽口軍艦之海軍將校，協議決定進軍剿討拳匪，並擬先佔領大沽口礮臺，以為制勝之地步。二十日夜深二時，聯合艦隊向砲台前面發砲攻擊，陸戰隊亦同時進擊。日本服部中佐督兵衝進，中彈立死，兵氣不沮，奮勇突入砲臺下，英、俄、德兵繼之，遂陷第一砲臺，更猛攻第二砲臺，暨南岸砲臺，皆佔領之。砲臺守將羅榮光逃至天津，伏毒而死。

北京使館之圍攻　大沽敗報至北京，排外黨決議開戰。榮祿請先保護各國公使出北京，孝欽不聽。五月二十四日，載漪邀各國使臣赴總署會議，德使克林德（Kettler）先行，為亂兵所殺。孝欽旋命董福祥及武衛中軍攻交民巷，礮聲日夜不絕；拳匪助之，攻月餘不下。

對各國之宣戰 二十六年庚子，五月二十五日，下詔與各國宣戰，以外人索大沽為詞，然大沽已先於二十一日失守。

東南各省之維持和平 政府既下詔宣戰，又命各省殺戮外人，招集義和團助戰。東北一帶文武大吏奉令惟謹。山西巡撫毓賢，誘殺山西省洋人悉盡，孝欽優詔嘉獎。於時東南各省之總督、巡撫洞悉大局者，惟保全本省之安寧秩序，不與聞戰鬥。山東巡撫袁世凱，悉召部下武衛左軍在直隸者入山東，任保護外人，勦討拳匪之務。兩江總督劉坤一、湖廣總督張之洞、兩廣總督李鴻章、閩浙總督許應騤，互相協議，視五月二十四日以後之上諭為偽詔，不奉命。並由劉坤一、張之洞派上海道余聯元，與各國駐上海領事，議訂東南保護約欵。上海租界，歸各國共同保護；長江及蘇杭內地，均歸各督撫保護，兩不相擾，以保全中外商民生命財產為主。於是東南各省，以新聯邦組織之勢，得邀領事團承認為中立地。南海、黃海、揚子江一帶，賴以不受外國兵輪蹂躪。

三、八國聯軍入北京

聯軍進陷天津 先是英將西摩爾聯合軍，被困於西沽保甲局。大沽之聯合軍，派兵赴援，途中與聶士成軍且戰且進，以五月二十七日抵西沽，西摩爾得全軍退還天津租界。日本政府巧誘英國政府，勸請日本就近出重兵，然後以福島正安為司令長官，將所準備軍隊，全師出發。至六月中旬，各國援軍抵天津，總數達一萬四千人，乃大舉攻津。當時聶士成駐軍城南海光寺，力扼八里台以阻聯軍進路，奪戰向聯軍，聯軍用氯氣礮以擊之，士成戰死。聯軍遂於六月十七日，為天津總攻擊，十八日晨，日軍破城而入，天津落於聯軍之手。

北京朝局紛亂，天津敗報至京，孝欽命李鴻章調補直隸總督。令即日北上，鴻章復電言不能速行，且謂非改變政策，決不北上。長江水師大臣李秉衡到京，奏言太后前寄各省密諭，命其但遇洋人即殺，勿使漏網。近聞陝西署撫臣端方、河南撫臣裕長及蒙古各處所奉諭旨，凡即殺字，皆係保護字；今察出為袁昶、許景澄所竊改。孝欽大怒，命立斬。又殺前侍郎張蔭桓於新疆戍所，會李鴻章、劉坤一及駐外各公使等，屢請保護使館。政府因授李鴻章為全權大臣，命電商各國先行停戰。鴻章電“請立將妖人正法，罷黜信任邪匪大臣，誠心議和，方可北上；否則徒死於亂兵妖民之手，於國毫無補益”。及聯軍節節逼近，首禍諸臣，凶燄轉熾。凡所欲殺，孝欽無不從之。戶部尚書立山寓宅，鄰於法國教堂，載瀾誣其挖地道接濟洋人食物。內閣學士聯元、崇綺謂其與袁昶同黨；兵部尚書徐用儀、載漪恨其前不贊成立大阿哥，至是皆被殺戮。將欲盡殺不肯附和諸人，會聯軍入京而罷。

聯軍進陷通州　天津陷落之後，提督宋慶、馬玉崑，總兵何水盛、呂本元會軍約二萬人，分屯北倉、楊村間，直督亦自駐楊村，聯軍不敢遝進。六月末，各國援軍漸次由大沽上陸。七月十一日，夾攻北倉，陷之。十二日進擊楊村，楊村官軍敗走。直督裕祿自盡。詔授李秉衡為欽差大臣，往河西塢視師。連戰敗績，走通州，聯軍又進據通州。十八日秉衡走至武淸縣之馬頭，兵潰，仰藥死。

聯軍進陷北京　通州警報至北京，孝欽始欲奔熱河，繼言出走不如殉國。榮祿力諫，請降諭斬載漪等首，以謝外人。七月十九日，聯軍進至北京。董福祥迎戰於廣渠門外，敗绩。會日暮北風急，砲聲震天，雷雨暴至，乃休戰。翌日（七月二十日）黎明，董福祥縱兵大掠而西，輜重相屬於道。二十一日，聯軍破城而入，孝欽挈德宗西走。七月二十一日，天未明，孝欽青衣徒步而出，德宗及后皆單袷從。孝欽挈德宗出西直門，從者有大阿哥溥儁、端郡王戴漪、莊親王載勛、剛毅、趙舒翹等。馬玉崑率兵千人，端郡王率神機營、虎神營及八旗練軍約二千護從。暮至貫市（河北昌平縣南），時甘肅布政使岑春煊率兵勤王，至於昌平，入謁，孝欽驚心稍安。二十七日，至宣化，乃以德宗名義下詔罪己。准李鴻章便宜行事，將應辦事宜迅速辦理。並命慶親王奕劻回京，會同李鴻章議和。八月十七日抵太原。江蘇巡撫鹿傳霖率兵勤王，至行在，因以為軍機大臣。湖南布政使錫良勤王至行在，即命代毓賢為山西巡撫。太原駐蹕二十日，榮祿亦赴行在。李鴻章奏陳各國之意屢請廻鑾，不允。忽傳聯軍欲派一師至山西，以報殺戮教士之仇，孝欽乃決計入陝西。閏八月初八日，車駕發於太原，閱數日遂至西安，陝西布政使端方署巡撫，迎駕，設行在政府於撫署。首禍諸臣，不復敢言國事。

四、俄羅斯佔領東三省

滿洲將軍攻俄　北京拳匪起時，奉天府土匪忽焚火藥庫，攻俄鐵道警衛兵，經將軍增祺鎮定之。及宣戰上諭發布，滿洲三將軍，皆受開戰命令。奉天副都統晉昌督兵燒天主教堂，破毀鐵嶺鐵道，掠洋庫，攻遼陽鐵道。同時黑龍江副都統砲擊黑龍江俄國船舶，黑龍江戰爭，自此開始。黑龍江將軍壽山，復分軍為二，以一大隊阻絕黑龍江航路，以一隊由齊齊哈爾出後貝加爾占領鐵道。

俄羅斯進占東三省　黑龍江將軍壽山，輕啟釁端，俄人遂據為口實，大舉分路南侵。八月四日，陷齊齊哈爾，將軍壽山自殺。俄軍遂合趨吉林，進占長春、吉林、鐵嶺，盡虜吉林官軍。轉向奉天，與關東省總督合兵，於八月中旬占領沙河、遼陽。閏八月初旬，進擊奉天，將軍增祺敗走義州。自是東三省全為俄軍占領，因以十八萬兵鎮之，且脅奉天將軍增祺，使陰聽俄人節制。更欲占領關內外鐵道，使俄軍直抵北京無障碍，聯軍遂急占領山海關，以斷其進路。

五、北京媾和之始末

議和前各國之意見　先是各國恐進退不一致，思置總司令。旋由各國推舉德人瓦德西（Waldersee）為聯軍統帥。瓦德西於北京陷落後抵中國，除發兵占領保定府外，惟從事於交通事業之整理。俄政府乘列國威迫中國之際，因宣言恢復北京中央政府，提議撤去駐京軍隊，以買清廷歡心，冀索報償於異日。德國當媾和談判開始之際，提議令中國政府將國際法上犯罪之元兇，先行交付。英國政府不利於瓜分中國，見德俄大軍東下，既疑德有蠶食中國領土之意，更恐俄在滿洲占卓越地位，因在倫敦與德協約，保全中國領土。各國無顯然反對之理由，遂皆承認之。北京公使間，漸得維持共同一致之主義，議決媾和案，對中國提出。

北京媾和條約之成立　先是北京陷落後，日本副島少將知事局必以和議了結，因欲市恩於中國。漢軍正白旗參將申烏珍，素與副島有舊，副島因迎慶親王奕劻來講和。奕劻抵京，即託副島由日本野戰電信，經盛宣懷寄李鴻章“入京講和”電報一通：李鴻章始悉已受全權議合之命。李鴻章至北京後，各國公使，提示媾和案。清全權即以之奏聞，政府于十一月初七日批准之。清全權始得與俄、美、德、法、英、日、奧、意、西、比、荷等十一國，開詳細談判，卒於光緒二十七年（一九〇一年）辛丑七月二十五日，成立北京《媾和協約》，其主要條文如下：

一、德公使被害一件，中國皇帝欽派醇親王載灃為頭等專使，往德國表謝意。於遇害處建坊一座，以拉丁、德、漢各文，敘中國皇帝惋恤兇事之旨。

二、端郡王載漪、輔國公載瀾，加恩禁錮新疆，永不赦免。莊親王載勛、英年、趙舒翹均賜自盡。毓賢、啟秀、徐承煜，均正法。剛毅、徐桐、李秉衡，追奪原官革職。徐用儀、立山、許景澄、聯元、袁昶，均開復原官。董福祥革職。各地方獲咎官吏，依本年三月十一、四月十七、七月初六，各上諭所定各罪案懲辦。又虐殺、虐遇外人之城市府縣，均停止文武考試五年。

三、日本書記官被戕一件，由中國皇帝簡派户部侍郎那桐為專使，往日本表惜惋之意。

四、中國皇帝允付諸國償欵海關銀四萬五千萬兩。所定擔保償欵債票之財源如下：

（甲） 新關稅之收入內，除給付擔保舊借外債之本利外，所剩餘之款；又進口貨稅，現今增至實行值百抽五所得之款。

（乙） 各通商口岸舊稅關之收入，改歸新稅關管理。

（丙） 鹽稅收入之總額（但除擔保舊債之一部）。

五、中國政府，准依附圖劃清各國使館境界。使館區域內，全歸公使管理，不准中國人居住，且各國為保護公使館，便置護衛兵於使館區域。

六、中國政府允將大沽砲臺，及有碍北京至海濱間交通之各砲臺一律削平。

七、中國政府承認各國占領黄村、廊坊、楊村、天津、軍糧城、塘沽、蘆臺、唐山、昌黎、灤州、秦皇島、山海關等處，以保北京至海濱無斷絕交通之虞。

八、中國政府對於各府廳州縣二年之內，頒布下記各上諭：

（甲）　永禁加入排外團體，違者處斬。

（乙）　列舉懲辦犯罪人罪案。

（丙）　虐殺、苛遇外人之府縣城鎮停止考試。

（丁）　各省督撫文武大吏及有司各官，倘遇有傷害外人之事，不能立即彈壓懲辦者，革職永不敘用。

九、中國政府承認襄辦白河、黃浦江二水路之改善方法。

十、中國政府將總理各國事務衙門改為外務部，班列六部之首，又更定各國公使謁皇帝禮節。

依此條約，置北京公使館區域於外國行政權之下，削平北京、大沽間砲臺，並允無期占領各處要塞，損失主權特甚。而賠欵本利總額，超過九萬八千二百二十三萬八千一百五十兩。更以約中規定兌換金貨率，致使每年除按表還債外，須貼磅虧三百餘萬兩，尤堪痛惜。又約中過於壓抑本國人民，從此民氣不振。

六、和議後之局勢

《中俄滿洲密約》之破壞　先是俄國欲吞併滿洲，故發兵占領東三省。及北京媾和條約談判方酣之際，因壓迫清駐俄公使楊儒，與其外務大臣拉穆新多福締結滿洲密約，囊括滿洲一切權利。楊儒公使電經奕劻，李鴻章轉奏請旨，蓋陰促假列國之力以抗拒之也。李以該條約本文，提示各國公使。日、英、美、德、奧、意六國，先後向中國警告。政府因以各國反抗拒絕之，俄政府乃聲明廢棄密約。同年七月，北京和約雖成，俄國仍繼續占領滿洲，不肯撤兵，并要求協商撤兵條件。李鴻章此時以七十八歲高年，躬任議和繁鉅，勞心過度，遂以肝疾增劇，卒於京師賢良寺。

孝欽及德宗之回京　和約既定，孝欽乃下詔還都，撤去溥儁大阿哥名號。沿途供億一千數百萬，官民幾不聊生。

日英同盟之締結　先是日本以三國干涉遼東，英獨無與，欲相接近。北京和議時，日公使小村壽太郎屢與英公使相提攜。乃俄國不惟欲占領滿洲，且欲染指西藏，是與日英利益衝突，二國始不能默視。光緒二十八年正月初四日（一九〇二年一月三十日），駐英日本公使林董，與英外務大臣蘭斯頓，締結日英同盟條約：約中規定兩締盟國，以相互承認中韓兩國之獨立，聲明該兩國無論何方不為全然侵略的趨向所牽制；但兩締盟國之利益，若一方因防護利益與乙國交戰之時，他方之締盟國須守嚴正中立，並努力妨碍第三國加入乙國與同盟國交戰。盖以俄國為共同假想之敵，預結同盟以備之。此盟約有效期間為五年。

俄國交還滿洲之宣言　俄國鑑於日英之結合，不敢竟行占領滿洲。光緒二十八年三月初一日（一九〇二年三月二十六日），俄公使雷薩爾與奕劻、王文韶訂結《滿洲撤兵條約》，規定“條約調印後，限六個月俄國撤退盛京省西南段至遼河之軍隊，並將該鐵道交還中國。再六個月，撤退殘餘盛京省各段之軍隊及吉林全省軍隊。再六個月，撤退黑龍江省全部之軍隊”。後以不肯遵約實行，遂釀成日俄之戰。

第三章　辛丑和議後之改革

一、復詔變法與推行新政*

復詔變法　孝欽西奔以後，恍然於國弱排外之非計，始認變法為挽回國運之要圖。光緒二十六年十二月，乃飭內外臣工，條陳變法。

督辦政務處之設立　清廷既以變通政治，力圖自強相號召。因於光緒二十七年（一九〇一年）三月，特設督辦政務處，以講求興利除弊之事，然當事各員，皆仰承樞府鼻息，固無事可辦。至所推行新政，不過下列各端：

一、復開經濟特科，考取一等袁嘉穀等九名，二等馮善徵等十八名，升敘有差。

二、改良科舉，詔鄉會試等均試策論，不准用八股文程式。

三、興辦學堂，復命各省所有書院，於省城改設大學堂，各府及直隸州改設中學堂，各州縣改設小學堂，並多設蒙養學堂。復命各省選派學生出洋肄業。

四、操練新軍，令各省設立武備學堂，以研究戰術。中央設立練兵處，規定全國兵額為三十六鎮；各省設督練處。軍分三等：一曰常備軍，一曰續備軍，一曰後備軍。常備全軍，自軍統至司書生，凡一千五百九十五員，目兵二萬一千一百二十四名，匠夫二千六百三十六名，分二鎮。

五、修改法律，派沈家本、伍廷芳將一切現行律例，按照交涉情形，參酌各國法律，修改舊律，更改刑名，另編新律，以期中外通行，為

* 本章節祗有一節。——編者註

收回治外法權之預備。更開法律館以研究之，惟迄未實行。

六、增設巡警，創辦巡警於北京，並設巡警部於京師，設巡警道於各省，且令各省辦巡警學堂，警界始稍生色。

七、編訂商律，儘先籌辦者，一為商律中之公司律一門，一我[1]商會章程。

八、整理財政，在各省籌欵大要，約十二項：一日糧漕，二曰稅釐，三日烟酒，四曰鹽斤，五日節提官費，六曰商捐，七日稅契，八曰茶糖，九曰房捐，十日銅元餘利，十一日陋規，十二曰雜捐。其為中央所主持之籌款方法，則有二種。一為印花稅，以反對者多，不果行，二為土藥統捐，所得亦微。

[1] “我”當爲“爲”。——編者註

第四章　日俄戰爭與中韓兩國之關係

一、日俄開戰之原因

日俄戰爭之遠因　日俄戰爭之最遠因有二：一為日本對於庫頁島之遺恨，一為日本對於遼東半島之遺恨。庫頁島原為我國領地，降至清室中葉，日本占領庫頁南部，改島名為樺太。同時俄人亦占領庫頁北部，二國遂屢起轇轕。清光緒八年（一八八二年），俄國强以千島羣島，交換庫頁島南部，日人當時不敢與較，然却飲恨在心。光緒二十年（一八九四年），中日戰爭以後，中國將奉天省南部與遼東灣東岸、黃海北岸諸島嶼，割讓為日本領土。俄國因聯絡德法干涉日本，迫其返還遼東。日本不得已從之，對俄怨仇益深。從此日人每引此二事，詔示[1]國中青年，激發其敵愾心，以為報復之預備，實為日俄戰爭之遠因。

日俄戰爭之近因　日俄戰爭之近因，為兩國在韓國權利之衝突。蓋由中日戰爭後，韓國全入日本勢力範圍。其時排日派以閔妃為中心，與俄公使威巴私通聲氣。日本黨謀制機先，以十月八日擁大院君兵入王宮，閔妃罹白刃於殿中，自是韓廷多怨日本。俄公使乘機與排日黨覆日本黨，握韓廷主權。於是日本不得已，與俄廷結《日俄協約》。自後日俄對韓之勢力，歸於平等。締約後一二年間，俄公使忽背約，韓廷亦憤俄專橫，排俄黨日增勢。斯時俄國注全力於滿洲，恐日本妨害，對韓政策，忽變緩和；暫將韓國優勢利益，讓與日本，使己國得傾全力於滿洲。及俄以拳匪事件，實行占領滿洲，派其陸軍大

[1] “詔示”當爲“昭示”。——編者註

臣苦魯巴金東游，見日本實有干涉之意，遂欲威攝日本，特向韓國加逼壓，此日俄衝突所以愈切迫。

日俄戰爭之導線　日俄戰爭之主因，為兩國在滿洲權利之衝突。至日俄戰爭之導線，則為滿洲撤兵問題。先是光緒二十八年，中俄締結滿洲撤兵協約，約中規定分三期撤退，至期俄國不僅不遵約撤兵，且由俄代理公使布拉穆捐向清外務部提出要求條件。不惟欲閉鎖滿洲門戶，且欲伸張勢力於各地。並向清政府聲明，“俄國鑑於東三省現狀，縱令列國干涉，斷不能無條件撤兵，雖因此事與日本開戰亦不辭”。又强占韓國龍巖浦，以高壓日本。日本以俄人據滿洲，逼韓國，不惟阻遏其發展，且足危害其國運。致覺書於俄，期與俄人劃定兩國之特殊利益。俄國僅以關於韓國一方者，與日本協商，其關於中國一方，則獨佔關東之權利，置日本於不顧。日本不能忍，乃由日本提出第二次之覺書於俄國。俄國答覆，仍撇滿洲於交涉之外，而與日本平分韓國之利權，日政府要求俄政府三思，俄政府故事遷延，陰集軍隊於韓境。日政府乃謀先發制人，决取自由行動，向俄提出斷絕國交公文，兩國遂入於交戰地位。

二、日俄之宣戰與中國之中立

日俄之宣戰　光緒二十九年（一九〇三年），日本宣告各國與俄斷絕外交關係。聯合艦隊司令東鄉平八郎率艦隊襲擊旅順之俄艦。俄遠東大總督亞歷氣哲福，初不料日人敢於决戰，故在滿洲之俄軍，兵備不整，糧食缺乏。至是俄艦連受日艦襲擊，乃非難日本違背國際公法，並對日宣戰。

中國之局部中立　日俄既開戰，我國朝野與日本均表同情。日本以交戰地域，屬於中國之領土，以中國之嚴守中立為最要。蓋因中國蒙古、新疆之邊境，俄國處處可以侵入，倘與中國聯合戰俄，大為失策，勸中國守嚴正中立，同時通牒於各國。於是英、美、德、法、意、奥等國，次第宣告中立，並認中國中立為必要。英、美、德並勸告日俄兩交戰國，尊重中國中立。盖三國皆欲限滿洲為交戰區域，使中國得守局部中立。中國以國力不足，明知門庭之內，聽人鬩爭為可恥，然亦無可如何。十二月二十七日，清政府因向日俄二國，發公文守局外中立之例，遼河以西，不使兩國軍隊稍為侵越，不論何國失敗，東三省土地權利，仍歸中國，不得佔據。日俄二國皆承認之。於是公認遼河以東為交戰地，以西為中立地。清廷因遣馬玉昆守遼西。

三、韓國之變為日本保護國

《日韓議定書》之締結　日本艦隊擊破仁川之俄艦後，日本卽派陸軍二大隊入韓京，朝鮮半島遂全落日本勢力之下。光緒三十年正月（一九〇四年二月二十三日），日公使林權助與韓國總理大臣李址鎔結《日韓議定書》六條，韓國變為日本保護國。光緒三十年七月（一九〇四年八月二十二日），林權助更與韓結《保護新約》三條，韓國財政外交，又被日本監督。此外若教育、警察、礦山悉聘日本人為顧問，郵政事務，委託日人辦理，尤為日本對韓扶植勢力之關鍵。

四、日俄交戰情形

日俄兩軍作戰方略　日俄兩軍戰端既開，日軍以靈敏之舉動，海陸並進。陸軍擬以雄師壓迫關東州，使駐紮韓國邊境之俄軍不能活動，海軍則擬制黃海、日本海之海上權，使俄國太平洋艦隊無力作戰。俄國則以所長在陸軍，欲集多數兵馬與日本決一平原戰，而西伯利亞鐵道、東清鐵道工程未完，運輸困難。因是日本着着佔機先，俄國步步落後塵，結果日勝俄敗。

俄國關東州之失陷與太平洋艦隊之破滅 先是光緒三十年（一九〇四年）正月，日本用軍艦護送陸軍，由韓國仁川上陸，擊沉俄艦二艘。復由韓境趨鴨綠江，鏖俄太平洋艦隊於旅順，擊沉俄艦七艘。俄艦隊司令馬克羅甫以下陣歿六百餘人，於是俄艦隊蟄伏旅順港內不敢出。日本黑木維禎第一軍扼住平壤，旋敗俄陸軍，乘勝向遼陽進發。日本聯合艦隊司令東鄉平八郎復閉塞旅順口，使旅順艦隊效力悉失。日本第二軍奥保鞏所自貔子窩上陸，陷金州城，進陷蓋平，更攻大石橋。俄陸軍大將苦魯巴金親臨督戰，受重傷而遁，俄軍傷亡甚衆。是蓋由苦魯巴金欲集大軍於遼陽、奉天附近，與日軍決一大野戰，然日本第二軍以疾風之勢北進，乘俄大軍未集中時破之，俄軍由是全歸失敗。日本乃木希典第三軍專任包擊旅順；當時旅順俄艦隊既成釜底游魚，海参威俄艦，亦屢被轟沉，俄國遠東海權，全歸日本所有。

日俄兩國遼陽、奉天之大激戰與旅順之降服 先是日本第一軍由鳳凰城激戰摩天嶺，進至本溪湖附近。第二軍沿南滿鐵道進至海城。第四軍佔領岫巖，進至析木城。日本軍總司令大山巖乃率参謀總長兒玉大將，移總司令部於滿洲，親揮三軍，進略遼陽。八月敗俄兵於遼陽城外，迫壓俄軍至太子河右岸，俄軍擠入河內死者甚衆，遂佔領遼陽全部。是役戰至十日之久，兩軍死傷以數萬計，為開戰以來一大戰。俄國旋集九師團兵力，於奉天附近，擬復遼陽，以救旅順之急，日軍復敗之。圍攻旅順之第三軍，始得受旅順要塞司令司多塞爾之降。光緒三十一年（一九〇五年）正月，俄犯遼西中立地，襲擊牛莊、營口，日軍以出不意，一時大狼狽。尋復擊退俄軍於渾河右岸，日本四軍，共向奉天，俄國亦分四軍抵禦之，戰線亘四十餘里。鏖戰凡二十一日，日軍卒佔領奉天。於是俄軍咸向北退，據守鐵嶺為防禦地。計俄軍死傷者十一萬六千五百，日軍死傷四萬二千二百餘，實為開戰以來第一大戰。苦魯巴金以此役敗辭職，李尼維齊代之。

俄國波羅的海艦隊遠征之覆滅　當海参威艦隊破滅與旅順圍急之時，遠東海權全入於日本海軍掌握。俄國政府决意派波羅的海艦隊東征，由羅哲斯德威斯克中將、尼波喀多福少將分統之。自光緒三十年（一九〇四年）七月，自俄國起程，為一萬八千海里之大遠征。以英國與日本係同盟國，不敢取道蘇彝士運河，而繞航好望角。淹留於法領馬達加斯加島北端西滿布港，躊躇數日不敢進。會奉天大敗，俄軍喪志，因命波艦速進，横過印度洋，直入法領南安西貢灣。及旅順已陷，俄艦隊三十八艘，延長數海里，欲進海参威為根據。光緒三十一年四月（一九〇五年五月二十七日）日本東鄉平八郎司令禦之於對馬海峽。波艦係內海船員，不習大風浪，交戰十餘分間，已紛散錯亂，自午後一時戰至翌晨，波艦隊盡殲滅，統將皆虜獲，俄國海軍力全失。日本艦隊遂協助陸軍，佔領庫頁全島。

五、日俄媾和條約成立與《中日滿洲善後協約》之締結

日俄兩國媾和之原因　俄國自旅順降服，奉天戰敗，波艦覆滅而後，海陸兩軍已失繼續作戰之能力。日本則因鏖戰一年半，精鋭士卒悉盡，戰員漸告缺乏，財力亦有所不堪。日俄兩國政府，皆感於繼續戰鬬之困難，美國大總統羅斯福因勸告日俄兩國政府，直接媾和。

《朴子茅斯條約》之締結　日俄兩國應美國之勸告，各派全權赴美華盛頓開媾和談判。日本以小村壽太郎為全權大臣，俄國派微德為

全權大臣；光緒三十一年七月，兩國全權抵紐約，商定朴子茅斯（Fortmouth）為會商地。開議前俄全權毫不以戰敗者自居，及日全權提出媾和條件十二欵，中有割地、償金二項，俄全權嚴詞拒絕之。旋經雙方同意，逐條審議，開議兩旬，俄全權於十二欵中，勉循日請有八。其餘四欵，日全權未敢堅持，以動列强之公怒，僅要求割庫頁南半部與日本，微德許之，至八月初六日，遂成立《朴子茅斯條約》，時為西歷一九〇五年九月五日。約文中最有關中國者二條，如下：

一、俄國以中國政府之承認，將旅順、大連及附近領地、領水之租借權，與關聯租借權及組成一部之一切權利特權及讓與，及租借權效力所及地域之一切公共房屋財產，均讓與日本，但在該地域內俄國臣民之財產權，受安全之尊重。

二、俄國以中國政府之承認，將長春、寬城子、旅順間之鐵路，及其一切支線，並同地方附屬一切權利特權及財產，與其所經營之一切炭坑，無條件讓與日本。

《中日滿洲善後協約》及附約之締結　日俄戰爭告結局，日本政府以日俄和案所生中日兩國滿洲諸關係，不可不從速協定。旋派小村全權來北京，光緒三十一年十一月二十六日，與中國全權大臣奕劻締《中日滿洲善後協約》，要點如下：

一、中國政府承認日俄媾和條約俄國轉讓與日本關東州與東清鐵道。

二、中國政府於日俄二國撤退軍遂後，開下記之地方為通商埠：

（甲）　盛京省之鳳凰城、遼陽、新民屯、鐵嶺、通江子、法庫門。

（乙）　吉林省之長春、寬城子、吉林、哈爾濱、寧古塔、琿春、三姓。

（丙）　黑龍江省之齊齊哈爾、海拉爾、璦琿、滿洲里。

三、中國政府允將安東、奉天間軍用鐵道，仍由日本政府接續經管，改為專運各國商工貨物鐵道。

六、日英同盟之續訂

日英新同盟之締結　光緒二十八年正月初四日（一九〇二年一月三十日）之《日英同盟條約》，以五年為期。日俄戰爭中，法國不敢明助俄國，俄國黑海艦隊不得與波羅的海艦隊同往極東，東洋英國殖民地不許俄艦碇泊，皆係此同盟之效力。及俄國既敗，英日遠東共同之敵，不在俄而在德。駐英日公使林董，乃於光緒三十一年七月（一九〇五年八月十二日），與英外務大臣蘭斯頓締結《日英新同盟條約》，以十年為有效期。

日英新同盟之意義　俄國戰敗以後，不惟對於東亞政策大為頓挫，即從黑海至小亞細亞孔士但丁之氣勢，與壓迫波斯、印度之威凌，亦因之萎縮。乃德國在亞歐兩方，積極侵略，海陸軍備，着着增加。英日始協謀控制德國，擴張日英同盟適用範圍至印度。於是英人移東洋艦隊於北海（North Sea）以防德，以印度及東亞利益防護之義務，託諸日本。其結果為日本合併韓國，與英國侵略西藏之張本，日本遂在東洋確立霸國地位。自是俄、法、美諸國，對於日本咸抱不安，太平洋之海權，寖假亦成為美日間之問題。

第五章　籌備立憲與任用親貴

一、籌備立憲

籌備立憲之原因　先是日本戰勝强俄，一時公論，多歸功於立憲；日俄一役，即專制國與立憲國優劣最終之判案。於是俄皇尼古剌二世（Nicolas Ⅱ），應國人立憲之要求，土耳其、波斯亦聞興起。中國立憲之議論亦盛於此時，又有主張激烈之革命論者，漸由海外流播域內，日益蔓延。清政府欲利用立憲說以消弭其患，臣工中之稍識時務者，若駐法公使孫寶琦既以變更政體請，江督周馥、鄂督張之洞、粵督岑春萱等，亦先後以立憲為言。人民乘之，請求立憲之聲，隨在應和，幾於全國一致。孝欽不得已應之，始為立憲之籌備。

派五大臣出洋考察政治　光緒三十一年（一九〇五年）六月，清廷簡命鎮國公載澤、戶部侍郎戴鴻慈、兵部侍郎徐世昌、湖南巡撫端方分赴東西洋各國考求一切政治。七月又續派商部右承紹英為出洋考察政治大臣，共為五大臣，以七月二十六日，由京師起程。甫至正陽門車站，革命黨吳樾，以炸彈炸載澤等。徐世昌、紹英遇炸後不果行，九月改派山東布政使尚其亨、順天府丞李盛鐸會同載澤、戴鴻慈、端方前往各國，考察政治。十月設考察政治館，十一月設立學部。十二月五大臣至日本東京，即送書於北京朝廷，稱揚日本之立憲政治，暗寓中國立憲不可不學日本之意。光緒三十二年（一九〇六年）正月，五大臣已由日本歷美洲達英、德，乃奏請宣布立憲，並應舉行三事：一曰宣示宗旨，二曰布地方自治之制，三曰定集會、言論、出版之律，期以五年改行立憲政體。光緒三十二年（一九〇六年）七月，考察政治大臣載澤等回國，奏請宣布立憲宗旨。清廷乃發布預備立憲之上諭。然諭中並實行期限無有，識者遂以為孝欽無立憲誠意。

孜察政治後之設施　光緒三十二年八月，清廷以變法自强，不宜有鴉片污毒，定限十年以內，將洋土藥之苦，一律革除淨盡。又以預備立憲，必從改革官制入手，因於光緒三十二年九月，宣示釐定官制。仍以軍機處為行政總匯，內閣、外務部、吏部、學部、禮部均如舊，巡警部改為民政部，戶部改為度支部，刑部改為法部，兵部改為陸軍部，商部改為農工商部，裁撤舊時之工部，另設郵傳部以理交通，理藩院則改為理藩部，共為十一部。又改大理寺為大理院，並增設資政院、審計院。三十三年（一九〇七年）五月，改各省按察使為提法使，增設巡警道、勸業道，分設審判廳。光緒三十三年七月，改考察政治館為憲政編察館。光緒三十三年九月，命各省速設諮議局。

實行立憲年限之頒定　自預備立憲詔下後，人民踊躍，立會研究。外交內政，有違反民意者，輒開會討論，發電爭持。政府恐其藉口立憲，為干預政治地步，下詔嚴禁之；而於憲政之進行，殊多因循。光緒三十三年（一九〇七年）四月，袁世凱奏請實行立憲。八月政府命外務部右侍郎汪大燮、郵傳部右侍郎于式枚、學部右侍郎達壽分赴英、德、日本等國，考察憲政。先後由于式枚等奏陳，清廷知不可更事顢頇。光緒三十四年（一九〇八年）六月，預備立憲公會鄭孝胥等，聯名請願開國會，各省人民舉代表請願者踵相接，八旗人民亦與其列。政府乃從憲政編察館議，於八月朔日下詔，定召集國會年限以九年為期，一切事宜，分年籌備。同時並發布憲法大綱以昭信守。時政府方以為不可蹈欲速之弊，輿論則非難期限過久。

二、任用親貴

載灃之當國　德宗自戊戌政變後，幽廢瀛臺，絕不聞政事，徒寄位而已。光緒三十四（一九〇八年）十月二十一日，帝卒。孝欽詔以溥儀卽皇帝位，嗣穆宗後，兼承德宗之祧。以攝政王載灃為監國，改明年為宣統元年。二十二日孝欽亦卒。載灃旣當國，卽命軍機大臣袁世凱開缺回籍養痾，於是政局一變。

速開國會之請願　載灃監國，欲一新國人耳目，爰再下詔申明實行預備立憲，降革省官吏玩誤憲政者若干員，頒行府廳州縣及城鎮鄉自治章程，人皆以為憲政自此當駸駸有起色。於是自宣統元年（一九〇九年）九月，各省諮議局成立以來，諮議局議員及人民等，連次入都請願速開國會，並請組織責任內閣，各省督撫亦以內閣、國會同時設立為請，清廷不得已，始詔允於宣統五年召集開會。然當時一方下詔縮短籌備之年限，一方降諭，所有各省代表人等，令其即日散歸，如有違抗，查拿嚴辦。於是人民皆不愜於心，至目之為偽立憲。

親貴之攬權　先是光緒三十二年（一九〇六年），第一次釐訂官制，除奕劻向為軍機處領袖大臣外，其發十一部尚書，滿族競占居其七。至宣統三年（一九一一年），第二次釐訂官制，組織新內閣，仍以奕劻為總理大臣，十國務大臣中，滿族又居其七。全閣之中，皇族居甚大半，故人皆稱為皇族內閣。各省諮議局議員，以其不合立憲公例，聯同呈請都察院代奏，請另組織內閣；奉旨不許。時親貴用事，政治昏濁，然臺諫清名亦動天下，屢奏參親貴大臣。御史趙啟霖、江春霖、趙炳麟，皆當日臺諫中之錚錚，時有三霖之目，彈疏雖不中，人皆引為大快。

預備立憲之失敗　溯自預備立憲之詔下，各項新政次第頒行，其規模亦似燦然足觀。然國勢日頹，國事日非，連年紛更，迄無效果，其故實由立憲不徹底，徒具形式而缺乏精神。蓋預備立憲，徒從官制入手，不思改革社會；何況憲法由於欽定，內閣屬之皇族，自易招致人心不滿。

第六章　英俄之侵略西藏

一、俄國之窺伺西藏

俄國利用佛教以懷柔西藏　先是俄國欲建大帝國於中亞，以北亞為根據地，故經營西伯利亞，准布里雅特人（居庫倫、恰克圖及西伯利亞貝加爾地方之佛教徒）信教自由，且保護其寺院，又獎勵其教徒發達。於是布里雅特族之喇嘛，往西藏修學者日多。同時俄政府亦多誘是等青年至本國修學，施以教育。就中有德爾智者，穎敏有才，既通俄語，知歐洲大勢。又善蒙古文學，大為俄國經營東方盡力。俄政府授以巨資，命往西藏留學，從事秘密活動。德爾智研究藏語、藏文數年，學識超衆，出其機敏技倆，得夤緣為達賴十三世之教師。常以“英國將來侵略西藏之可畏，中國政府不足賴，惟俄羅斯是將來喇嘛教之惟一保護者”為教旨；故達賴十三世自幼卽服膺親俄主義，德爾智又廣植黨徒於藏中，籠絡其僧侶及民人，於是俄藏之交日親。光緒三十年（一九〇四年），日俄戰爭起，英軍侵入西藏。達賴十三世隨德爾智自西藏出青海，將奔俄國。光緒三十一年（一九〇五年）春，行至甘肅境，適俄國屢為日敗，始恍然俄亦不足恃，因由嘉峪關赴庫倫；聲稱此行為訪庫倫大喇嘛哲布尊丹巴而來，以釋清廷疑慮。於是俄人經營西藏之計劃，功敗垂成。

二、英國之侵略西藏

英國侵略西藏之導線　先是英人欲建大帝國於中亞，使東接揚子江流域，西達波斯灣阿剌伯海。故務先舉喜馬拉耶山麓諸部落，置諸勢力範圍以內，尤注意於西藏。英人侵略藏土，論其導綫，則起於西金；西金亦作哲孟雄，本西藏屬部。光緒十五年（一八八九年），印度政府出師破西藏軍，英置統監於哲孟雄，以督監其內政外交，清政府均棄宗主權置不問。光緒十六年（一八九〇年）二月二十七日，與英締結藏印協約（《哲孟雄條約》），中國承認哲孟雄之內政外交專由英國保護監理。自是哲孟雄屬英，西藏藩籬盡撤，英人勢力直達西藏。達賴十三因親俄以抗之，藏事遂日形危迫。

英藏私訂媾和條約　英俄兩國皆欲於中亞建設大帝國，其視線並皆屬意於西藏；特互相牽製，莫敢先發難。及光緒二十九年九月，日俄將交鬨，英知俄無餘力以相抵抗，因命印度總督喻士六遣其大佐榮赫鵬由印度進兵入藏。其所援為口實者，則以英國利益為俄人侵害，藏人對於亞東開市之事不准實行。光緒三十年（一九〇四年）二月，藏軍屢敗，六月英軍入剌薩，達賴十三向青海遁去。英旋與駐後藏班禪喇嘛私訂條約於春丕，即光緒三十年七月二十八日（一九〇四年九月八日）英藏媾和條約。約文最關中國主權者，為西藏承認以下五事非先得英國政府之許可不得舉辦：

甲、西藏土地，無論對何外國，皆不准有讓賣、租典或別項出脫事情。

乙、西藏一切事宜，皆不准何外國干涉。

丙、無論何外國，皆不許派員或派代理人進入藏境。

丁、無論何項鐵路、道路、電線、鑛產或別項權利，均不准各外國及各外國人民享受。若讓此項權利時，則以相同相抵之權利給與英國政府。

戊、西藏各進款，或貨物、金銀、錢幣等，皆不許給與各外國及各外國人民抵押撥兌。

依此私約，將西藏土地，全劃歸英國勢力範圍之內。

中英改立《藏印正約》 先是達賴十三潛逃，《英藏條約》告成，清政府以事關中國主權，一方褫奪達賴十三名號，一方電飭駐藏大臣有泰勿承認。時俄、德、美、意公使環起抗議，俄尤激劇。光緒三十年（一九〇四年）八月，政府授唐紹儀為全權大臣，前往西藏商改《英藏條約》。十二月，移談判於北京，並召紹儀歸，自三十二年（一九〇六年）三月中旬磋商起，至四月初四日，始行訂結《藏印正約》六條。約中規定，舊日英藏等約，彼此承認，切實遵守辦理。英國允不占併藏境及不干涉西藏一切政治，中國亦承認不准他外國干涉藏境及其一切內治。依此條約，英國明認中國之宗主權。

英俄之《西藏協約》 自日英新同盟擴張範圍及印度，英國在東亞地位益固。俄以見敗於日本，知難與英國競爭。光緒三十三年（一九〇七年）八月，英俄兩國乃訂立協約，以解決中亞積年之衝突。規定英俄兩締盟國為保全西藏領土，各不干涉其一切內政。並承認西藏為中國所有，自後非經中國政府，不得與西藏為何等交涉。此協約訂立後，英俄兩國互相牽制，中國對西藏之宗主權，遂為二敵國所公認。

達賴十三世之叛走 先是達賴十三抵庫倫，請入北京籌善後，清政府以藏事方亟，命速歸剌薩，無庸晉京。達賴因自庫倫折回西甯，滯留塔爾寺，不肯歸藏。及英俄西藏協約成，藏事和緩，清政府遂許達賴來京。光緒三十四年十月，清德宗與孝欽先後卒，宣統嗣立，達賴意懷輕侮。十一月卽自北京歸藏。至宣統元年（一九〇九年）十月始抵剌薩。以欲謀叛，因謂清廷欲滅黃教，嗾令藏人內犯。清政府乃命四川總督趙爾豐率新軍進征西藏。爾豐遣部將鍾穎率勁旅二千，自巴塘向藏內出發，以宣統二年（一九一〇年）正月三日，抵剌薩，達賴倉皇向印度遁去。至宣統退位後，達賴始乘間回藏。

第七章　日韓合併與滿洲之關係

一、韓國之合併

日本之遞次擴張韓國保護權　先是日俄開戰，日本依日韓議定書收得韓國保護權。及《朴子茅斯和約》成，俄國復承認日本對於韓國有指導監督保護權。日本伊藤博文乃於光緒三十一年（一九〇五年）十月渡韓，與韓國外務大臣朴齊純，締結日韓新協約，以行統監政治。從此日本以一統監數理事，制全韓之政治生命，復以重兵駐紮韓京，警備非常。韓皇李熙因遣密使三人，赴訴海牙平和會議，各國以日韓關係，早由各條約規定，不允提議，密使喪氣而歸。伊藤統監因迫韓皇讓位太子李坧，並逼韓國總理大臣李完用於光緒三十三年六月，締結日韓新協定，解散韓國軍隊，以代日本軍隊，及宣統元年（一九〇九年）六月，曾禰荒助任統監，復與韓國總理大臣李完用締結司法權與監獄事務之約。於是韓國所有政治機關，盡行見奪於日本，僅留一形式之韓國名辭而止。

日韓合併之成功　日本設朝鮮統監之前一年（即光緒三十一年），韓人宋秉峻、李容九開一進會於漢城，以贊助日本為第一政綱。日本策士內田良平，承本國政府密旨，欲假手一進會以成合併韓國之事。宣統元年（一九〇九年）九月頃，伊藤博文借名漫遊滿洲，抵哈爾濱車站，被韓國志士安重根以手鎗刺死。李容九旋即率一進會會員萬餘人，連署呈日韓合邦請願書於其政府及統監府。宣統二年（一九一〇年）夏，日俄成立新協約，俄國承認日韓合邦問題。適曾禰統監以病辭職，日皇（明治天皇）因以寺內正毅代之。寺內於赴任前，先收韓國警察權，以日本憲兵二萬遍配韓國樞要都市。抵任即向韓總理大臣提出合併韓國案，韓廷開內閣會議，李完用主張合邦甚力，韓皇無可如何，因承認之。李完用因與寺內正毅締成韓國合併條約，通告各國。各國既無異議，韓民亦無反抗，日本吞併朝鮮政策，完全成功。我滿洲地位，遂日形危迫。

二、日本之侵略南滿洲

日本南滿洲鐵道株式會社與關東州都督府之設置　日本政府以光緒三十二年五月，設立南滿洲鐵道株式會社。同年七月，設立關東州都督府。南滿洲鐵道株式會社以營滿洲鐵道為業務，其性質與英國之東印度會社相同；蓋以一會社之名義，受政府之特許，實行其拓殖政策者。關東州都督府與俄國關東省總督無甚差異，其權力不惟管轄關東州，兼掌保護南滿洲鐵道線路及監管之事，又監督南滿洲鐵道株式會社之業務。日本經略滿洲用力如此，中日兩國間之紛爭事件，遂次第以起。

《採伐鴨綠江森林條約》　先是光緒三十一年（一九〇五年）十一月，北京附約第十條，規定中日合辦材木公司，以採伐鴨綠江右岸森林。至光緒三十四年四月十五日，始由外務部會辦那桐與日公使林權助協定，自鴨綠江右岸帽兒山至二十四溝之間，距江岸六十里（中國里）內之材木，由兩國合資公司採伐。以純收入百分之五為報效金，納與中國政府，其餘兩國股東平分。

滿洲懸案　先是光緒三十三年（一九〇七年）春，日公使林權助主張撫順炭鑛為東清鐵道附屬財產，清外務部不承認。光緒三十三年七月，日本伊藤統監代韓國直接侵佔我間島，公然與中國爭主權。清政府鑑于滿洲之危迫，欲借英款修築新民至法庫門之鐵道，以抵制日本壟斷；日本因提出抗議。又中國根據光緒二十五年（一八九九年）中俄東清鐵道會社一增補條約第四款，於南滿鐵道落成後，要求日本撤去營口口支綫，日本亦不允。又新奉、吉長兩鐵路，由日本南滿鐵道會社借款半額築造，於光緒三十三年三月，訂有契約，至光緒三十四年（一九〇八年）冬，日本政府復要求將吉長鐵道延長至延吉廳南邊境，以與韓國會甯鐵道相聯絡，且照吉長鐵道之例，於南滿鐵道會社借資本之半築造之，清政府亦不肯承認。於是兩國間懸案重重，莫由解決。

《安奉鐵道協約》　日本公使伊集院彥吉，於宣統元年（一九〇九年）正月，提出安奉鐵道問題，要求改良安奉鐵道之新線路。至三月中旬，大體依日本委員豫定之線路勘定。及日本政府要求收買地基，擴張軌道更正線路，中國未應允。六月，日本竟發最後通牒，取自由行動，即日起工；同時海陸軍，皆有所準備。清政府不得已允之。

間島交涉　中韓國境，西南方以鴨綠江為界，自古無疑議。東北方圖們江流域，及兩江水源相接近之長白山附近地方，所屬不明。康熙五十一年，兩國各派勘邊大臣實地勘定，旋於康熙五十五年，規定西以鴨綠江、東以土門江（卽圖們江）為兩國國境。並於鴨綠江、土門江水源之白頭山上，樹立界牌，於是國境問題，根本廓清。然清廷以長白為發祥之地，不准人民移處，因之吉林東南部，到處人烟稀少。雖東設琿春廳及敦化縣，政令往往不及，儼同無主之地。同治間，朝鮮咸鏡道人民，以本地饑饉，多渡圖們江移居間島。間島，非島也，實為圖們江北及海蘭河南一隙地，原係光霽峪前一片灘地，華人稱為假江，縱橫不過數里，本連左岸。光緒七年，朝鮮人私掘一溝，其地宛在江心；名其地曰墾土，又曰間島。光緒十八年我國於其地設延吉廳，並屯軍隊，重課韓民租稅。及日俄戰事已罷，韓國變為日本保護國。光緒三十三年（一九〇七年）七月，伊藤統監，代韓國直接侵佔間島。照會我政府，稱間島為韓國領土。我國於間島名稱，向所未聞；日人所指間島區域，初次尚小，略謂豆滿江各地異名，自其左側支流逆溯，中國人謂之布爾哈通河，西南分歧名駭浪河（卽中國海蘭河者），上流又有南出支流，韓人稱為土門江，在豆滿、土門間區域，是為間島。其所謂豆滿者卽圖們，其所謂土門者則本無土門之名而强名之，以實其謬說者。已而又誕出之，所指間島範圍益廣大。凡吉林南部松花江上游及奉天省之東南部，均括其內。其說已愈辨而愈妄，由是兩國文書，往返爭執。至宣統元年（一九〇九年）七月，日本以安奉鐵路事，自由行動，並希望同時解決滿洲諸懸案。清政府不得已，悉應其要求。七月二十日，外務部會辦梁敦彥乃與伊集院公使締結間島協約，要點如下：

一、中日兩國政府以圖們江為中日兩國國境，其江源地方以界碑為起點，依石乙水為界。

二、中國政府於本協約調印後，開下記各地方准外國人居住貿易：龍井村、局子街、頭道溝、百草溝。

三、中國政府仍准韓民在圖們江北之墾地居住，其地域之境界，另以圖示之。

四、中國政府將來將吉長鐵道延長至延吉南邊界，與韓國會寧鐵道相聯絡。

准此約所規定，中韓國界，則仍以圖們江為界，向之所指間島及强指土門江為圖們江者，其所爭地域，一一終歸於我。但既開龍井村等四處為通商埠。又將來必延長吉長鐵路與韓國會寧鐵路聯絡。從此吉林邊徼，門戶洞開。若鐵路告成，又為日人添一長驅直入之捷徑，比之安奉路更為可危。

滿洲五案之解決　滿洲五案者，即新法鐵道、營口支綫、撫順烟台炭礦、安奉鐵道沿綫及南滿鐵道幹路沿綫之礦務、延長京奉鐵道等五問題是。諸案率皆光緒三十三年事，至是亦基於安奉鐵道自由行動之故，全依日本要求。於宣統元年（一九〇九年）七月二十日，與間島問題同日解決。茲錄滿洲五案協約要點如下：

一、中國政府如築造新民屯至法庫門之鐵道時，允與日本政府先行商議。

二、中國政府允日本國將大石橋至營口支路，俟南滿洲鐵道期限滿了之時，一律交還中國。並允將支線末端延長至營口新市街。

三、撫順、烟台兩處炭礦，中國政府承認日本政府有開採權。日本政府尊重中國之一切主權，並承認該兩處開採之煤觔，納稅與中國政府。

四、安奉鐵道沿綫及南滿洲幹路沿綫之礦務，除撫順、烟台外，應按照光緒三十三年，即明治四十年，東省督撫與日本國總領事議定大綱，由中日兩國人合辦。

五、京奉鐵道延長至奉天城根一節，日本無異議。

滿洲諸懸案，既全依日本要求解決，奉天、吉林兩省之地，盡包擁於日本鐵軌之內。日本侵略南滿洲，遂大告成功。

三、俄國之侵略北滿洲

俄日携手經營滿州　自日俄戰爭後，日本國威澎漲於世界，俄、法、美諸國咸抱不安。法國以日本戰鬥力强大，恐於安南領土不利。俄國恐日本乘虛迫太平洋沿岸領土，蹂躪俄國已得權利。美國則認日本為太平洋中之勁敵，壟斷滿洲之商利。日本鑑於此種局勢，乃佯倡保全中國之說，以括列强軌道於一致。日法協約、日俄協約、日美照會、日英第三次新同盟，遂皆以尊重締約國之領土權利，保全中國領土及列强機會均等為主義。然自是等協約成，中國之前途反危，俄日轉得携手經營滿洲。俄北日南，兩不相犯，滿洲主權，遂日在剝削之下。

哈爾濱行政權交涉 哈爾濱為東清鐵道之中心地，初祇俄人住居。以光緒三十一年（一九〇五年）十二月，中日協定，開為商埠。光緒三十三年，各國次第置領事。俄政府妄援東清鐵道條約第六款為口實，固執東清鐵道會社有一手經理哈爾濱之權，清政府拒絕之。光緒三十四年，俄忽頒布東清鐵道市制，規定住居哈爾濱市內中外人民，悉課商工業稅、家屋稅、借地稅、酒稅等；中外人士，莫不反對。清外務部命東三省總督徐世昌，於哈爾濱設自治局以爭主權。宣統元年（一九〇九年）三月二十一日，與俄結東清鐵道界內組織自治會協約十八條。自是哈爾濱行政權，有自治會主持，中俄爭執以解。

松花江航權交涉 俄國獲松花江獨航權於咸豐八年（一八五八年）之《璦琿條約》；光緒七年（一八八一年），《伊犁和約》中更申明之。然該二條約所稱之松花江，係指黑龍江下流言，滿洲內地之松花江，仍不准俄人通航，拳匪亂後，俄人占領滿洲，實行航行松花江上游。及日俄戰後，依《中日條約》，中國開放十一商埠，並欲乘機開放松花江上游，以斷俄人獨得之患，俄國大起抗議。延至宣統元年，两國委員在哈爾濱談判數閱月不決。至宣統二年（一九一〇年）四月，改在北京談判，亦不進步。及六月七日，日俄滿洲新協約發表，中俄兩國，談判急進，乃於七月初五日締結條約。中國政府開放滿洲界內之松花江，許萬國自由航行。依此條約，各國勢力，延入北滿，俄人勢力，為之大殺。

第八章　清末外力壓迫新趨勢

一、俄國要求蒙回特殊利益

蒙回稅率協定紛議　先是光緒七年（一八八一年），中俄《伊犁條約》，規定蒙古、新疆之地，皆為無稅貿易區域。光緒十七年（一八九一年）第一次改正條約期滿，光緒一十七年（一九〇一年）第二次改正條約期滿，我當局皆放棄商改稅率權利不過問。及第三次改正條約期將滿，俄國兩遣調察隊入蒙古，研究貿易問題。中國亦欲預備收回權利，將與俄國謀協定蒙回稅率。宣統二年（一九一〇年）冬開始交涉，兩國主張全然相反，遂釀成宣統三年（一九一一年）春間之紛議。

俄國自由行動之宣言　宣統三年（一九一一年）正月十八月，俄政府命駐北京公使可斯德羅威克，向清外務部要求六款。主張國境彼我五十俄里線內，兩締盟國領士內之產物及工業品，皆無稅貿易，並增設領事館多處。申明所記六款，有一不允，俄國政府即不認中國政府有維持善鄰之誼，將取自由行動。清政府與俄竭力磋商，俄政府始終不肯讓步。清政府不得已，乃於二月二十七日，悉認俄國之要求。

二、英國强佔片馬

片馬交涉之紛爭　片馬原為一寨，在北緯二十六度，格林尼址東經九十七度三十五分。東為雲龍州，南臨馬面關、大塘關，北為野人山之溪谷，自古常屬中國。舊時分隸楊、左、段各撫夷，執有道光年兵部劄符為據，有道光案卷可稽。故片馬為中國領土，毫無疑義。光緒三十一年（一九〇五年）正月，知府石鴻韶會同英國所派委員騰越領事烈敦，會勘邊界，未及成議而止。時英領事聞恩梅開江以東，小江流域片馬之地，係雲南、四川、西藏往來之要路；遂主張以高黎貢山循雪山為滇緬分界。至宣統二年（一九一〇年）十二月，突有英兵二千，進佔片馬，建築營寨，為久住計。清政府命駐英公使劉玉麟迭次交涉，英政府總以無意侵略為詞，堅持先勘界後撤兵之議。嗣我國革命軍起，片馬問題遂成懸案。查滇緬先後界約，係指滇與緬毗連之界線而言，非指滇與緬以外之界線而言。光緒十八年（一八九二年），英外務部曾照覆清薛大臣（薛福成），有滇緬曾經管理江東之地，直至恩梅開江及邁立開江滙流之處等語。毫無佐證，已不足憑；卽格外遷就，亦不過如是。此外既非緬地，亦不當系以緬界，此理至明。滇緬已定界線，斷自尖高山，距恩梅開、邁立開兩江匯流處，尚屬不遠。他日定界，應由尖高山起，經獨木、石峨二河之間，西行渡恩梅開江，與英人議分兩江中間甌脫地，庶不失力爭上游宗旨。

三、葡國澳門自由拓界

中葡澳門劃境交涉　明嘉靖十四年（一五三五年），開澳門為葡人通商地，年課地租二萬金。萬曆元年（一五七三年)，明政府於澳門附近築境壁為界。萬曆十年（一五八二年），明政府承認葡商每年僅納地租五百兩。至清道光二十八年（一八四八年）以前，尚如之。及鴉片戰後，開五口與歐美通商，葡人請免納澳門地租，清政府雖斥不准，然自道光二十九年以後，葡人竟不納。光緒十三年（一八八七年）三月，中葡兩國在葡京約定葡國代防鴉片漏稅，有永居管理澳門之權，惟不得讓與他國，然界址迄未派員劃定，葡人因得自由伸縮境界。宣統二年（一九一〇年），葡政府派海軍提督瑪喀多，清政府派雲南交涉使高而謙為劃境全權大臣，以香港為會議地。葡使主張譚仔、過路環二島，澳門半島及拱北、大小橫琴諸島之一部及附近海面，共有六十方哩，均為領地。高而謙始則主張澳門壁外為葡領地，壁內之數村為葡屬地，次承認譚仔、過路環二島為葡屬地。至拱北、大小橫琴三島，及澳門內港，與附近領海權，皆不承認之。談判四閱月不決，以當年十月，移談判於北京，無何，葡國革命起，遂成懸案。

四、外力壓迫之返響

抵制美貨　先是美人苛待華工，旋立嚴禁，於登岸時施種種侮辱留難，國民聞之大憤，相約不購美貨，以為文明抵制。滬粵各埠民氣頗盛，我國對外之有羣衆運動，此其嚆矢。尋清廷與美政府商議，美政府已允優待華商及教習學生、遊歷人等；民間團體，始漸懈弛，時光緒三十年。

蘇杭甬路拒絕借款　蘇杭甬路為英人要求借欵代築五路之一。光緒二十四年（一八九八年）由督辦大臣盛宣懷與之訂草合同。及二十九年（一九〇三年）寧滬合同簽約時，曾聲明逾時已久，應請作廢。至三十一年（一九〇五年），由朱錫恩等奏請廢約商辦，經商部奏准，業歸自辦。忽三十三年（一九〇七年）七八月間，英使提出借欵舊案，志在實行。蘇浙兩省士民聞之憤甚，力爭拒絕外款。外務部以交涉困難，卒用轉圜方法，將英款作為存項，部借部還，聽商辦公司用否自便，風潮始就平息。國人知路權之可貴，即覺悟之漸端。

第九章　革命軍起義與清帝退位

一、革命之原因

革命之主因　中國革命之主因，根於人民兩種心理：其一為排滿心理，其二為圖强心理。至清季足以滋釀此等心理之環境，則有五端。其一為外力之壓迫，其二為政治之窳敗，其三為民權思想之輸入，其四為民生之不安，其五為專制政體已不容存在於今世。

革命之助因　滿清晚年有三事為革命之助因：其一為德宗變法之失敗，其二為清廷立憲不果決，其三為載灃之暗弱。由是人心解體，寖成瓦解土崩之勢。

二、革命之醞釀

革命團體之組織　革命運動之發生，莫不由秘密組織起。我國秘密黨會至多，其抱近世政治思想以崛起，則以興中會為嚆矢。興中會起於光緒十八年（一八九二年），倡首者為孫文。孫文糾合同志，鼓吹革命主義。當時交通機關，未甚發達，各省隔閡，其會員初以廣東一省為限。惟僑居布哇、美國及南洋羣島之華僑，以廣東、福建兩省為多，且均係三合會會員；孫於是聯絡之，派同志募捐其會中，並乘機密購兵器藥彈，預備舉事。

革命主義之風行　孫文既蓄意革命，適光緒二十、二十一兩年（一八九四年、一八九五年），中日戰爭起，因募兵汕頭、西河、香港三處。及清軍為日所敗，李鴻章赴日媾和，孫文潛招各地兵入廣州，謀一舉奪粵。不幸於舉事前一夕謀洩，陸皓東以下數人就擒，孫僅以身遁澳門，因再至香港，渡日本，經布哇航美國，轉至倫敦，以傳革命思想於海外。常奔走於歐美、日本、南洋、中國間，以謀革命。及光緒二十四年，殺戮革命黨人。康梁亡命海外，辦《清議報》主張保皇。孫文則辦香港《中國日報》主張排滿。兩黨各以文字鼓吹，黨羽遍地。蜀人鄒容復著《革命軍》一書，主張驅除滿族；餘杭章炳麟（太炎）為之序，上海《蘇報》作《讀革命軍文》，以闡揚其旨。革命主義流行極速。光緒二十九年《蘇報》被封，鄒容、章炳麟下獄，未幾鄒斃於獄，章出走東瀛。留日學生，受孫章影響，多提倡革命。湖南黃興、直隸張繼二人，隱執牛耳。孫文爰在日本組織中國革命同盟會，復發刊《民報》，以為機關。提倡顛覆滿洲政府，建設共和政府。其時梁啟超已改《清議報》為《新民叢報》，主張君憲。然革命潮流，一發不可復遏，少年氣銳之士，多傾心民憲，遂相率從事於激烈的行動。

革命行動之先導　武昌起義以前，革命行動之散見於各地者，屢起迭仆，復間之以暗殺，使清廷怵於黨勢，官吏滿懷恐怖，其功亦有足多焉者。茲特表而出之如下：

一、史堅如謀刺粵督德壽　光緒二十六年（一九〇〇年）七月，孫文令黨人鄭弼臣起革命軍於惠州，未幾即為粵督德壽派兵擊散。黨人史堅如潛入廣州，炸總督衙門，斃官吏二十餘人，為巡捕所擒，從容就戮。

二、吳樾炸五大臣　吳樾於光緒三十二年七月二十六日，炸考察各國憲政大臣於京師正陽門車站。

三、黃岡七里湖會黨之起事　光緒三十三年（一九〇七年）四月，孫文主使黃岡會黨，劫黃岡協署器械起事，同時並主使惠州會黨在七里湖地方起事，然不久皆敗。

四、徐錫麟槍殺皖撫恩銘　光緒三十三年五月，徐錫麟槍殺皖撫恩銘，率陸軍小學學生據軍械局，事敗被殺。其黨陳伯平、馬宗漢、秋瑾被株連，先後就刑。

五、黃興起事於欽州　光緒三十三年七月黃興主使欽州張得清起事，旋即敗潰。

六、孫文起事於鎮南關　光緒三十三年十月，孫文、黃興率革命黨由越南進攻鎮南關，為陸榮廷軍所扼，不得進，退歸越南。

七、黃興起事於河口　光緒三十四年（一九〇八年）三月，黃興又起事於河口，至四月，亦為滇軍所平。

八、熊成基起事於安慶　光緒三十四年十月，安徽駐安慶馬礮營隊官熊成基乘秋操起事，旋為姜桂題擊散。成基後於哈爾濱謀炸載洵，事洩被捕，死於吉林。

九、倪映典起事於廣州　宣統元年（一九〇九年）正月二日，廣州兵變事起，倪映典偕變兵攻城不克，為廣東水師提督李準所率水師礮擊。倪映典戰死，餘衆潰逃。

十、汪兆銘謀炸攝政王載灃　汪兆銘（精衛）以宣統二年（一九一〇年）三月，入北京謀暗殺攝政王載灃。事敗，為偵吏所執。善耆在民部，請於攝政王，免其死，永遠監禁。

十一、溫生才刺殺廣州將軍孚琦　宣統三年(一九一一年)三月初十日，廣州將軍孚琦赴南門外觀演習飛艇。溫生才乘其回署時，以炸彈擊斃之；因隨警卒詣官就戮。

十二、黃興等起事廣州　孚琦既被刺殺，粵督張鳴岐兼署將軍。三月二十九日黃興率黨攻入總督署。張鳴岐逃去，遂縱火焚之。水師提督李準又以兵至，黨人死者七十二人。事定後，葬黃花崗。

十三、陳敬嶽謀刺廣東水師提督李準　陳敬嶽以炸彈擊李準於廣州雙門底，碎準肩輿，傷右手及腰部，未死。敬嶽被執，旋見殺。

三、革命之導線

列强對華之投資主義　先是列强對於中國，各謀擴張本國之勢力範圍及利益範圍，除租界領地外，更要求築造鐵道與開採礦山之權。其後中國民智漸開，急思收回利權，不惜以重利賠償各國用費，爭回自修、自開之鐵道礦山甚多。各國對中國之趨勢，遂變為投資主義，謀以債權者資格，取得將來主人翁地位。中國則欲利用外資振興實業，並使外國互相牽制。宣統三年（一九一一年）三月十七日，度支部大臣載澤與英、美、德、法四國銀行代表，以改革幣制及東三省實業為目的，訂結一千萬磅（一億元）借款契約。依此契約以滿洲諸稅為借款之擔保，使四國勢力參入滿洲，藉資牽掣日俄，中國與四國同心。但此款支付四十萬磅墊欵後，卽值武昌起義，四國銀行因停止交款。及入民國，遂變為善後大借款。

鐵道幹線國有政策與粵漢、川漢二路之四國借款　先是御史石長信，以商辦鐵路，緩不濟急，弊竇滋多，請定幹路支路辦法，由郵傳部大臣盛宣懷議奏施行。宣統三年四月十一日，因下旨，幹路均歸國有，定為政策。所有宣統三年以前，各省分設公司，集股商辦之幹路，由國家收回，赶緊興築。除支路仍准商民量力酌行外，其從前批准幹路各案，一律取消。當時新內閣（奕劻內閣）欲振中央威權，挽回外重局勢，因以借外債開發實業為政策；故對於粵漢、川漢二路債款，積極進行。宣統三年（一九一一年），四月二十二日，遂由盛宣懷與四國銀行代表締結借欵正約。借款總額為六百萬磅，利息為五厘，價格為百分之九十五，期限為四十年。

湘鄂川粵各省保路同志會之活動　自粵漢、川漢二路借欵契約與鐵道幹綫歸國有上諭發表後，全國輿論沸騰，反對甚力，卒為革命之導火綫。當時湘鄂川粵士民聯合抗爭，皆謂“粵漢鐵路，始由盛宣懷私售美商合興公司，光緒二十八年，各省人民爭之，不惜竭血汗之資，慘淡經營，僅得收回，集股商辦。今政府乃以國有政策，與民爭利，是不啻奪我生命財產，付諸外人”，堅持反對國有及收回股本之說。留東學界，又力主路存與存，路亡與亡之議。川人感動，議以不納租稅為後盾。時郵傳部大臣盛宣懷與督辦鐵路大臣端方，議訂鐵路權限。閏六月，端方抵鄂，擬改川漢路線為起宜昌訖廣水，鄂中輿論大譁。川中開保路同志會，不及一月，各府州縣皆設分會，以為之應。川督王人文據實入奏，誓以去就爭。適趙爾豐已受命代人文，人文因迫之赴任。七月川路公司股東開保路大會，决議罷市，學堂亦停課，商民供德宗牌位舉哀。政府命端方自湖北帶兵入川查辦。川人大憤，舉代表詣督署求阻端方兵，爾豐允為代奏。既而以朝意不欲轉圜，遂拘保路會代表鄧孝可等數人於署中。七月十五日，人民相率至署哀求釋放，人聲鼎沸；統領田徵葵命衛兵開槍，擊斃四十餘人，激成川變。

武昌革命軍之突起 武昌在全國之衝，民黨久已注意，以防範頗周，未敢猝動。至是川省難作，鄂督瑞澂遣兵西援，武漢空虛。革命黨潛伏長江一帶，私運鎗彈，約期八月十五日夜，聚鄂起事，並聯絡軍隊，使之同時響應。事為瑞澂所知，嚴加防備，加意訪察，黨人乃改期為二十五日。十八日夜，武昌革命之事，同時洩露於漢口及省城。陸軍及巡警分往捕獲黨人七十三名，多自認革命黨不諱。方黨人被捕時，同時搜出名冊，各營兵士名列黨籍者，忿懼交集，勢成騎虎。乃於八月十九日（陽歷十月十日)夜九時起事，攻楚望臺、火藥庫，直撲督署。瑞澂聞各營已變，遂棄城而逃。大事已定，惟未有首領，衆議以混成協統黎元洪當之。乃羣趨黎寓所，迫令出為代表，黎諾之。遂以湖北諮議局為總司令部，擁黎元洪為鄂軍都督，武昌省城，全為革命軍所佔領。既得武昌，即遣軍渡江，佔領漢陽、漢口，組織中華民國鄂軍政府。以興漢滅滿、保商衛民為宗旨，出示安民。

四、民軍起義以後之形勢

各國承認民軍為交戰團體　民軍既定武漢，即照會駐漢各國領事，轉呈各國政府，恪守局外中立。旋由各領事會商，承認為交戰團體，决守中立，隨各電告本國政府，各政府俱贊成之。

清廷戡亂之方策　武漢起義，清廷大震，始則欲以武力定亂，既欲以和平收功，其政策之可表見者如下：

一、派兵攻鄂　民軍既於八月二十日據武漢。清廷於二十一日，即派陸軍兩鎮赴鄂。一面加派兵輪，飭海軍提督薩鎮冰督率前往，並飭長江水師提督程允和率長江水師即日赴援。以陸軍部大臣蔭昌督師，所有湖北各軍，及赴援各軍隊，均歸節制。至二十三日，起用前軍機大臣袁世凱為湖廣總督，督辦剿撫事宜。蔭昌自二十六日抵信陽以來，直至九月初旬，往來孝感、信陽間，軍事毫無起色。因電請居中調度，以備非常。九月初六日，清廷命俟袁世凱到後，即回京供職。而以馮國璋總統第一軍，段琪瑞總統第二軍，均歸袁世凱節制。於是北方各軍勇氣百倍，即日敗民軍於灄口南，乘勝進逼，逾大智門至跑馬場。初七日，清軍直入漢口街市；初八日，清軍進駐劉家廟。十一日，袁世凱南下，周歷前敵各營，撫循傷病士卒，軍氣益振。

二、挽回民心　清廷於民軍起義後，欲挽回人心。九月初五日，即以違法行私貽誤大局，革郵傳部大臣盛宣懷職，以唐紹儀代之。初九日，復下詔罪已。又於同日，論開黨禁，並取消皇族內閣。極力懷柔人民，不得謂為非善。效果則絲毫無覩。

各省之響應　民軍武漢起義以後，各省紛紛脫離清廷獨立，並與鄂軍政府取一致行動。前後不逾三十日，民軍已有全國三分之二。清之督撫有轉為民軍都督者，有伏誅者，有死事者，有逃匿者。清廷僅擁有直隸河南，雖東三省亦不能遙領。茲特表述之如下：

地名	光復日期	民軍都督	光復狀況
長沙	九月初一	正焦大章、副陳作新—譚延闓	焦、陳本會黨首領，和新軍合力光復，旋為新軍所殺，推譚延闓為都督
九江	九月初二	馬毓寶	毓寶本新軍標統
南昌	九月初十	吳介璋	介璋本新軍協統，後彭程萬自稱奉孫文委任，為贛軍都督。吳介璋因卽讓之。旋彭又他去，馬毓寶到南昌，就贛軍都督之任
西安	九月初四	張鳳翽	新軍於初一起事，初二攻克滿城
太原	九月初九	閻錫山	錫山本新軍協統，清巡撫陸鍾琦被殺
雲南	九月初九	蔡鍔	蔡鍔新軍協統，和統帶羅佩金、唐繼堯等同起義
上海	九月十三	陳其美	先據閘北警局，次據製造局，旋定吳淞口
蘇州	九月十四	程德全	德全本清巡撫，宣布獨立
杭州	九月十四	湯壽潛	十五日，民軍與旗營開戰，旗營旋卽降伏。
安慶	九月十八	朱家寶—孫毓筠	家寶係清巡撫，由諮議局宣布獨立，推為都督。旋他去，由孫毓筠繼任
福建	九月十八	孫道仁	道仁係新軍統領。總督松壽自盡，將軍樸壽被殺
廣東	九月十九	正胡漢民、副陳炯明	將軍鳳山，於初四日被炸身死。十九日，諮議局宣布獨立。舉巡撫張鳴岐為都督，張不受遁去，乃改舉胡陳
廣西	九月十六	沈秉堃	秉堃本清巡撫，旋去職以陸榮廷代
山東	九月二十三	孫寶琦	寶琦係清巡撫，由保安聯合會舉為都督。十月初四日，孫又取消獨立。後孫去職，由胡建樞代為巡撫。十一月底，藍天蔚率北伐隊克烟台。至元年二月，胡建樞乃與民軍議和。時民軍都督為胡瑛

續　表

地名	光復日期	民軍都督	光復狀況
成都	十月初七	蒲殿俊—尹昌衡	四川民軍和官軍衝突最久。外縣以次先下。至十月初七，乃舉蒲殿俊為都督。同日端方為其部下殺於資州。至十八日，改舉尹昌衡。趙爾豐於十一月初三被殺
甘肅	十一月十八		新軍三標一營起義，總督辰庚被囚

奉天於九月二十二設立保安會，推東三省總督趙爾巽為會長，諮議局議長吳景濂為副曾長。只有直隸、河南、吉林、黑龍江四省未曾宣布獨立。

此外則停泊各處之艦隊，均先後響應民軍，使長江流域脈絡貫通，民軍佔有優勢者，海軍依附之力。惟大江以南，尚有清提督張勳在南京負固，終有待於蘇浙聯軍之進攻。

灤州軍隊威逼清廷立憲　先是第二鎮由奉天調赴前敵，行至灤州，統制張紹曾與混成協統藍天蔚等電奏，要求實行立憲，並憲法由議院制定。疏入，政府大驚。卽命資政院起草憲法，九月十三日，先行頒布憲法內重大信條十九條，命刋刻謄黃，宣示天下。所保留者，不過皇帝之虛名而已。

吳祿貞之被刺　先是第六鎮統制吳祿貞，與張紹曾定議，逼清廷遜位。清廷偵知吳有異謀，陽命吳為山西巡撫，以釋其兵柄。陰賂其部下第十二協統周符麟，刦殺之於正太火車站。

袁世凱之組閣　先是清命袁世凱為內閣總理大臣；九月二十三日，袁世凱入京就職，組織新內閣。用人行政，皆由總理大臣負責，清廷政權，盡歸袁世凱掌握。

五、清軍與民軍之攻戰

清軍攻下漢陽　自馮國璋第一軍攻入漢口街市，民軍退守漢陽，以黃興為總司令，籌畫防禦。至十月初七日，清軍佔領龜山，攻陷漢陽，挾龜山巨礮隔江擊武昌；民軍以艦隊為掩護，與清軍隔江相持。

民軍佔領南京　駐南京第九鎮統制徐紹楨謀起事，兩江總督張人駿、江南提督張勳持之。第九鎮新軍遂以九月十七日與防軍開戰，敗退至鎮江。適蘇浙滬軍政府各派兵會攻南京，推程德全為海陸聯軍總司令長。十月十二日午後二時，聯軍進佔雨花臺、獅子山礮臺，及清涼山火藥軍械局，卽以礮毀南門、儀鳳門、太平門，四時大隊入城。張勳走徐州，人駿、鐵良乘日本礮艦，逃往山東之青島。十三日，民軍推程德全改任江蘇都督，移駐南京。

漢陽、南京戰事與大局之關係　漢陽為武昌之外蔽，清軍攻下漢陽，自龜山以礮擊武昌，武昌自不易守。乃民軍却於此際陷南京。南京為軍事上必爭之地，民軍欲造成挾有長江流域之勢，必須攻克南京，基礎始隱固。惟攻克漢陽，民黨始怵於北洋軍隊聲威；惟失陷南京，清廷始覺亂事棘手。是漢陽、南京戰爭之結局，卽清廷與民軍議和之關鍵。

六、南京臨時政府之組織與清帝之退位

清廷與民軍議和之先聲　先是清廷起袁世凱為湖廣總督，督師向漢，駐節信陽州，遷延不進。一面奏請停止進攻，一面遣員與黎元洪議和。黎元洪不允，而勸袁世凱返旆北征，克復冀、汴，預備當選民國第一任大總統。議雖未諧，實為清廷與民軍議和之先聲。

南京臨時政府之成立　自武昌倡義以後，有識之士，均以臨時政

府之組織，為刻不容緩。於是江蘇都督程德全、浙江都督湯壽潛，於九月二十一日，聯電滬督，倡議各省公舉代表，會議於上海。九月二十二日，即由江浙兩省代表，通電各省，來滬會議，組織臨時政府，並請各省公認伍廷芳、溫宗堯二君為臨時外交代表。各省覆電贊成，就近派已在滬者為代表，故代表會成立極速。十月初三月，議決各省代表，同赴武昌，組織臨時政府。十月十三日，議決臨時政府組織大綱二十一條，並於卽日公布之。十月十四日，得悉南京已於十月十二日克復，於是議決以南京為臨時政府所在地，各省代表於七日內齊集南京，若有十省以上之代表到南京，卽開臨時大總統選舉會。而留滬代表，忽於是日票舉黃興為大元帥，黎元洪為副元帥。十五日又議決以大元帥主持組織中華民國臨時政府。武昌代表通電否認之。

清廷行民軍和議之頓挫　先是清軍攻下漢陽，內閣總理大臣袁世凱復主張與民軍議和。至十月十五日，派唐紹儀為代表，與黎都督或其代表人討論大局。各省代表會於是日議決電請伍廷芳任民軍代表，以上海為議和地點。唐紹儀至上海，伍代表提出必須承認共和，方可開議。旋議定開國民會議，解決國體，雙方議和，至為接近。及十一月初六日，孫文抵滬：由蘇、皖、贛、浙、閩、鄂、湘、粵、桂、川、滇、豫、齊、晋、秦、奉直十七省代表公決，於十一月初十日，開選舉臨時大總統會，結果孫文當選為中華民國臨時大總統。孫文亦卽於十一月十三日——卽中華民國元年一日一日，由上海赴南京就職，於是局勢一變。唐紹儀以交涉失敗辭職，和議乃由袁世凱與伍廷芳直接往返電商。

南京臨時政府之設施　孫文就職日為民國建元，改用陽歷，稱中華民國元年一月一日。又武昌起義時，揭鐵血旗，赤地黑心綴以十八黃星，故又稱星旗。滇黔粵桂獨立後，襲用同盟會青天白日旗。各省獨立時，率用白旗。蘇浙民軍定金陵，用五色旗，以表暴五族共和之義。孫文就職之日，民軍勢力範圍內皆懸五色旗，自後遂定為國旗。以星旗為陸軍旗，青天白日為海軍旗。後皆經議院决定，正式公布沿用，惟星旗則增為十九星。民國元年一月二日，再行修改臨時政府組織大綱，要點只在增設臨時副總統，以位置黎元洪。民國元年一月三日，復由各省代表會同意，發表臨時政府國務員，為陸軍總長黃興、海軍總長黃鍾英、外交總長伍廷芳、司法總長王寵惠、財政總長陳錦濤、內務總長程德全、教育總長蔡元培、實業總長張謇、交通總長湯壽潛。中央行政部之規模粗具。其參議院之職權，始依臨時政府組織大綱由各省代表會執行。及民國元年一月二十八日，參議院正式成立，卽行使立法機關職權，起草《中華民國臨時約法》。

清內閣總理袁世凱被炸暨軍諮使良弼炸斃之關係 清親貴載濤、載洵、載澤、溥偉、耆善與良弼、鐵良等結宗社黨，對於國體更易問題，極端反對，力持戰議。十一月二十八日，民國元年一月十六日午時，袁世凱退朝，途遇刺客，擲炸彈，世凱幸免。刺客張光培等皆被執，絞斃。自是清隆裕太后弗納親貴疑忌之言，專依袁世凱决大計。朔自和議中輟以來，國體問題，不經國會之議决，逕由清廷宣布共和之勢日迫。其間忽合忽離，不卽成就者，良弼為之。民黨彭家珍在津聞之，乃於十二月八日，民國元年一月二十六日，挾炸彈入京，至良弼寓宅，炸良弼左股立斷，家珍先斃。良弼死二時復蘇，延至初十日午間遂卒。自是清親貴皆膽落，知大勢已去，紛紛離北京，走青島、大連；宣布共和之機會遂熟。

北方軍人之傾向共和 先是漢陽既下，馮國璋調京統禁衛軍，以段祺瑞接統漢陽第一軍。及南北議和，唐紹儀電段祺瑞，勸其贊成共和，諷令清帝退位。十二月初八日，民國元年一月二十六日，段祺瑞聯合北方諸將姜桂題等四十六人，電請袁世凱代奏，要求清帝退位，宣布共和。時段祺瑞與黎元洪約定，若清親貴仍反對遜位，則决計合兵北伐。至十二月十七日，民國元年二月四日，段祺瑞復分電近支王公、蒙古王公、內閣各府部大臣，欲統率武漢前敵官兵北上，以求最後之解決。十二月十九日，民國元年二月六日，袁世凱在內閣公署，邀集近支王公、蒙古王公、統兵大員、各部大臣，傳閱段祺瑞電文，各親貴王公皆失措，當即擬成贊成共和長電一道，由袁世凱領銜，王公大臣依次署名發出，以止段祺瑞率兵來京。

清廷與民軍議和之結果　自唐紹儀辭職，清內閣總理袁世凱與伍廷芳往返電商，日數次，表面上和議幾決裂。後由會議問題之爭執，易而為退位條件之協商。隆裕太后乃率同清帝溥儀退位，承受內閣總理大臣袁世凱與民軍代表伍廷芳議定之優待條件。

（甲）關與大清皇帝辭位後優待條件：

第一款　大清皇帝辭位之後，尊號仍存不廢，中華民國以待各外國君主之禮相待。

第二款　大清皇帝辭位之後，歲用四百萬兩，俟改鑄新幣後，改為四百萬元，此欵由中華民國撥用。

第三款　大清皇帝辭位之後，暫居宮禁，日後移居頤和園。侍衛人等，照常留用。

第四款　大清皇帝辭位之後，宗廟陵寢，永遠奉祀，由中華民國酌設衛兵，妥慎保護。

第五款　德宗崇陵未完工程，如制妥脩，其奉安典禮，仍舊制，所有實用經費，並由中華民國支出。

第六款　以前宮內所用各項執事人員，可照常留用，惟以後不得再招閹人。

第七款　大清皇帝辭位之後，其原有私產，由中華民國特別保護。

第八款　原有之禁衛軍，歸中華民國陸軍部編制，額數俸餉，仍如其舊。

（乙）關於清皇族待遇之條件：

第一款　清王公世爵，概仍其舊。

第二款　清皇族對於中華民國國家之公權及私權，與國民同等。

第三款　清皇族私產，一體保護。

第四款　清皇族免充兵之義務。

（丙）關於蒙古、回、藏各族，待遇之條件：

第一款　與漢人平等。

第二款　保護其原有之財產。

第三款　王公世爵，概仍其舊。

第四款　王公中有生計過艱者，設法代籌生計。

第五款　先籌八旗生計，於未籌定之先，八旗兵弁俸餉，仍舊支放。

第六款　從前營業居住等限制，一律蠲除，各州縣聽其自由入籍。

第七款　滿、蒙、回、藏原有之宗教，聽其自由信仰。

以上條件，列於正式公文，由兩方代表照會各國駐北京公使，轉達各該政府，並於十二月二十五日，民國元年二月十二日，宣布遜位諭旨。又命袁世凱以全權組織臨時共和政府，與民軍協商統一辦法。

溯自武漢舉兵，全國響應，未逾百日，而滿清顛覆，民國告成。此其故由於革命軍與北洋軍閥領袖妥協，藉其力以造成共和。但後來北洋軍閥之紛擾，亦種因於此。

第十章　光宣時代之文運

一、今文學之運動

王闓運、廖平之今文學運動　清季湘潭王闓運，以發奮苦攻，博通羣書，竟成大儒。說經主公羊兼取訓詁義例，曾徧注羣經，不斷斷於攻古文，但不得不推為今文大師。其門人中最著者有井研、廖平，受師說而附益之。著四益館經學叢書十數種，頗能守今文家法。

康有為、梁啟超之今文學運動　南海康有為早年酷好《周禮》，嘗著《政海通議》。後見廖平所著書，乃盡棄其舊說，從事公羊，著成《新學偽經考》《孔子改制考》二書。《新學偽經考》謂秦焚書，並未厄及六經，漢十四博士所傳，皆孔門足本。劉歆因欲湮亂孔子之微言大義，以便佐王莽篡漢，故作諸古文偽經（周禮、逸禮、左傳及詩之毛傳）。《孔子改制考》定《春秋》為孔子改制創作之書，六經皆孔子所作。有為高弟有新會梁啟超，亦治公羊，極力宣傳今文學，專以絀荀申孟為標幟。由是今文學益為世所重。

今文學運動之影響　康梁對於今文學運動，既為猛烈之宣傳，其及於思想界之影響有二：一為懷疑批評態度之啟迪，二為革命排滿思想之開發。蓋有為偽經考既以諸經一大部分為劉歆所偽作，改制考復以眞經之全部分為孔子託古之作，則數千年來共認為神聖不可侵犯之經典，根木發生疑問；中國學術定於一尊之觀念，全然解放，導人以比較的研究。啟超以推崇孟子之故，發揮誅責“民賊”“獨夫”諸義，因衍為民權論，先後於《時務報》《新民叢報》中，暢其義旨。國人讀之，若觸電然，莫不痛心於清室之稗政，思有以易之，故康梁學派大有造於當時。

二、西洋文化之輸入

西洋思想之發蒙　先是同治四年（一八六五年），創設江南製造局，附設翻譯館。自同治六年（一八六七年）至光緒三十年（一九〇四年），譯成之書，凡一百七十餘種，格致製造之學，居其大部。自明季徐光啟、李文藻翻譯天算書籍而外，西方物質學科輸入中土，此其權輿。

西洋思想之介紹　光緒初年，翻譯事業，雖漸發達，所譯之書，多屬宗教格致歷史之類，範圍並不甚廣。晚清以來，首以西洋哲學思想介紹國人者，當推侯官嚴復；首以西洋文學思想介紹國人者，當推閩縣林紓。嚴復譯述：赫胥黎《天演論》(Huxley：*Evolution and Ethics and other Essays*)，穆勒《名學》(John Stuart Mill：*System of Lgoic*)及耶芳斯《名學淺說》(W.S.Jevons：*Logic*)，斯賓塞爾《羣學肄言》(H.Spencer：*Study of Sociology*)，斯密亞丹《原富》(A. Smith：*Inouiryinto the Nature and Causes of the Wealth of Nations*)，孟德斯鳩《法意》(C.D.S.Montesquieu：*Sqirit of Law*)，穆勒《羣己權界論》(*On Liberty*)，甄克思《社會通銓》(E.Tenks：*Histoy of Politics*)等書。每譯一書，莫不有其目的，所譯書亦皆名著，譯事又信、達、雅，能見重於當時，宜其與本國思想界發生莫大關係。林紓有文學天才，雖不能讀西文，藉助手口譯，即能領略原書文學趣味。所譯小說，如《茶花女》《迦因小傳》等書，用古文敘事寫情，不失原書風趣。自餘尚有百數十種，亦皆刻峭清新，風行一時，使西方文學思想，普及於中國上流社會，其功績亦有足多。

新思想運動之失敗　晚清新思想運動之中心，不在西洋留學生，而在不通西洋語言文字之人。因為能力所限，遂不免稗販、破碎、籠統、膚淺、錯誤諸弊。故運動垂二十年，卒不能得一健實之基礎，旋起旋落，為社會輕，此晚清西洋思想運動所以失敗。

三、佛學之流行

佛學之流傳　佛學大乘之傳，自唐以後，皆在中國。清乾隆時彭紹升、羅有高篤志信仰，其後龔自珍、魏源以“今文學家”，推崇佛法，受苦薩戒❶。石棣、楊文會，夙棲心內典，少佐曾國藩幕，復隨曾紀澤使英。學問博，道行高，深通“法相”“華嚴”兩宗，以“淨土”教學者。譚嗣同從之遊一年，遂治“唯識宗”“華嚴宗”，用以為想想之基礎，通之於科學，以著《仁學》焉。《仁學》提倡普度萬國，但駁雜幼稚之論甚多。自餘新學家若康有為、梁啟超章炳麟，亦兼治佛學。

佛學之浸盛　楊文會晚年息影金陵，專以刻經宏法為事，於是經典流傳日廣，研習者益衆。又以社會屢更喪亂，厭世思想自然發生，稍有根器者，欲求一安心立命之所，往往遁逃於佛，佛學浸浸日盛。學佛既成為風氣，依附名高者，易側足其中，惑世誣民者，易售其術，又為其弊。

四、文學之革新

散文之革新　清季嚴復、林紓以清通之文，翻譯西書，使古文適

❶ “苦薩戒”當爲“菩薩戒”。——編者註

合當世應用，其思想遂影響於社會甚大。自中日戰後，人知改革中國之必要，因產生一派“時務文章”，率皆議論縱横，“筆鋒常帶情感”，譚嗣同、梁啟超，可稱此派宗匠。其文修理分明，辭句淺鮮，最易引人入勝。同時章炳麟為文，則以學問作底，以論理作骨，自成一家“學術文章”。其《國故論》《衡檢論》諸作，皆為古文上品。亦日俄戰爭以後，革命、立憲兩派“政論文章”繼起，以文法謹嚴，論理充足相尚。章士釗之《甲寅》，梁啟超之《國風》，實其代表。總之，散文文體，愈變愈淺易，愈改愈適用。

韻文之革新　光緒時代以詩名者，有鄭孝胥、陳三立。鄭詩清蒼幽峭，陳詩生澀奧衍，造詣雖有不同，大體皆得力宋詩。若康梁一派人物，則競為“新詩”始則夏曾佑、譚嗣同撏撦新名詞，以自表異；繼則康有為、黃遵憲大放異彩。有為詩雄渾性成，不落蹊徑；遵憲詩不避俗語，富有個性。由是古人未有之物，未闢之境，俱得收為新詩之材料，才多意廣之士，益足以構成瓌奇傑特之作。

小說之革新　清季小說發達之原因有三：一由於同治中興以來，士大夫多餘暇，以從事翰墨。二由於中日戰後，社會惡濁，才人往往託之村言，以寄其憤慨。三由於光緒末年，辦教育者，見普通社會，易受小說感化，極力提倡。小說多白話作品，可分南北兩派。北派為評話小說，南派為諷刺小說。北派為民間文學，係供娛樂作品，如《兒女英雄傳》《七俠五義》《小五義》《續小五義》等是。南派多文人著作，每論社會問題，如《官場現形記》《老殘遊記》《二十年目覩之怪現狀》《恨海》等是。至以譯西人小說名者，則有林紓所譯百數十種，皆清新可誦。其以西洋布局法作小說者，則有蘇曼殊之《降紗記》《碎簪記》。章士釗之《雙秤記》，情緻纏綿，行文雅潔，亦頗風行一時。

五、藝術之概況

書學　道光中何紹基書，以古拙勝。光緒中康有為所作書，《孕南帖》《胎北碑》《鎔漢隸》《陶鐘鼎》，雄健磅礴，如其為人。餘若李瑞清書摹北魏，鄭孝胥書宗東坡，皆為世所重。

畫學　清代文人，提倡風雅，多通繪事。光緒中有僧明基，善畫山水、竹石、花卉，筆墨靈秀，氣韻疏雋，士大夫多從之遊。至慶親王奕劻所畫山水，亦丰神秀雅，又如林紓之蒼潔雅秀，鄧毓怡之清韻撲人，亦為山水中逸品，開港以來，西洋畫法傳入，由其道以顯名者，則有鄭曼陀之人物，蔣錫曾之寫生。

雕刻　中國美術，以雕刻為最精，就中又分刻石、刻銅、刻竹、雕牙骨、雕漆諸種。篆刻盛於乾嘉，為名士餘技。同光以來，嗣響乏人。刻銅盛於咸同，當時有濰縣朱鶴年者，創製三鑲銅器，並善刀刻花鳥人物篆隸眞行，在京設肆，為時所重。至刻竹雕漆則盛於福州，雕牙骨則盛於廣東。刻竹之精者，能作成竹畫，山水樓閣人物，懸起嵌空，玲瓏透峭，與眞境無殊。雕漆之器，則遍刻花紋，不露質地，精細古雅，深含畫意。雕牙骨之工，能於徑寸之面，刻字數千，徑寸之球，雕花廿層，可稱絕技。

音樂　清季俗樂盛行，除崑曲外，有京腔、秦腔、弋陽腔、粵腔等。京腔尤為社會所歡迎。至西洋音樂，則自開港以來，始漸輸入。及教堂、學校林立，多奏鋼琴、風琴。

第十一章　清季之政治組織

一、官制

帝室　清沿明舊，設宗人府、太常寺、光祿寺、鴻臚寺、鑾儀衛等官，典司庶事。另設內務府以掌宮內及太監之事，以領侍衛內大臣為之長，班在大學士上。中央政權，初在內閣。雍正時，別設軍機處，內閣遂無實權。其分司行政者，曰吏、戶、禮、兵、刑、工六部。此外清要之職，號言路者曰都察院。備顧問者曰翰林院詹事府。司裁判者曰大理寺。大理寺與刑部及督察院，稱三法司。主教習者曰國子監。掌外藩者曰理藩院。同治朝，增設總理各國事務衙門，以司交涉。光緒以來，迭有更變，始則改總理衙門為外務部。旋又添設民政、度支兩部，廢戶部。改刑部為法部，兵部為陸軍部，理藩院為理藩部，工部為農工商部。另增置學部、郵傳部，以太常、光祿、鴻臚三寺併入禮部。練兵處、太僕寺併入陸軍部。以國子監併入學部。宣統二年，組織責任內閣，設總協理大臣，裁撤軍機處，會議政務處。併吏部、禮部之職掌於內閣，增設海軍部。於是內閣之外，有外務、民政、度支、陸軍、海軍、學、法、農工商、郵傳，凡九部。此外仍設大理院以司裁判，為最高之法庭。並設資政院為參政最高機關，設弼德院以資顧問。又設軍諮府總持軍政。京朝官制，遂與同光以前大異。

地方　外官之制，順天及奉天兩府，特設府尹。各直省設總督復設巡撫；其下置布政司、按察司分巡道；府有知府，廳有同治通判，州有知州，縣有知縣。又設學政、漕督、河督、鹽運司，更有糧道、河道、鹽道等官。光緒末年，裁撤與總督同省之巡撫，並罷學政、漕督、河督，增設提學司交涉使、勸業道、巡警道。間有省分改布政司為民政使，按察司為提法司。並設審判廳，有地方審判廳、高等審判廳之別。奉天、吉林、黑龍江初設將軍，後皆改為總督巡撫，新疆則自建省後，官制亦同於內地。

藩部　內外蒙古為北藩，其部落各區為盟，盟又分旗，旗有扎薩克統治其事。各部盟長，爵分親王、郡王、貝勒、貝子、鎮國公、輔國公，凡六等。又有汗及台吉無定額。扎薩克之上，清廷特設駐防大臣以統馭之。其在外蒙古者，有定邊左副將軍、定邊參贊大臣，皆駐烏里雅蘇臺城。又有科布多參贊大臣及帮辦大臣，皆駐科布多城，仍受定邊左副將軍之節制。其在內蒙古者，察哈爾置都統及副都統，駐直隸宣化府。又於土默特置兩將軍，分駐歸化、綏遠二城。青海、西藏為西藩，青海各部，亦分為族，設辦事大臣駐甘肅西寧以統治之。西藏政教之權，初統於達賴、班禪兩喇嘛，而以第巴等，司兵刑財賦。舊設辦事及帮辦兩大臣，分駐前後藏。宣統二年，裁撤駐藏幫辦大臣，改設左右參贊。辦事大臣及左參贊駐前藏，右參贊駐後藏，此為外藩官制之大略。

清季官制表

類別		名稱	職掌
內官	內閣大學士	文華殿	參預機務，卽宰相職，以滿人為之
		武英殿	參預機務，卽宰相職，以漢人為之
		文淵閣	參預機務，卽宰相職，以滿人為之
		體仁閣	參預機務，卽宰相職，以漢人為之
		協辦	滿、漢各一人
	部	吏	官吏選授封勳考課之政令，滿漢參半
		禮	禮儀祭祀宴饗貢舉之政令，滿漢參半
		戶	天下戶口田賦之政令，滿漢參半
		兵	武衛官軍選授之政令，滿漢參半
		工	百工山澤之政令，滿漢參半
		刑	刑名徒隸句覆關禁之政令，滿漢參半

續　表

類別		名稱	職掌
內官	院	理藩	掌藩屬事，滿人為之
		都察	巡按糾察之事，滿漢參半
		翰林	講讀詞章等事
	寺	通政使	內外章奏敷奏封駁等事
		大理寺	刑獄平反之事
		太常寺	宗廟禮儀之事
		太僕寺	輿馬及牧畜之事
		光祿寺	膳食之事
		鴻臚寺	贊導相禮之事
	卿	上駟院	掌御馬之事，滿人為之
		武備院	掌武備之事，滿人為之
		奉宸院	掌君主之事，滿人為之
	府	內務	掌宮內及太監之事，滿人為之
		宗人	皇室宗譜封賞等事，滿人為之
		順天	輦轂下民政之事
		詹事	東宮之屬
	監	國子	國學諸生訓導之政令，漢人為之
		欽天	天文授時之事
	處	軍機	參贊機務，最握大權，卽以王公及閣臣任之
	衙門	總理	外交之事
		海軍	海軍之事
		步軍統領	巡察逮捕等事
外官	督撫	總督	一省或二省三省之民政軍政
		漕運總督	漕運之事僅一員駐淸江浦
		河道總督	黃河工程之事僅一員
		巡撫	一省之事
	司	布政	一省民政兼錢穀
		按察	一省刑獄兼驛傳
		運使	一省鹽務，有鹽省分始有之
	學政	學政	一省考試之事，為京官差使，非實缺
	道	兵備	統轄數府州
		分巡	統轄數府州
		河工	管理河工，河南、山東等省有之
		糧儲	有漕糧省分有之
		鹽法	有鹽省分有之
		海關	有商埠各省有之
	地方官	知府	一府之事，轄數廳縣
		直隸州同知通判	一州之事，轄數廳縣

續　表

類別		名稱	職掌
外官		直隸廳同知通判	一廳之事，轄縣或不轄縣
		縣	一縣之事
		州	一州之事
		廳	一廳之事

清季改訂官制表

類別		名稱	職掌
內官	內閣大學士	文華殿	參預機務，卽宰相職，以滿人為之
		武英殿	參預機務，卽宰相職，以漢人為之
		文淵閣	參預機務，卽宰相職，以滿人為之
		體仁閣	參預機務，卽宰相職，以漢人為之
		協辦	滿、漢各一人
	部	外務	總理衙門改設，掌外交之事兼轄公使等
		吏	同前
		民政	先創巡警部，後改今名，掌全國民政
		度支	以戶部改設
		禮	同前並以太常、光祿鴻臚三寺併入
		學	全國教育學藝之事
		陸軍	以兵部改設，並以太僕寺併入
		農工部	全國實業之事，以工部併入
		郵傳	全國交通機關之事
		理藩	以理藩院改設
		法	以刑部改設，掌司法上行政之事
	處	軍機	同前
		會議政務	議一切新政，卽以部臣等任之
		稅務	全國稅務
	院	大理	以大理寺改設，為全國最高審判院
		都察	同前
		資政	議一切法制，卽議院之預備
		審計	檢查各機關之報銷
		翰林	同前
		鹽政	全國鹽務
	府	內務	同前
		順天	同前
		宗人	同前
	監	欽天	同前

續　表

類別		名稱	職掌
	衙門	步軍統領	同前
外官	督撫	總督	總攬全省政務，下有左右參贊及秘書科參事等，東三省行之
		巡撫	同總督
	司使	布政	同前
		提法	掌司法上之行政
		交涉	交涉事宜，有商埠等省設之
		提學	一省學校，即前時學政之職
		鹽運	同前
	道	巡警	一省警政
		勸業	一省實業、交通等事，兼管驛傳
		兵備	同前
		河工	同前
		糧儲	同前
		鹽法	同前
		海關	同前
	地方官	知府	同前而不理詞訟
		直隸州同知	同前而不理詞訟
		直隸廳同知	同前而不理詞訟
		縣	同前而不理詞訟
		州	同前而不理詞訟
		廳	同前而不理詞訟
	法官	審判廳	有高初等級民事刑事等之審判
		檢察廳	有高初等級掌刑事上之檢察

二、兵制

陸軍之變遷　清中葉以後，旗兵習於驕惰，綠營漸即衰疲，故嘉道教匪倡亂，半賴鄉勇戡定。咸同時太平軍、捻黨鴟張，全由湘淮軍削平。及光緒中，淮軍亦歸淘汰，始紛紛操練新軍。袁世凱之新建陸軍，張之洞之湖北軍遂代之而起。《辛丑和約》成後，用袁世凱為北洋大臣，因以四年之間，練兵六鎮，遂造成北洋軍閥牢不可拔之勢力。湖北軍僅有一鎮一協，其兵卒有曾入陸軍特別小學堂者，革命思想遂得中於鄂軍。

水師之建置　清咸豐間，湘軍始練水師，與太平軍爭長江之險。至於海軍經始於咸豐之季。同治元年（一八六二年），開船政局於福州上海，水師成材漸衆。光緒元年（一八七五年），設北洋水師，購鐵甲船八艘，別購中小鐵甲二艘，防長江口。光緒六年（一八八〇年），李鴻章議減水師裁綠營以治海軍。立水師學堂於天津，主辦者閩人，生徒遂大半閩產，因造成閩人壟斷海軍之局勢。光緒十一年（一八八五年），法越事定，從李鴻章議，大治海軍，立海軍衙門於京師，建旅順等處礮臺，大購鐵艦，以為海軍根本。光緒十四年，定海軍制，以丁汝昌為海軍提督，以山東之威海衛為宿海軍之所，以奉天之旅順口為修治戰艦之所。並於大連灣建礮臺，以固旅順後路，海軍遂大成立。甲午戰役，北洋艦隊熸於黃海，南洋艦隊停泊長江，未與日戰，得保無恙。自旅順、大連、威海、膠州、廣州紛紛租借於外國，我熸餘之海軍，反無屯所。清末，謀恢復海軍，遂於宣統元年（一九〇九年）設籌辦海軍處，二年改設海軍部，同時囑託各國建造軍艦，築軍港，設海軍學校，將所有艦艇，分為巡洋艦隊、長江艦隊，及廣東、福建之小艦隊。總計全國軍艦有四十二隻，大半適於實用；惟水雷艇則大半老殘不堪。

三、刑法

舊刑律之概略　清朝刑律以明律為監本，經康雍乾三朝之增訂，成為大清律例。律分名例、吏、戶、禮、兵、刑、工七大綱，例著一千條。至同治中，其體裁無所變更。例之外又有案，所以補律例之不及。至外國人之犯罪者，向亦依律擬斷。自海禁大開後，西人以刑律彼輕此重，遂要求領事裁判權，外人在我境內犯罪者，由彼自行治理。自是主權喪失，華洋互訟之案件，華人多受虧，流弊滋甚。

新刑律之釐訂　我國初以刑罪太苛，治外法權，遂為列强所剝落。光緒晚年欲挽回此項法權，不得不先改良司法。適江督劉坤一，修訂法律大臣伍廷芳、沈家本，先後奏請輕罪禁用刑訊。清廷因屢降諭旨，停止刑訊，但官吏未嘗實力奉行。其後又開法律館，由沈家本等編訂新律草案，陸續奏進，頗能參酌各國法理。宣統時首除凌遲、斬梟之刑，但諭“凡舊律義關倫常諸條不可率行變更”。於是新律修正再四，始交資政院議决，終以反對者爭論劇烈，不及通過而畢會。政府因以君主大權，修改新律，而頒布之，雖未盡善，然已趨向文明。顧未及實行，已入民國時代。

四、賦税

地丁　清初沿明舊制，用夏秋兩税法，徵斂以地肥磽與丁貧富為差。康熙五十一年，特定滋生人丁，永不加賦之例。至雍正五年，乃以丁銀攤入田賦，通謂之地丁。又有耗羡，則於地丁税定額之外而加課者。

漕糧　漕糧徵糧，依水次之便而運輸。惟蘇皖浙鄂湘贛豫齊八省有之，約共四百五十萬石。運儲於京通各倉，供官俸、軍餉之用。道光時，河運大梗，詔江南大吏議海運、視河運費省一倍。自同治十三年，設立招商局，始專用海運。各省亦多改徵折色，惟江浙兩省，則由海運貢本色迄清末。

雜賦　雜賦有鹽課、茶課、蘆課、魚課、牙行契税、田地契税、店舖税、牛馬税，更有旗地租、學田租及公田官房等租。晚年復有房捐、膏捐之屬。

釐金　咸豐三年，金陵失陷。太常寺卿雷以誠幫辦揚州軍務，以餉源枯竭，無計精益，因用烏程錢江議，奏明創設釐捐局。凡經過貨物，均按百分之一抽釐，小本經紀者免。不期月得餉數十萬，於是各省師之，軍興十餘年，餉糈源源不竭，蓋多取資於是。初擬事平後，即行裁撤，然大利所在，卒莫能廢。

關稅　關稅有常關、海關兩種，常關沿明舊制，於水陸衝途舟車商旅會集之地，置關設官以榷商貨，即舊所稱之鈔關、工關。海關亦稱洋關，對於出入海關一定境界之貨物，或商船而課稅者。初康熙二十四年，就沿海貿易省外，設江浙閩粵四關，置海關監督。道光二十二年，與外國訂約，開五口通商，並設關征稅。統轄稅關者為總稅務司，英人赫德自同治二年居此職，歷四十餘年之久。故迄今四十餘海關，皆用洋人作稅務司，稅務官尤以英人為多焉。

五、選舉

科舉制度　晚清選舉之法，仍以科舉為主。聚國子監生及各學諸生，於子午卯酉年，試之於省會，曰鄉試，中試者曰舉人。於辰戌丑未年，以舉人試之禮部，曰會試，中試者天子親策於廷，曰廷試，亦曰殿試。分一二三甲，以為名第之次。一甲只三人，曰狀元、榜眼、探花，賜進士及第；第二甲若干人，賜進士出身；第三甲若干人，賜同進士出身。此文科取士之常制。又有武科之制，則與文科略同，惟試騎步射及弓刀石之類。光緒末，興學之議起，先罷武科，旋停文科，科舉制度始廢。

官吏選授　清以考試為入仕正途，故士子一登科第，便干青雲。舉人有挑取國子監學正、學錄及謄錄、教習與大挑知縣、教職等例。其殿試入選之翰林，有散館及大考、考差諸試。其不入翰林之進士，分別授以主事中書知縣等職。此外又有捐納、薦舉、軍功、任廕、例選諸途，各器冒濫，登進龐雜，吏治所由日壞。

六、學校

官學　清於京師立國子監曰太學，又有宗學、咸安宮學、景山官學、八旗官學等。直省府廳州縣，各於所治立學。晚年學官不復教士，士之入學讀書者，徒有名無實。

書院　書院之設，始於雍正十一年，初於城設置，及後到處設立，皆以講求經史實學，著名於時，後亦寖壞不堪。書院之外，又有社學、義學，由地方官擇延文行兼優之士為館師，實為貧乏無力延師者之教育地，至所學皆以舉業為主。

學堂　清自同治時代，感於興學之必要，於是京師有同文館，上海有機器學堂，福州有船政學堂。光緒中，復有天津北洋大學、上海南洋公學、南京水師學堂、上海廣方言館、湖北自强學堂、廣東時務學堂、浙江求是學堂等，皆新教育之先導。甲午戰後，首辦京師大學堂，以為各省倡。庚子亂後，復令將各省所有書院，於省城均改設大學堂，或高等學堂，各府廳直隸州均設中學堂，各州縣均設小學堂。光緒二十九年，命孫家鼐、張百熙、張之洞會同釐訂學堂章程，頒布全國。三十一年，明詔廢八股，罷科舉，設學部嚴考成。三十二年，宣示教育宗旨，於是全國學堂，始有整齊劃一之系統。

至於武事教育，則各省均有陸軍大學堂、陸軍中學堂，專教普通學及軍事初階。復於京師設兵官學堂，專授軍事學術。北洋、南洋及福建、廣東濱海省分，均設有海軍學堂。

學校統系表

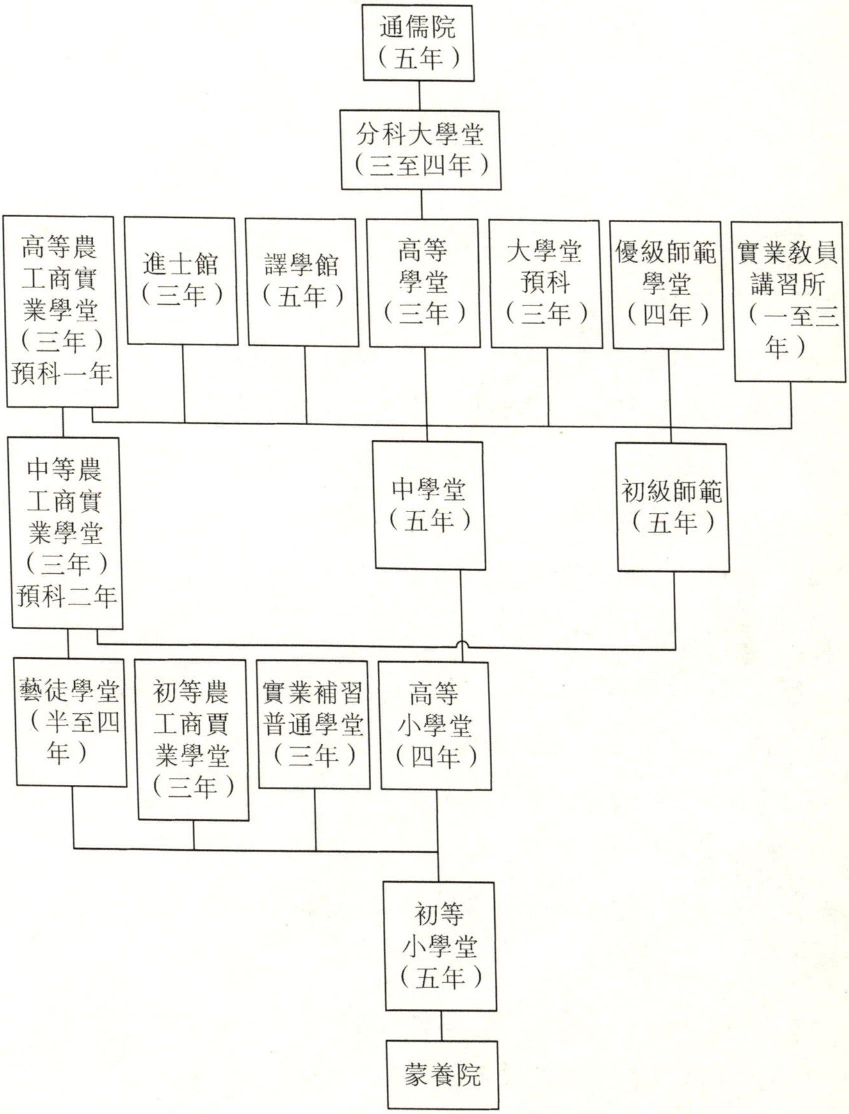
通儒院（五年）
分科大學堂（三至四年）
高等農工商實業學堂（三年）預科一年
進士館（三年）
譯學館（五年）
高等學堂（三年）
大學堂預科（三年）
優級師範學堂（四年）
實業教員講習所（一至三年）
中等農工商實業學堂（三年）預科二年
中學堂（五年）
初級師範（五年）
藝徒學堂（半至四年）
初等農工商賈業學堂（三年）
實業補習普通學堂（三年）
高等小學堂（四年）
初等小學堂（五年）
蒙養院

第十二章　清季之社會狀況

一、宗教

佛教　清制僧徒不得擅度人為徒，故佛教勢不大振。天台、華嚴、法相諸宗，僅存典型。禪宗則雲門、法眼、溈仰、衣鉢，久成墜緒；惟有臨濟一派，遍傳全國。淨土宗則間有傳者。國中寺院，表面雖多屬於臨濟派，其實則為禪淨之合併。本尊則有彌陀、釋迦、觀音、文殊、普賢等。十八羅漢、五百羅漢，亦皆受供奉；尤以觀音之信仰為最深。觀音之靈山以浙江省之普陀山為最著，與山西省五臺山之文殊，四川省峨眉山之普賢，為我國佛教之三大靈地。末流高僧不多見，俗僧或不守清戒，為士大夫所輕。

喇嘛教　喇嘛教為佛教之別派，清室利用之，以羈縻蒙藏，崇奉最為隆重。行於北直山陝蒙古青海西藏一帶，內地奉者甚鮮。達賴、班禪、章佳、哲卜尊丹巴俱稱為活佛，世世呼畢勒罕以救人民。自乾隆中為解決繼立紛爭，特頒金奔巴瓶二，一貯西藏大昭寺，一貯北京雍和宮，用掣籤法定轉生者之眞偽。後世沿用其法，頗收駕馭限制之效。

道教　道教龍虎山張眞人，雖照例敕封，不甚崇信。

回教　回教大抵西部陝甘雲貴諸省，多於東部山左江南等地，在東部者已馴擾等於齊民，在西部者仍強悍時為邊患。[1]

基督教　基督教有新舊兩派，舊派俗稱天主教，新派俗稱耶穌

[1] 此指東部地區回族與漢族交往密切，西部地區保留了較多的民族傳統。——編者註

教。舊教唐時已入中國。新教在清嘉慶十二年，磨利孫（Rev.Robert Morriseon）始傳之入中國。於嘉慶十九年，刊行漢譯新約聖書，於道光三年，刊行舊約聖書。至舊教徒於順治初，以曆算著稱，其傳頗廣。其宣教師曰神父，多法蘭西、意大利、西班牙人。新教徒傳教者為牧師，多英吉利、美利堅人。其始教徒傳教，頗受限制，自道光二十二年，南京條約成，確定布教權。教師往往深入內地，設學校，建醫院，就教育、慈善事業，盡其發展能事。迄今雖窮陬僻壤，亦有教會傳道。

二、禮俗

冠服　滿清入主中夏，盡變古時衣冠，易挽髮為垂辮，改冠巾為頂帽。衣服則長者為袍，為杉[1]；短者為馬褂，為背心（俗曰坎肩）；是為便服。若禮服，則有開襲袍、襯衣（俗稱兩截大褂）、領衣，外襲以褂。有官者，褂皆用補，文武補服不同，各按其品為之。女子冠服，則滿人冠朝帽，服袍褂，漢人則否。婦女有纏足陋俗，晚年，士女又以西裝相尚。

食住　食物因土宜而不同，取之水陸動植，烹調為食品，盡誌其名目，當在數千種以上。晚歲，番菜製法又盛行於通都大邑。住室，內地分草房、土平房、瓦房、樓房四種。房之形式，追歸一致。若蒙古則有毡房，西藏則有碉房，以各適其俗。自開港以來。西法建築輸入，名都巨埠，洋式樓房，接閣連甍。

婚姻　婚姻之禮，各省容有不同，大致延用舊禮。納妾之風，較前代為盛，早婚之弊，亦變本加厲。自泰西文明輸入，通都大邑，間行新式婚禮。即由兩家定期，選擇場所，招致男女來賓，有撫琴、唱

[1] “杉”當爲“衫”。——編者註

歌、演說，略仿歐風，簡而易行。

喪葬　喪葬之禮，在內地則父母既終，子擗踊號哭，婦去笄，治棺含殮，親族皆成服。次夜則戚友俱來，焚楮行禮，會同送路。然後擇定殯引日期，訃告開弔。間有延請僧道誦經，為死者祈福者。或迷信風水，停喪不葬；生者未必蒙福，死者多遭暴露，甚無謂。

祭祀　祭祀之禮，各地多沿古制，自為風氣，惟祭祀祖先，與清明上墳，為各省所通行。若祀神之典，亦深漬於社會。禮式則沿用跪拜禮；然常禮則作揖。晚年始漸用鞠躬禮。

風尚　清自甲午、庚子兩大敗衄，人心警覺。集會結社之風盛，激昂慷慨之氣作，羣衆心理思動，革命潮流漸起。

三、實業

農業　清光緒二十三年（一八九七年），諭各直省督撫，督飭地方官，各就物土所宜，悉心勸辦，以濬利源。農業行政，漸為國重。厥後中央有農工商部，各省有勸業道，設農業學校，辦農業試驗場。羣知舊法當改良，新法堪採用。

工業　道咸以後，鑑於歐美各國，利用機器，代替手工，所製既精，出量亦鉅，翻然有改絃更張之勢。中興名臣，莫不以工業為念，於是江南製造局、福州船政局先後告成，甘肅織呢機器廠、上海機器織布局、漢陽鐵政局，次第成立。光緒末設商部以董理之，旋改為農工商部。宣統時端方且在南京舉行南洋勸業會以鼓勵之，中國之新工業始有進步。

商業　鴉片戰爭以後，與外人正式通商。外人進口貨之大宗為鴉片、棉紗、洋糖、染料。吾國出口貨之重要者為絲、茶、穀物。自光緒二年以降，據海關冊所載，每年進口貨之價值，超過出口貨之價值，或數百萬兩或數千萬兩不等。光緒二十九年，設商部，一掃數千年賤商陋習。以工業製造未精，保護貿易不行，不能與外商相抗。

鑛業　吾國舊日鑛業，殆以洪楊之亂，告結束。中興諸將，厲主效法歐西之政策，開鑛亦為其一端。光緒四年，李鴻章以資本二十七萬兩（至光緒八年增至一百二十萬兩），設開平鑛務局於天津，是為五國以西法開鑛之始。開平之外尚有熱河四道溝之銅鑛，朝陽金廠溝、黑龍江漠河、山東招遠之金鑛，嶧縣之煤鑄，亦皆為李鴻章所提倡。光緒十六七年間，則有張之洞漢陽鐵廠，光緒二十一年時，則有陳寶琛之湖南官鑛局。於是各省之鑛，紛紛開採。當時士大夫言改革者，頗以與外人合資辦鑛為得計，鑛權因多落外人之手。日俄戰後，國民奮起，力圖挽回，爭路爭礦，演為政治運動。外人對於吾國之觀念，亦因之而一變。

交通業　我國交通，向恃驛傳、軍臺、塘，汎三種。鐵路創始於光緒二年，英國商人築淞滬路，清政府以二十八萬五千兩購而毀之。至七年開平煤鑛因謀運輸便利，稟准直隸總督李鴻章，修築唐山至胥各莊鐵路，計長二十里。後因尚不敷用，又延長六十五里至閻莊。十三年總理衙門奏准復由閻莊延長至天津，是為中國自辦鐵路之始。其後歲有修築，如京奉、京漢、津浦、滬寧，諸路，皆相繼通車，商民稱便。迨光宣之交，修築京綏路，毫不假手於外人，實為我路界之特色。航政自同治十一年，由李鴻章奏辦招商輪船局，數十年來，航線始終不出內海。電政自光緒五年李鴻章奏辦津沽線，六年奏辦津滬線，並設電報局於各處。逐漸擴充，南北東西皆可通報。電話自光緒七年，英商東洋電話公司始設於上海租界。至我國官辦電話，則始於光緒二十五年，由電政大臣盛宣懷奏准附設於電報局內，各處相繼安設。光緒三十一年，直隸總督袁世凱購無線電機，置於海圻、海容、海籌、海深，四軍艦上；並於南苑、天津、保定行營設無線電臺，頗著成績。漸推行於上海、南京各地。至遞信機關舊有驛站、信局、鏢局。光緒四年，直隸德督李鴻章，乃命總稅務司英人赫德管理北京、天津、芝罘、上海、牛莊等處郵政局。迨光緒二十一年，始由江督張之洞奏請設立郵政專局，覆奏照准。二十五年正月，設總局於北京，置分局於各省。厥後以次擴充，及於鄉鎮。

四、經濟

財政　清代中央無固有之財源，其用費均出於各省之貢獻。同治年間歲入為六千萬兩，歲出為七千萬兩。光緒初年，出入八千萬兩上下，中年加至一萬萬兩，季年又加為二萬萬兩。宣統元年，又加為二萬六千萬兩。三年試辦預算，計共歲入為三萬零一百九十一萬餘兩，歲出為二萬九千八百四十四萬餘兩。四年立全國預算之基礎，其歲入為三萬五千七十七萬七千四百零八元，歲出為三萬五千六百三十六萬一千六百零七元。我國財政史上之有預算案，此其嚆矢。清季財政機關不統一，金融機關不靈活，影響財政，異常困乏。

外債　清自同治六年，伊犂、天山間回匪亂起，於上海借外債一百萬兩，為外債之嚆矢。其後屢大起借欵，至光緒二十六年，外債遂至五千五百七十五萬五千磅之多。光緒二十七年，拳匪亂後，賠欵之鉅，至四億五千萬兩。後又借欵，約達一六八〇〇〇〇〇〇磅。

國內公債　我國之有內債，自清光緒甲午年募借商欵始，募集一千一百零二萬兩，後作為貢獻金，致失公債之眞。及光緒二十四年，發行昭信股票一萬萬，應募不過五百萬兩，後亦未還本。光緒三十四年，定募集內債一千萬元，結果僅得數萬元。宣統三年，復募愛國公債三千萬元，僅得一百七十萬零八千二百六十五元。總之，清室一再失信用於民，故內國公債不行。

貨幣　清朝錢法，屢經更定。大抵制錢以康乾兩朝所鑄為最，皆取給於滇銅。逮咸豐初，軍旅數起，先後鑄大錢以裕度支。先鑄當十錢一種，後增鑄當五十、當百、當五百、當千數種，又鑄鐵當十錢，鉛制錢，旋先後廢止，僅留銅當十大錢，與制錢並行。然大錢在市，僅作制錢二文。光緒二十八九年間，張之洞督鄂時，首鑄當十銅元，各省繼起。銀幣通常以元寶、中錠、小錁為主。此外又有一兩至二三兩之福珠及碎銀等。自明末卽有外國銀圓輸入（西班牙之本洋、墨西哥之鷹洋），光緒十二年張之洞在粵設廠鼓鑄銀幣，各省相繼設局製造。定銀幣重庫平七錢二分名一圓，次半圓重三錢六分，次名二角重一錢四分四釐，次名一角重七分二釐，次名五分重三分六釐。至於紙幣，通常由銀號錢莊大商店自由發行，通用於附近之地，稱為錢票或鈔票。通商以來，外國銀行紙幣，復通行於各地。晚年大清銀行成立，亦未能收回發行紙幣之權為國有。於是各省官錢局與國家銀行，各印紙幣，發行之。其種類有一元、五元、十元、五十元、五百元者，有一兩、五兩、十兩、五十兩、百兩、五百兩者。

金融機關　清代未設銀行以前，商業界中，金錢流轉，端賴錢莊、票號、銀爐等之金融機關。若新式金融機關，則有銀行。自通商以來，各商埠卽有外國銀行支店。光緒三十年，乃創辦戶部銀行，是為我國政府試辦舉行之始，後改為大清銀行；又有交通銀行。至同時為私人所經營者，有中國通商銀行及浙江興業銀行、由中外合辦者，有華俄道勝銀行、中法實業銀行等。

銀價　順治初，銀一兩值制錢四百文、七百文不等。三年以千錢為定例。雍正初，可易八九百文。七年諭云，嗣後銀一兩止許換錢一千文。道光、咸豐時銀一兩從無千錢以內者。同治六年，各直省銀價，每兩值錢一千五六百文。光緒二十八年，戶部奏請官俸搭放銅元，每銅元百枚（每枚銅元可抵當十錢五個用）抵庫平銀七錢二分。二十九年，又奏銅元搭放官俸，每京平銀一兩，合當十銅元一百三十枚；仍以銅元百枚，抵銀元一枚（庫平七錢二分）。三十二年，庫平一兩，合制錢一千四百文，合當十銅元一百四十枚。及至宣統初年，京師銀價，已漲至銅元一百六七十枚。若以銀兌金，則康熙、乾隆間，金一兩，可抵銀十四兩五錢。嘉慶時，可兌十五兩五錢。道光時曾兌至三十三兩。同治時又曾降至十六兩。光宣之際，每兌至三十八九兩。大抵開港以後，銀價愈來愈貴，皆因外商頻年運貨而來，輦金而去，每年進出口貨相抵，恒絀至數千萬兩之故。

物價　清初物價，已較明為昂。然斗米不過六十文，薪菜之值尤極賤。康熙時則斛米值銀二錢。雍正時每石米價以百文上下為率。乾隆三十五年，斗米值三百五十錢。道光以來，米價極賤時，一斗必在二百文外，昂時或千餘錢。光宣間，一筵之費，至二三十金。

度量衡　度之制凡三：曰律尺，最短；曰營造尺，較長；曰裁衣尺，最長，量衡之制亦不一，量有漕斛、官斛市斛之殊。衡分平、秤、戥三種。平有京平、庫平、漕平之別。秤有官、市、法三者之異。戥亦各各不同，大率民間所用尺、斛、斗、升、平、秤之屬，省與省異，邑與邑異，鄉與鄉異，戶與戶異。至光緒三十四年，始頒行畫一制度。於是度之制凡五，曰營造尺、短尺、摺尺、鍵尺、捲尺。量之制凡六，曰勺、合、升、斗、斛、概。衡之制凡五，曰部庫平、商用平、桿秤、戥秤、重秤（即磅秤）。其推行之序：官用之器，期以二年，商民所用，期以十年。並由部特設一廠，專造度量衡諸器。

中國近百年史上卷終

下卷

孟世傑　編

第三編　共和時期

（民國元年迄今日）

第一章　民國成立以後之新猷

一、南北統一與建都問題之解决

孫文辭職，袁世凱被舉為臨時大總統　先是清帝尚未退位時，孫文曾提出最後協議條件，由伍廷芳轉告袁世凱。其中要點凡三：(一)袁世凱須宣布政見，絕對贊同共和。(二)孫文辭職。(三)由參議院舉袁世凱為臨時大總統。清帝退位時，復命袁世凱以全權組織臨時共和政府，與民軍協商統一辦法。迨清帝退位後，袁世凱即電南京臨時政府，宣布政見，絕對贊同共和主義。於是臨時大總統孫文，於民國元年（一九一二年）二月十三日，提出辭職書於參議院，並薦袁世凱以自代。二月十四日，孫文復親蒞參議院陳述詳細情形，院議可决。二月十五日，參議院遂開臨時大總統選舉會，十七省代表一致舉袁世凱為臨時大總統。尋臨時副總統黎元洪亦電參議院辭職。二月二十日，參議院開臨時副總統選舉會，黎元洪亦得全場一致之票，仍當選為臨時副總統。

臨時政府建都地點爭執與北京兵變之關係　先是臨時大總統孫文辭職書，即有速舉賢能，來南京就事之文，並附有辦法三條：(一)臨時政府地點，設於南京，各省代表所議定，不能更改。(二)辭職後，候參議院舉定新總統，親到南京受任之時，大總統及國務各員，乃行辭職。(三)臨時政府約法，為參議院所制定，新總統必須遵守；頒布之一切法律章程，非經參議院改訂，仍繼續有效。當經參議院於民國元年（一九一二年）二月十四日，開會討論。有主張臨時政府地點改設北京者；討論結果，用投票表決法，多數可決，定臨時政府地點於北京。二月十五日，臨時大總統孫文，以北京舊勢力太厚，不便定都，咨交覆議；參議員之大半，乃自翻前議，投票取決，多數改主南京。建都問題既決，同日開臨時大總統選舉會。袁世凱既當選，臨時政府因派蔡元培、汪兆銘等，歡迎袁世凱南來。二月二十六、二十七兩日，蔡元培、汪兆銘先後至北京，面袁世凱；袁謂正籌北京之布置，迄未表示拒絕南來之意。至二十九日夜，北京忽然兵變，焚燒東安門外及前門外一帶，火光燭天，搶掠達旦，商民被害者數千家。蔡等所居之宅，亦有亂兵持槍闖入，蔡等皆越牆而逃，始免於難。三月一日，天津、保定之軍隊，亦尤而效之。自是袁世凱勢難南下，蔡等亦不能相強。三月二日，蔡元培等連電臨時政府及參議院，速籌善策，以滿南北之望，而救危亡。當時臨時政府，有電黎副總統來甯代袁世凱行宣誓禮之議；又有如黎不能來，即將臨時政府移於武昌之文：參議院大反對之。隨於三月六日，議決辦法，電達袁世凱，允其在北京就臨時大總統職，並電傳誓詞於參議院。於是臨時政府建都地點之爭執，竟隨北京兵變而化去。

二、《臨時約法》之宣布與新內閣之成立

參議院宣布《臨時約法》　民國草創之先，由代表會訂定臨時政府組織大綱，南京臨時政府組織，蓋皆本之，嗣以大綱中規定召集國會限期六個月，勢須展緩，而根本法上之人權，又不得不迅速規定。乃修改臨時政府組織大綱，而為《臨時約法》。其重要之改訂，即臨時政府組織大綱採美之總統制，而《臨時約法》則採法之內閣制。《臨

時約法》經起草二次，會議亘三十二日，自二月七日開始，至三月八日全案告終，即行宣布。三月十一日，臨時大總統孫文公布之。都凡七章、五十六條，確立三權鼎立之定制，為中華民國憲法之權輿。

唐紹儀新內閣成立，南京臨時政府北徙　臨時大總統袁世凱既受職，依約法須任命國務總理組織新內閣。乃提唐紹儀為國務總理。三月十日，經參議院之多數同意，遂特任唐紹儀為國務總理。三月二十五日，唐紹儀來甯組織新內閣，有設十二部之議。嗣經參議院議決為十部。三月二十九日，國務總理唐紹儀出席參議院發表政見，提出各部總長名單，請求同意。外交總長陸徵祥、內務總長趙秉鈞、財政總長熊希齡、陸軍總長段祺瑞、海軍總長劉冠雄、司法總長王寵惠、教育總長蔡元培、農林總長宋教仁、工商總長陳其美、交通總長梁如浩。參議院投票表决，除梁如浩外，餘均多數同意。三月三十日，以大總統命令正式任命，並以國務總理唐紹儀兼任交通總長，唐內閣遂成立。四月一日，臨時大總統孫文蒞參議院解職，參議院尋於四月五日，議决臨時政府移於北京，南京臨時政府遂告終。翌日，施肇基總長交通案，亦經參議院多數同意，唐內閣遂完全成立。自後參議院移設北京，議員亦依約法增額，並改成民選。

三、政黨競爭與內閣更迭之關係

政黨之組織　立憲國政治，無不以政黨為活動中心。清季預備立憲，有資政院之設，於是憲友會、憲政實進會，應運而生。迨民國成立，政黨有三：

（一）同盟會。同盟會在前清為革命黨之機關，入民國即變為政黨。以鞏固中華民國、實行民生主義為宗旨。孫文為總理，黃興為協理，宋教仁、汪兆銘等為幹事。以有十數年之歷史，故黨基甚固。

（二）共和黨。共和黨係由章炳麟、張謇發起之統一黨，憲友會化身之國民協進會、湯化龍等之民社暨其他小黨，在臨時政府移至北京時合併而成。以國權主義相揭櫫，與同盟會之主張民權者相反對。舊官僚之不滿意同盟會者多入之。

（三）統一共和黨。統一共和黨亦發軔於南京政府時代，以蔡鍔、王芝祥等為總幹事，彭允彝、殷汝驪、歐陽振聲為常務幹事。黨勢不如同盟會、共和黨，而主張及行動則折中該兩黨之間。所抱之民權主義，與同盟會接近。

內閣之更迭與內閣制之動搖　先是唐紹儀因南北統一之勢，組成各黨混合內閣，閣員雜糅不一致，內閣職權不易行。同時總統府又與內閣爭權，內閣制度根本動搖，唐紹儀遂棄職出京，時民國元年（一九一二年）六月十五日。同盟會閣員尋皆辭職，唐內閣瓦解。於是同盟會盛倡"政黨內閣"之說，以為非此不能達責任制度之目的，而共和黨則揭櫫"超然內閣"主義，祇論才不才，不論黨不黨，以相抵制。府方以陸徵祥無黨籍，乘機以擬任陸為國務總理之同意案，提出於參議院。參議院多數投同意票，陸徵祥遂於六月二十九日，得任命為國務總理。七月十八日，陸徵祥到院宣布政見，鄙意俚詞，不滿人意，且所提閣員，皆承總統意旨。翌日參議院遂將其所提六國務員一律否決，尋復彈劾陸總理失職。七月二十三日，陸總理又另提出閣員，倖邀通過。陸徵祥知難，稱病不出，請假再三，遂以內務總長趙秉鈞代理國務總理。直至九月二十四日，始任命趙秉鈞為國務總理。蓋其時孫文、黃興已相繼入京，竭力交歡袁氏，孫委身專營鐵路事宜，黃贊成代理內閣即眞。又同盟會與統一共和黨，已於八月間，合併為國民黨，其勢足以左右參議院，故由陸內閣遞邅為趙內閣，閣員並無變動，在參議院中得以安然通過。唐內閣迄趙內閣凡三易，唐內閣不滿百日，富於積極進行氣象；陸內閣為期益促，未有所表見；趙內閣最久，迄民國二年（一九一三年）三月，始因宋教仁被刺案（詳後）稱病不出。

四、國會之開幕與政黨之變遷

國會之組織　民國《臨時約法》，限約法施行後十個月內，由臨時大總統召集國會，由國會制定憲法，選舉正式大總統，繼續統治。元年八月，公布國會組織法及選舉法，以衆議、參議兩院組織民國議會。二年一月十日，發布正式國會召集令。四月八月[1]上午十一時，參衆兩院議員，齊集新築衆議院會場，行國會第一次開會禮。中外人士，多來觀禮，為民國建設以來第一次盛會。

國會成立與各國承認之關係　民國基礎，奠安於國會成立；民國國本，鞏固於列强承認。蓋必有國會而後共和政體始完全成立，共和政體完全成立，而後國際地位不可動搖。故國會成立之日，巴西卽令其駐日大使，通告中國駐日代表，轉電國務院，承認中華民國。及四月二十六日，參議院選舉張繼為議長，王正廷為副議長；衆議院以二十八日選舉湯化龍為議長，三十日選舉陳國祥為副議長。美國隨於五月二日，由公使呈遞承認之國書；同日墨西哥，翌日古巴，五日秘魯，亦各相繼承認。是可知國會成立，實為列强承認之關鍵。亦卽民國政府所由卓立於世界。

國會開幕以後政黨之新形勢　先是元年八月間，同盟會統一共和黨，合併為國民黨，握有參議院絕對多數之權，及國會議員總選舉結果，國民黨議員號稱五百人，在參衆兩院皆占絕對多數，政府暨其他

[1] “月”應爲“日”。——編者註

各黨大駭。時共和黨員不足三百人；建設討論會改建之民主黨（本淵源於前清時代各省諮議局聯合會），議員不足百人；與政府有特別關係之統一黨（為合併共和黨時之殘餘部分），議員纔二三十人，及議員至京時，始驟增至百餘人。三黨雖合為一黨，尚虞非國民黨之敵，於是國會開幕之後，三黨遂合併為進步黨。惟不久國民黨、進步黨各分裂為數派，黨勢皆不振。及國會廢止，各政黨更無活動之餘地；所謂政黨者，多名存實亡。

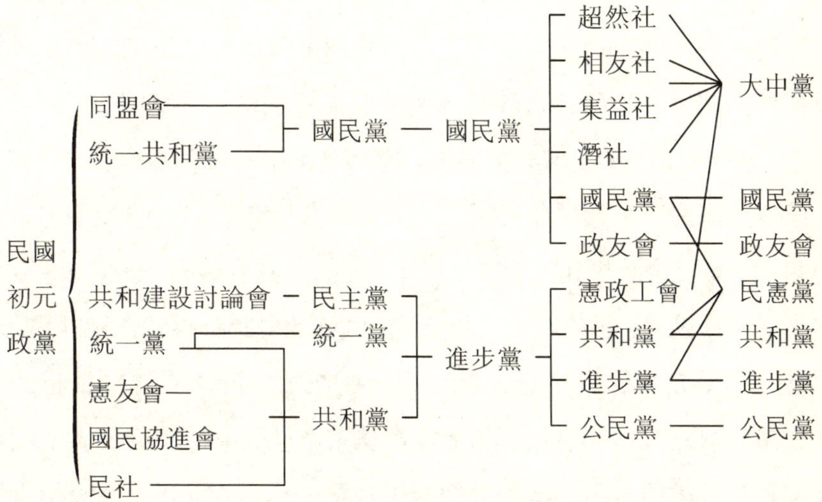

第二章　二次革命及其影響

一、二次革命之原因

宋教仁暗殺案　宋教仁為國民黨理事，富建設才。民國肇造，儕於元勳之列。在南京臨時政府時代任內務，及臨時政府北移，又長農林。為政黨內閣主義之首倡者。以為內閣必須由政黨組織，始能發揮責任內閣制度之精神。自政黨內閣主義格阻不得行，翩然下野，沿江而東，至湘、鄂、皖、甯、滬各地，宣傳其主張，以表暴政府之短，因為政府所深忌。民國二年三月二十日，下午十時，宋教仁擬乘滬甯車赴南京，轉附津浦車北上。方欲登車，突被人開鎗轟擊，彈中腰部。至二十二日晨逝世。嗣於二十三日之晚，由英捕房於英界捕獲應桂馨，卽應夔丞，為是案謀殺犯之一。廿四日由法捕房於法界應宅捕獲武士英，卽吳福銘，為以手槍刺宋者。尋檢察應桂馨家所搜獲證據，知內務部秘書洪述祖，又為是案之間接謀殺犯，然實係受內務總長趙秉鈞所賄囑，有草據可證。至趙秉鈞則犂認為係受袁大總統密論，以行事者。國民黨因是譁然，二次革命之原因伏於此。洪述祖於應武破獲後，經政府通電嚴拿，然已潛逃赴青島。雖由青島德官捕獲，而不允交回訊辦。未幾，武士英亦暴死獄中。其後應夔丞乘滬上亂事之隙而逃，至三年一月間，在京津火車中，被刺身斃。是時趙秉鈞督直，未幾亦暴卒。及袁氏歿後，洪述祖漸出沒於津滬間；至八年，始就捕；解京預審，卒判死刑。蓋歷六七年之久，而後此案中人，同歸於盡。其影響所及，為南北兵爭之始，洵民國以來一巨案。

善後大借款問題　民國初年財政情形，非借外債，無以圖存，非舉內債，無以補苴，非大借外債，無以為財政上根本整理之計。乃復時變紛乘，大局震撼，用費驟加，財源愈涸。故民國元二三年，舉外債至四萬萬元，舉內債至一萬萬元。惟借欵事件，始終受扼於銀行團。先是清宣統二年（一九一〇年），成立美、英、法、德四國銀行團。及民國元年六月，日、俄兩國亦加入，成立六國銀行團。六國政府以是等借欵，非以利息為目的，實以政治上之權利為目的，合議必得財政上之監督權。先後由我國總理唐紹儀、財政總長熊希齡，竭力折衝，六國不惟堅持監督借款用途主張，且增加監督鹽稅條件，大借款自然不能成立。當時美國政府，以銀行團既要求中國財政監督權，又不准中國於銀行團外借款，為妨害中國政治獨立。乃於民國二年三月二十日，宣告退出銀行團。由是六國銀行團，變成五國銀行團。美國復聲明以後不供給中國政治借款，惟自由投資經濟借欵。於是五國大為震驚，因之態度一變。又借欵交涉，延亘一年有餘，空費金錢已逾百萬；且買入銀塊過巨，若借款不成，損失殊多。至我國政府則以自宋案發生後，南方各省有反抗中央之勢，必大借欵成功，始足以鎮定內亂，故更努力向銀行團交涉。有此種種原因，大借欵契約，遂以民國二年四月二十六日，在北京簽押。約文共二十一欵就中主要者如下：

一、中國政府，借銀行二千五百萬金鎊，為善後及行政之用，名為中國政府一千九百十三年善後五厘金幣借款。

二、中國鹽務收入，除擔保從前借欵之債務未清還者外，所有中國鹽務收入之全數，為擔保此項借欵之用，此項借款之全部未清還以前，則鹽務收入，為此借款之獨占優先權。

三、中國政府承認將中國鹽稅之征收辦法整頓改良，並用洋員以資襄助。

國會反對善後大借款合同備案之風潮　先是臨時參議院時代，凡政府提出借款案，無不悉予贊成；政府於立約簽字之先，亦無不將交涉情形，報告於參議院，徵求同意。至二年四月二十六日，政府與五國團締結善後借款合同，僅咨請國會查照備案，遂生違法借款問題。蓋以宋案發生後，國民黨員愈不與政府合作，倘交議必受激烈之反對。而南方數省聯合，反抗中央之局已成，大借款若不速成，將來事變發生，不惟無大宗之軍費，且失五國之外援，故政府不避違法之嫌，出此離奇舉動。參議院、衆議院，對於政府提出彈劾案，內閣總理趙秉鈞、財政總長周學熙，因是免官，大借款風潮，遂為無結果中之結果。

二、二次革命之經過

贛寧之役　先是孫文下野，黃興呈請撤消南京留守。民黨中江西都督李烈鈞、安徽都督柏文蔚、廣東都督胡漢民，每不滿意於政府之措施。善後大借款案，反對政府尤力。政府銜之，於民國二年六月間，相繼罷其職。政府慮其不奉命，或竟致聯合反抗，為先發制人之舉，遣駐鄂北軍司令李純，馳兵扼駐九江之沙河鎮。既而三都督遵令解職，寂然無所動。而政府注意江西，赴贛之師，仍連翩而至。及七月八日，前贛督李烈鈞，由滬抵湖口，約會九十兩團，密謀舉事；並調集輜重工程兩營，分扼要隘；勒令各臺官交出礮臺，歸其佔領，十二日駐德安贛軍旅長林虎所統之軍隊，突豎討袁軍白旗，向李純軍攻擊。歷戰一晝夜，林軍死傷較多。同時湖口宣布獨立，由省議會推李烈鈞為江西討袁軍總司令，歐陽武為江西都督。黃興又於十四日，由滬抵寧，召集第一、第八兩師軍官會議，挾制都督程德全於十五日宣布獨立，居中策馭，並分兵由津浦路專車至徐州，會同駐徐州第三師冷遹軍隊，防禦北兵南下。而令陳其美在滬起兵，圍攻上海製造局。安徽則受湖口、南京影響，亦於十七日宣布獨立，柏文蔚由寧旋皖組織安徽討袁軍。廣東則於十八日，由都督陳烱明宣布獨立。福建則都督孫道仁，從師長許崇智之請，於二十日宣布獨立。湖南則都督譚延闓，於二十五日宣布與政府斷絕關係。是為二次革命。

革命軍之消滅　自李烈鈞舉兵湖口，黃興入據南京，政府急於七月十六日，命段芝貴為第一軍軍長，馮國璋為第二軍軍長，率師南下，分赴贛甯討之。政府因討袁軍自命為民軍，而目政府軍為袁軍，遂自號政府軍為國軍，而目討袁軍為叛軍。國軍之名自此始；然國人仍通稱國軍為政府軍，叛軍為革命軍。政府軍以李純扼守九江，鄭汝成保衛上海製造局，與海軍總司令李鼎新互相犄角。又以倪嗣冲為安徽都督、龍濟光為廣東都督、張勳為江北宣撫使，俾各自為戰。尋南京革命軍內訌，檄所屬臨淮關之第八師，還寧防守。其於徐州與政府軍對壘之冷遹軍，因後路空虛，退守臨淮關。而江西之湖口，復由段芝貴之第一軍會同湯薌銘之艦隊，於七月二十五日佔領，革命軍之勢大衰。徐州冷遹之軍，自七月十一、十二日，為靳雲鵬所率之第五師與張勳之江防軍，驅向浦口南退。上海陳其美、鈕永建、居正等，則於七月二十三日起，繼續攻製造局數次，迄二十九日不能攻下，遂退至吳淞及寶山一帶駐紮。自是寧垣聲援盡絕，黃興潛走。南京軍隊，取消獨立。安徽則於八月七日，逐柏文蔚，取消獨立，並促倪嗣冲赴任。八月十三日，攻上海製造局之軍，復棄吳淞砲台而逸。至八月十八日，政府軍入南昌，李烈鈞率敗兵數百，向上游走避，江西克復。又八月八日，何海鳴入南京復宣布獨立，與政府軍血戰十餘日，直至九月一日，張勳江防軍始入南京。廣東獨立未久，陳烱明即被逐，走香港。其部下爭為都督，紛亂無寧日，龍濟光乘之，率軍入粵。福建、湖南兩省，則以各方革命軍不利，由孫道仁、譚延闓先後撤銷獨立。據重慶之熊克武，因川滇之師會攻，未幾即潰散。於是二次革命軍全平。

二次革命失敗之影響　二次革命軍失敗後，舊勢力支配全國，發生惡劣影響數事：一為國民黨失勢，不能監督政府，馴至共和國家，無政黨活動。二為袁世凱威令四行，遂啟其帝制自為之念。三為北洋軍隊駐防全國，遂呈異日軍閥割據之漸。四為人民心理傾向舊的方面，使社會進步遲滯。

第三章　正式總統之選出與國會之解散

一、熊內閣之組織與正式總統之選出

熊希齡組閣之經過　先是宋案發生，趙秉鈞避居團城，稱病不視事；而繼任總理難得其人，以陸軍總長段祺瑞代理國務總理者，亘兩月之久。是時國民黨無組織內閣之希望，進步黨擁熊希齡組閣。民國二年七月三十一日，袁大總統遂持任熊希齡為國務總理。九月十一日，熊內閣閣員始正式任命：外交總長孫寶琦，內務總長朱啟鈐，財政總長國務總理兼任，陸軍總長段祺瑞，海軍總長劉冠雄，教育總長汪大燮，司法總長梁啓超，農商總長張謇，交通總長周自齊。九部中除自行兼任之財政及教育、司法、農商外，餘皆非熊系人物；即教育、農商汪、張二總長，時人尚謂含有別項性質。與熊內閣攜手者，惟司法總長梁啓超一人。熊內閣成立，恃國會為後援，各黨適於此時皆表示擁護，冀其劃清總統府與國務院權限。造成法治國。

先舉總統後制憲法之定議　民國肇造，由臨時政府組織大綱，發生臨時大總統，而臨時政府以成。嗣修改臨時政府組織大綱，為《臨時約法》，以制定憲法之權畀國會。國會既開，即視制定憲法，為惟一不二之職務。正式大總統，當然發生於憲法制定之後。所謂先舉總統後制憲法之議，當國會開幕之初，雖一時倡之者有人，然以理論上艱於主張，未幾寂然。自贛寧役後，應事實上之要求，此議復活。其始各黨派尚各持一是，後漸趨於大同。於是九月五日，議院多數通過先舉總統之議。提前起草憲法一部分之大總統選舉法。規定中華民國大總統任期五年，如再被選，得連任一次。大總統缺位時，由副總統繼任，至本任大總統期滿之日止。

袁世凱當選為正式大總統　十月六日，國會議員，依大總統選舉法，組織總統選舉會，投票三次，袁世凱始當選為中華民國第一次正式大總統。是日自晨八時，開始選舉，至下午十時始畢事。有自號公民團者數萬人，整齊嚴肅如軍伍，包圍衆議院數十匝，迫即日選出所屬望之總統；否則靳選舉人，不令出議院一步。直至袁世凱當選之聲傳出，各公民皆呼大總統萬歲而去。翌日，黎元洪當選為副總統。十月十日，正式大總統袁世凱就職於清宮之太和殿，正式政府成立，各國皆承認民國，始與各國恢復前清之外交狀態。

二、憲法草案之風潮與國民黨國會議員之撤消

政府爭憲法公布權　大總統選舉法制定，憲法會議，循各國通例，逕以憲法會議名義，直接宣布。政府以憲法完全由憲法會議制定，行政部並公布權而無之，無由持其短長。惟預備正式大總統於國慶日就職，為期甚迫，若爭議恐選舉延行，不能如期就職。及大總統既選出就職，始咨憲法會議，爭憲法公布權。

天壇憲法草案之制定　正式國會成立後之重大問題，為憲法制定與正式總統之選舉。正式總統既以時勢之要求，先於民國二年十月六日選出。憲法起草委員，亦於同年十月十四日，將憲法草案脫稿。十月三十一日，經憲法起草委員會開三讀會，完全議決成為憲法案。蓋憲法起草委員會成立未幾，即逢二次革命，國民黨失敗，起草委員六十人中之屬於國民黨者，不過八人，以黨勢凋落，自不能堅持其主

張；他黨亦為環境所迫，態度略為緩和。故憲法草案，得由各黨妥協折衷，速告成立。惟該憲法係在天壇祈年殿起草，故世每稱之為天壇憲法。依憲法草案所規定，行政部有緊急命令權，及臨時財政處分權。即在君主國之憲法，亦係罕見之條文。我國會準諸國情，不憚如政府之意盡以予之，惟採用責任內閣制度，冀其實施，不得不倣英、法慣例，保留約法上之同意權，國務員之不信任投票，審計員之由於選舉，此等重要之點，皆與責任內閣制度相需而成，非立法機關權限特別擴張，且憲法上行政部自由活動之範圍，較諸各共和國不啻倍蓰。此亦事實上不容或掩者，乃袁大總統必期盡如己意而後已，先要求派遣八委員列席憲法會議及憲法起草委員會陳述意見。起草委員拒絕之。十月二十五日袁大總統遂通電各省軍民長官，反對憲法草案。

國民黨國會省會議員之撤銷及其影響　自袁大總統通電反對憲法草案，各省都督、民政長、鎮守使、師長、旅長等，皆攘臂瞋目而議憲法。大抵於憲法草案之內容，略而不言，惟主張解散國民黨、撤銷國民黨議員、撤銷草案、解散起草委員會、解散國會等辦法，為根本推翻之計。二年十一月四日，袁大總統遂下令解散國民黨，撤銷國民黨國會議員。追繳議員證書、徽章，參衆兩院，遂以不足法定人數，不能開會。國會機能全失。旋又下令取消各省議會國民黨籍議員，地方立法機關，亦陵夷澌滅。

三、內閣制之推翻與國會、省會之解散

熊內閣之厄運與政治會議之組織　先是熊希齡內閣成立，草就大政方針宣言書，方擬列席國會宣布，忽值撤銷國會議員，兩院皆不能開會，於是政府有政治會議之組織。政治會議原為行政會議，行政會

議為熊內閣召集。由各省行政長官派遣之委員組織之，欲藉以施行大政方針者。至是政府以國民黨議員，不可信任，兩院復同時失其效力，擬另組一機關，為立法施政之樞紐，因就行政會議改組政治會議。二年十二月十五日，政治會議開會，熊內閣隨將大政方針宣言書，交政治會議審議，熊總理並蒞會為詳細之陳明。然廢省問題，大遭政治會議之反對，並受會議委員之種種揶揄，內閣大政方針不行。

約法會議之成立與內閣制之告終　二年十二月十八日，袁大總統諮詢政治會議以增修約法程序。三年一月十日，政治會議呈稱：經各議員一再討論，僉以為宜於現在之諮詢機關及普通之立法機關以外，特設造法機關，以改造民國國家之根本法。袁大總統當即如議進行，令政治會議妥擬此種造法機關組織條例。政治會議旋於三年一月二十六日，議決約法會議組織條例由大總統公布之。此時告餼之熊內閣，以總統制之說出，內閣根本上不能存在，又因財政窮於應付，不得不辭職。二月十二日，袁大總統准國務總理熊希齡辭免本官，特任孫寶琦兼代理國務總理，熊內閣遂倒。教育總長汪大燮、司法總長梁啟超，皆以連帶之故，依願免官。農商總長張謇獨留。尋新約法成，實施總統制，廢國務院，內閣制度亦告終。

國會省會之取消　先是政府褫奪國民黨籍兩院議員資格，國會於事實上已不能成會。其殘留之議員，雖皆非國民黨，然異口同聲決不承認此項非法之命令。尋由兩院各提出嚴重之質問書，送達政府。乃政府對於兩院質問書，置之不理。未幾各省都督、民政長、黎元洪等，卽有呈請遣散國會殘留議員之聯電。二年十二月十八日，大總統據交政治會議，迅速討論具覆。尋政治會議於三年一月四日議覆，認原電所請為正當辦法。於是大總統宣布停止兩院現有議員職務，並布告理由。三年三月二十八日，復以政治會議議決“省議會不宜於統一國家，統一國家不應有此等龐大地方會議”為理由，解散各省議會。從此中央暨地方立法機關，完全消滅。

《臨時約法》之取消與新約法之頒布　三年二月十八日，約法會議正式開會，選舉孫毓筠為正議長、施愚為副議長。議員除浙江、廣東、雲南應各另選一人外，共五十七人。於是由會議議決後，將修正約法，於五月一日公布，定名為《中華民國約法》。凡十章六十八條，較原約法增改頗多，其要者即變內閣制為總統制。民國元年三月十一日臨時約法，即於本約法施行日廢止。

袁總統擴張權勢之步驟　自袁世凱就職臨時大總統以後，中央政府日益鞏固，元首行政權日益擴張。嘗試尋其跡，可分數步：第一，在南京臨時政府時代，曲意交歡民黨，使不疑已，陰用策略使之畏服。第二，在北京臨時政府時代，挾金錢、軍隊之勢力，以高壓南方，收戰勝民黨之效。第三，正式政府成立以後，在中央則巧立機關，藉供運用，在各省則遍駐防軍，以資控制，從此袁系勢力，偏植全國，統治權集於一身，無所施而不可。

第四章　蒙藏事變與俄英干涉

一、外蒙古之獨立與俄國之干涉

外蒙獨立之原因及其經過　清廷對於蒙古向用羈縻政策，僅置庫倫辦事大臣、烏里雅蘇台將軍、科布多參贊大臣以鎮撫之。及宣統二年（一九一〇年）二月，庫倫辦事大臣三多舉辦新政，於庫倫一城。新添局所二十餘處。所有各機關經費，悉數責令蒙古供給。蒙民莫名其妙，但覺負擔日增，各王公疑懼益甚，於是始有叛清之志。宣統三年（一九一一年）五月，庫倫哲布尊丹巴呼圖克圖藉會盟為名，招集外四盟在庫倫密議獨立事，遂密遣親王杭達多爾濟，二達喇嘛車林、齊密特等赴俄求保護，並許以利權。十月，迫令三多帶同文武官員暨馬步兵隊趕速出境，不准逗遛。三多無抵抗之力。至十五日，俄領事署派兵十餘名，護送三多等出境，前往恰克圖，取道西伯利亞回京。至十九日，哲布尊遂行登極禮，稱大蒙古國，以共戴為年號。設立政府，以二達喇嘛車林、齊密特為內閣總理，其下設內務、外交、兵務、財政、司法五部，並立上下兩議院。其後烏里雅蘇臺及呼倫貝爾亦相繼獨立。

外蒙獨立和解之困難　外蒙獨立之初，事起倉卒，無兵無餉，本不足平。值清民兩政府交替之際，俄人援助外蒙，故民國元年（一九一二年）二月間，袁大總統迭電哲布尊丹巴，反覆曉以利害，勸其取消獨立，活佛迄不奉命；民國政府，亦不敢輕易派兵征蒙。俄則承認外蒙獨立，並阻我往征，而以兵力、財力協助之。延至民國元年九月，俄密派前駐京公使廓索維慈前赴外蒙，勸誘訂定蒙俄協約如下：

（一）俄國政府扶助蒙古，保守現已成立之自治秩序，及編練國民軍。不准中國軍隊入蒙境，及以華人移殖蒙地之各權利。

（二）蒙古主及蒙政府准俄國屬下之人及俄國商務，在蒙古領土內，照舊享用此約所附專條內各權利及特種權利。其他外國人，自不能在蒙古得享權利，加多於俄國人在彼得享之權利。

（三）如蒙古政府以為須與中國或別外國立約時，無論如何，其所定之新約，不經俄國政府允許，不能違背或變更此協約及專條內各條件。

此約簽定後，同日卽有《商務專條》十七欵之訂定。依此專條，俄人所得之權利，實足令人驚駭。摘其大要如後：

一、俄人在蒙古無論何地，有自由居住、移動及經營商業之權。

二、俄人運貨進口、出口完全無稅。

三、俄人在蒙古有開設銀行之權。

四、俄人在蒙古無論何處，有租地、購地及建造房屋、開墾耕種之權。

五、俄人得在蒙古享用鑛產、森林、漁業及其他各事項。

六、俄人在外蒙隨地可設領事。

七、凡通商地設立貿易圈，為俄人營業居住之用。

八、俄人在外蒙有設立郵政及郵站之權。

九、俄人有享用台站之權。

十、俄人有航行、外蒙各內河之權；並得使用沿岸地段與沿岸居民貿易。

十一、俄人得在水陸各路行走，並得建築橋梁、渡口，向使用該橋梁、渡口者收捐。

十二、俄人牲畜經過之地，地方官有供給牧場之義務。

十三、俄人得在外蒙割草魚獵。

由此觀之，外蒙農工商各種事業，無不為俄人所吸收，實未嘗稍留絲毫之餘地。但蒙古為我國領土之一部分，與他國訂立條約，按之國際公法當然無效。

二、中俄交涉之經過與協約之簽押

中政府之抗議　自民國元年十一月二日，俄與外蒙私訂條約後，為我政府所聞。是月七日，以公文致俄使庫朋斯齊（Kroupensky）提出抗議。俄使屢次聲言："如能承認俄蒙協約，便可締結中俄條約。若中國不允，俄國亦無改訂中俄條約之必要。"態度至為頑强。外交總長梁如浩以交涉棘手，棄職而逃。政府起陸徵祥為外交總長，與俄公使開談判。自元年十一月三十日起，至二年五月二十日止，陸徵祥與俄使會議十數次，訂成《中俄協定》六欵，以代替《俄蒙協約》；而以俄蒙附約《商務專條》十七條條文為附件；俄國允將原約"蒙古"字樣，改為"外蒙"，"蒙古政府"字樣，改為"蒙古地方官"。我政府提交國會求通過，原案得通過於衆議院，而參議院將原案否决，俄使聞之，因亦推翻前議，取銷草約，另提出條件大綱四項，較原訂六款，條件尤苛。外交總長陸徵祥因之辭職，會議遂暫行中止。

中俄聲明文件之簽押　自俄使取銷前議，停議二閱月，外交總長孫寶琦抵任後，始仍與俄使開議。前後會議十次，議定聲明文件五款，附件四款。旋於十一月五日簽押，六日互換，二十二日公布。政府以此件并非條約，迄未交國會决議。玆將要點錄後：

一、俄國承認中國在外蒙古之宗主權，並承認外蒙古土地為中國領土之一部分。

二、中國承認外蒙古之自治權。

三、中國承認外蒙古有自行辦理內政，整理本境一切工商事宜之專權。並不派兵駐外蒙古及安置文武官員，且不辦殖民之舉。

四、中國聲明承受俄國調處，按照以上各欵大綱，以及俄蒙《商務專條》，明定中國與外蒙古之關係。

三、西藏之獨立與英國之干涉

西藏獨立之原因及其經過　自西力東漸，英略印度，俄進西伯利亞後；西藏適介其間，遂成二國交爭之地。故西藏問題之遠因，來源甚遠。論其獨立之近因，則由清末駐藏副大臣聯豫之誤藏，與達賴十三之外向。聯豫自清光緒三十一年（一九〇六年）入藏後，奏辦新政，奏習新軍，着手成立兩營；卒以疑忌同僚，妄指標統徐方詔為行刺，竟縛而殺之，練兵事遂中止。及清宣統元年（一九〇九年）十月，達賴十三自北京歸，欲謀叛。聯豫復奏調四川陸軍協統鍾穎，帶一混成支隊千餘人入藏。達賴視其前後舉動，極抱不安，又見大兵到藏，遂於宣統二年正月三日，逃往英屬之大吉嶺。聯豫聞之，貿然奏請將達賴尊號革去，英人反乘機庇護達賴以結其心。從此藏人對中英心理狀態，為之轉換。後聯豫覺悟，派參贊往迎達賴，達賴猶疑不敢回。陸軍在藏，又不守紀律，所有槍彈，多暗賣於藏番之手，藏番乃有軍械。辛亥國內革命消[1]息傳到拉薩[2]，駐藏軍隊，遂於夏曆九月二十二日譁變，肆意剽掠。藏民乃蠭湧而起，仇殺漢人。駐藏軍隊不能抵禦，悉被驅逐出境。達賴遂乘機急返拉薩，宣告獨立。

川滇兵征藏與英公使之抗議　達賴十三返拉薩後，嗾令藏番東侵；巴塘、裏塘相繼陷落，進至於打箭鑪。大總統袁世凱乃命四川都督尹昌衡為征藏總司令，率川兵進剿。雲南都督蔡鍔亦派軍協征西

---

❶ 作者此處“辛亥國內革命”相較於國際而言，通篇來看，作者認為中央政府對西藏擁有絕對的主權。——編者註

❷ “拉薩”前文有作“剌薩”。——編者註

藏，由殷承瓛司令督率進剿。元年七月，川滇軍連敗藏軍於裏塘、巴塘之間，藏兵漸返藏境。川滇軍得勢之餘，方期再厚軍實，直進西藏；以軍械不足、戰費無着，徘徊邊境不能進。至民國元年八月十七日，英公使朱爾典忽向我政府提出抗議：謂不得干涉西藏之內政，不得派兵進西藏，否則不承認民國政府。我政府以國力衰弱，不敢駁斥，對於西藏，遂改剿為撫。旋恢復達賴十三之舊封號——誠順贊化西天大善自在佛；改任征藏司令為川邊鎮撫使，征藏軍以此取消。

四、西藏與外蒙之聯絡

西藏與外蒙聯絡之媒介　黃教中各呼圖克圖，向均隸於西藏達賴之下。外蒙雖獨立，而宗教上不能與西藏斷絕往來。故外蒙獨立之初，活佛卽屢遣密使聯絡西藏，約為同一之舉動。又是時俄英兩國，對於蒙藏權利，亦由密約互認，更足為蒙藏兩方聯絡之媒介。故外蒙獨立消息傳布後，西藏亦繼起布告獨立。

西藏與外蒙私訂條約　元年十二月，達賴遣獨兒膳夫（Dorijeff）赴庫倫（獨兒膳夫雖係藏人，已入俄籍；光緒二十四年，曾為達賴赴俄，頗為我國所反對）；旋於二年一月十一日，訂結“蒙藏條約”。規定西藏達賴喇嘛承認蒙古之自治權及黃教首領所宣言之獨立；蒙古政府承認西藏之自治，與宗教首領達賴喇嘛之獨立。是外蒙、西藏不惟互相聯絡，且互認為國家。

五、中英藏希摩拉會議之經過

中英藏希摩拉會議　民國二年（一九一三年）五月，我政府應英要求，開中英藏會議於大吉嶺。旋因癸丑政潮，延至是年十月十三日，始行開議，並將會址移在希摩拉地方。我國代表為西藏宣撫使陳貽範氏，英國代表為印度政府外交長官薩亨利馬克氏，西藏代表為總理倫香托歇拉氏。相持不决者數閱月。延至民國三年（一九一四年）一月十三日，改在印京特里會議，中英兩國代表復各有提案；三方主張相去甚遠。民國三年二月十七日，英代表復正式主張創設內藏、外藏區域。三月十一日，復提出中英藏草約十一款，及劃界附圖，美其名為調停案，限一週間答覆，尤非吾國所能忍。

希摩拉會議之爭點　依特里會議英人所擬草約，强立所謂外藏、內藏之區域，將川邊特別區域與青海之南部悉劃入之，其損害中國之程度可謂至鉅。陳貽範不知輕重，以四月二十七日，簽字草約，以避會議決製，卽日電告北京政府。政府接電大驚，急於次日電訓陳貽範，不得於正約簽字。又於五月二日，通告英國公使朱爾典，謂："草約雖可同意，界線萬難承認。"自是由外交部與英公使直接交涉，我國允將青海西南一部分，與川邊大部分，劃歸內藏。至於眞正之西藏，則悉入外藏自治範圍；英使猶不肯承認。會歐洲奧塞事件發生，英國將對德宣戰（詳後），英國委員因於七月三日，與西藏委員，將希摩拉正約簽押。及民國四年六月，袁世凱欲將中英交涉速結，以見好英人，因令外交部向英使提出讓步案。英公使不置覆，西藏問題，遂行擱置。

第五章　袁大總統之集權

一、變更官制

中央官制之變更　自政治約法兩會議成立以來，袁大總統即有前此官制不適用於今後之語，乃陸續議決變更。新約法既改內閣制為總統制，民國三年五月一日，首先廢止國務院官制，設政事堂於大總統府，分設法制、機要、銓敘、主計、印鑄、司務等局所。特任徐世昌為國務卿。特任孫寶琦為外交總長、朱啓鈐為內務總長、周自齊為財政總長、段祺瑞為陸軍總長、劉冠雄爲海軍總長、章宗祥為司法總長、湯化龍為教育總長、張謇為農商總長、梁敦彥為交通總長。裁撤大總統府秘書廳，成立海陸軍大元帥統率辦事處。中央官制，大都變更。

各省官制之變更　民國三年一月二十三日，改各省民政長為巡按使，改各省已設之觀察使為道尹，裁撤各省內務、教育、實業各司長。又令成立財政廳，以接辦國稅廳、籌備處及財政司。

二、成立參政院

參政院之組織　民國三年五月二十四日，公布參政院組織法，組織參政院，以備大總統之諮詢，審議重要政務。其諮詢事件約為六類：（一）關於締結條約事件；（二）關於設置行政官署事件；（三）關於整理財政事件；（四）關於振興教育事件；（五）關於擴充實業事件；（六）其他大總統特交事件。至參政院參政，則由大總統就有下列資格之一者簡任之：（一）有勳勞於國家者；（二）有法律政治之專門學識者；（三）有行政之經驗者；（四）碩學通儒有經世著述者；（五）富於實業之學識經驗者。

参政院之成立　民國三年五月二十六日，参政院成立，停止政治會議。特任黎元洪為参政院院長、汪大燮為副院長。並任命参政院参政七十人，一時名流，多在網羅之中。二十九日，申令参政院代行立法職權，用意至深。

三、整飭官方

貪墨之懲戒　共和以來，軍務迭興，吏治未遑，官吏貪墨之風，習為故常。袁總統嘗以雷厲風行之手段對付之，以王治馨案為最著。王治馨前在順天府府尹任內，委署各縣知事，幾至無缺不賣，並有藉案乾沒婪索情事；為肅政使糾彈。以民國三年八月，奉大總統令，照《官吏犯贜治罪法》第二條處以死刑，實為民國以來所罕見。

第六章　歐戰勃發與中日交涉

一、歐戰與中日之關係

歐戰之原因　歐戰之起源，以民國三年（一九一四年）六月二十八日，塞爾維亞（Servea）之兇徒普林的布（Gavrilo Prinzip）刺殺奧皇儲非迪南大公（Archduk Francis Ferdinand）於僕斯尼亞（Bosnia）首府塞拉耶務（Saraiyevo）為導火線。其現於表面之原因，似為日耳曼人種與斯拉夫人種之衝突。至其遠因，則由普法戰爭之嫌怨，德、奧、意三國同盟與俄、法二國同盟之對抗。論其近因，則由於俄、德勢力南下巴爾幹（Balkan）之衝突。而其主因，則在英、德海上之爭霸。故此次歐洲戰爭源遠因多，關係複雜。

奧塞宣戰與各國之加入　奧皇儲非迪南被暗殺後，奧政府嚴訊兇犯；審決結果，案涉政治，詞連塞國官吏。奧政府乃於民國三年（一九一四年）七月二十三日，發一通牒於塞國，要求永遠取締排奧思想、團體及運動；由奧政府派員參加暗殺案之調查，並監督各關係犯之懲罰。塞政府於二十五日覆文，大體承認要求案，惟拒絕奧國參加調查暗殺案與監督懲罰關係犯。奧國政府不滿意，因於二十八日，正式對塞國宣戰。俄國素提倡大斯拉夫主義，不能坐視不救。俄既助塞，德遂不能不助奧。法與俄為同盟，自不能脫出範圍之外。英因忌妒德國海上權力日張，遂藉口德人侵犯比利時中立，對德宣戰。意與奧利害衝突之處甚多，因脫離三國同盟，加入協約國方面。此外若比利時、盧森堡、葡萄牙、土耳其、保加利亞、羅馬尼亞、門的內格羅等國，或因本國之利害關係，或因不能維持中立之地位，均次第加入戰爭。

中國之宣告中立　當歐戰初起，我國上下人士，昧於世界大勢，多主張中立。政府卒於民國三年（一九一四年）八月六日，向關係各國宣告中立。

日本之對德宣戰　民國三年八月十五日，日本以履行日英同盟為口實，逕向德國發最後通牒，要求德國即時退去日本中國海洋方面艦隊，其不能退者，速卽解除武裝；以還付中國為目的，無條件交付膠州灣租借地全部於日本。德政府置不覆，日本遂於民國三年（一九一四年）八月二十三日，對德國宣戰。我政府要求與日本共同出兵攻青島，為日本政府所拒絕。

日本佔領膠澳與侵犯中立　民國三年八月二十七日，日本第二艦隊司令官加藤定吉宣言封鎖膠州灣，並佔領膠州灣外朝連島、大公島及附近七小島。九月二日，日本陸軍中將神尾光臣派兵龍口上岸，分三路進兵，會攻青島。龍口南距青島一百五十英里，既非德之租借地，亦非租地之警備區域。中國既宣告中立，日本非對於中國宣戰，無由龍口上岸之理。然日本欲乘機囊括山東，故先截萊州半島為交戰區域。中國無可如何，因於九月三日，宣告中外，劃萊州、龍口及接近膠州灣附近地方為交戰區域；聲明此外各處仍嚴守中立。並與日政府約定日軍不得越濰縣車站而西。九月十二日，日軍佔領卽墨，漸次撫青島之背。於時英國亦調駐中國北部正規軍一大隊及印度兵半大隊，由巴那底斯頓（Barnadiston）少將統率，於九月二十三日，從膠州之勞山灣上陸，與日本軍會攻青島。九月二十六日，日軍四百突至濰縣，佔據車站。十月三日復迫中國軍隊，退出鐵道附近地方。十月六日，日軍進逼濟南佔領膠濟路全線。中國抗議無效。時青島德國守將威爾達克（Waldeck）統軍五千，扼險設防，竭力抵抗日英聯軍。終以孤軍陷絕域，衆寡懸殊，致使聯軍逼近最後陣地。十一月七日，日軍躍進，德軍無法再守，始以青島降服於日英聯軍之下。膠澳因由日本佔領。

二、山東撤兵交涉與日本二十一條要求

日本拒絕撤兵　日本佔領青島及膠澳之後，即向中國政府聲明，青島海關人員，應由日本人充當。同時以兵力將中國人員，盡行驅逐。當時袁總統以為戰事既畢，首請日政府將青島以外、山東內地之日軍，撤回青島。日政府置之不理。袁氏遂宣告取消九月三日之宣言。於民國四年（一九一五年）一月七日，照會北京英日兩公使，請其撤兵。日公使旋於一月九日答覆，決不令山東之日本軍隊，受此等取消之拘束。

日本提出二十一條要求案　日本既抗不撤兵，旋由日本外相加籐訓令駐華公使日置益於民國四年（一九一五年）一月十八日，破國際慣例，逕向中國元首袁世凱提出五號二十一條之要求案。並要求嚴守秘密，若洩漏條件，當更索償。復乘機誘袁氏稱帝。至二十一條內容，或損中國主權，或破列強均勢，茲並錄原文如下。

二十一條要求案

第一號　日本國政府及中國政府，互相維持東亞及全局之平和；並期將現在兩國友好善隣之關係，益加鞏固；議定條款如下：

一、中國政府允諾日後日本政府與德國政府，協定關於德國在山東省，依據條約或其他關係，享有一切權利利益讓與等項之處分，概行承認。

二、中國政府允諾凡山東省內並其沿海一帶土地及各島嶼，無論何項名目，概不讓與或租借與他國。

三、中國政府允准日本國建造由烟台或龍口接連膠濟路綫之鐵路。

四、中國政府允諾為外國人居住貿易起見，速自開山東省內各主要城市為商埠；其應開地方，另行協定。

第二號　日本政府及中國政府，因中國向認日本在南滿洲及東部內蒙古，享有優越地位，茲議定條欵如下：

一、兩訂約國互相約定，將旅順、大連租界期限，並南滿、安奉兩鐵路期限，均展至九十九年為期。

二、日本國臣民在南滿洲及東部內蒙古，為蓋造商工業應用之房廠，或為耕作，可得其需要土地之租借權或所有權。

三、日本臣民得在南滿洲及東部內蒙古，任便居住來往，並經營商工業等項生意。

四、中國政府允將南滿洲及東部內蒙古各礦開採權，許與日本臣民；至擬開各礦，另行商訂。

五、中國政府應允下開各項，先經日本政府同意，然後辦理：

（一）在南滿洲及東部內蒙古，允准他國人建造鐵路，向他國借款之時；

（二）將南滿洲及東部內蒙古，各項稅課作抵，向他國借欵之時。

六、中國政府在南滿洲及東部內蒙古聘用政治、財政、軍事各顧問教習，必先向日本政府商議。

七、中國政府允將吉長鐵路管理經營事宜，委任日本國政府，其年限自本約劃押之日起，以九十九年為期。

第三號　日本國政府及中國政府，以現在日本資本家，與漢冶萍公司有密接關係，願增進兩國共通利益，茲議定條欵如下：

一、兩締約國互相約定，俟將來相當機會，將漢冶萍公司作為兩國合辦事業；並允如未經日本政府同意，所有該公司一切權利產業，中國政府不得自行處分，亦不得使該公司任意處分。

二、中國政府允准所有屬於漢冶萍公司各礦之附近礦山，如未經該公司同意，一概不准該公司以外之人開採；並允此外凡欲措辦無論直接間接恐於該公司有影響之舉，必須先經該公司同意。

第四號　日本政府及中國政府，為確實保全中國領土之目的，茲訂立專條如下：

中國政府允准所有中國沿岸港灣及島嶼，概不讓與或租借與他國。

第五號

一、中國中央政府，須聘用有力之日本人充為政治、財政、軍事等項顧問。

二、所有在中國內地所設日本病院、寺院、學校等，概允其土地所有權。

三、向來中日兩國屢起警察案件，以致釀成糾葛不少。因此須將必要地方之警察，作為中日合辦，或在此等地方之警察官署，聘用多數日本人，以資籌劃改良中國警察機關。

四、由日本採辦一定數量之軍械，（如中國政府所需軍械之半數以上）或在中國設立中日合辦之軍械廠，聘用日本技師，並採買日本材料。

五、允將接連武昌與九江、南昌之鐵路，及南昌、杭州間，南昌、潮州間，各鐵路之建造權，許與日本國。

六、福建省內籌辦鐵路礦山，及整理海口，（船廠在內）如需外國資本時，先向日本國協議。

七、允日本國人在中國有宣教之權。

日本二十一條要求案侵害中國之程度　日本二十一條要求案，侵害中國之程度甚劇：第一號除第一欵繼承德國之權利外，其第二、三欵皆侵害中國之主權。第二號一、七兩款卽割讓之新名詞；五、六兩款侵害主權；二、三兩款侵害主權，妨害內政；四款破壞機會均等與開放門戶主義。三號一、二款皆侵害主權；二款破壞機會均等。四號侵害主權。五號一、三、四款侵害主權，二、七兩款妨害內政，五款破壞均等並違背《中英條約》。而最可痛心者，為五號之一、三、四款：其第一欵直以中國為日本保護國之條件，第三、四款則預備以中國合併於日本之條件。

三、二十一條交涉之經過

中國政府應付之錯誤　日本二十一條要求，侵害中國主權，破壞列强均勢，一經洩漏，必生枝節，故利於秘密。在我國首宜拒絕提案，不承認有受商之理由；繼宜明白宣布，求中外之公論。乃袁氏受日本懼惑，竟以外交秘密，搪塞國人；以陸徵祥、曹汝霖為談判委員。自民國四年（一九一五年）二月二日起，與日置益氏會議，迭次讓步，日本公使益强硬。時英美兩國政府，皆向日本質問要求中國條件之內容。日本政府一方將二十一條第五號各款全然删除，以其餘較輕之款十一條，通知英、美。中國政府仍不敢利用此時機，將二十一條原件宣布；而依所提修正案，與日本交涉，殊為可惜。

中國人民之奮起　日本二十一條提出後，我政府雖極端秘密，外國報紙多為揭出。我各省長官屢次聯電外交部詰責；各地人民，多結合團體，迭次開會討論。其最著者，如國民對日同志會、勸用國貨會、救國儲金團等，或上書政府，請勿退讓；或喚醒羣衆，實行愛國；皆足為外交後盾。國民對日同志會起於上海，發起人為黃毅、方夢超，以三月十八日，在上海租界張園開會，到者數萬人，當場議决排斥日貨等事。其影響條卽蔓延全國，雖向以販售日貨之商家，亦均停止運輸。政府畏日，明令禁止；商民乃不明稱排斥日貨，而以提倡國貨為詞。更設立勸用國貨會，就本國貨物積極振興，以代替日貨；全國工商業，頓有極大之進步。救國儲金團則係勸國民自行儲款銀行，俟額滿五千萬，由存款人議决用途，作為設立兵工廠、訓練海陸軍、振興工藝之用，此等運動，無不風靡全國，足徵對外心理之一致。故日本二十一條要求案，不啻為中國之奮興劑。

五九國恥　中國委員與日本公使會議方亟時，日本海軍艦隊忽然進駛福州、廈門、吳淞、大沽等處，山東、奉天方面，日本亦派大兵進紮。屆至四月十七日，陸、曹二氏對於日本提案前四號率皆讓步；惟對於第一號第一款，主張將來中國加入日德講和會議。又主張交還膠澳，恢復山東狀況。至對於第五號各條，則完全拒絕，會議因終止。於是日本海陸軍，向中國示威愈猛。至四月二十六日，日公使向陸、曹提出二十四新案，聲言係最後修正，如中國全體承認，日本亦可交還膠澳。但此新案對於原案讓步之點，惟將第五號第三款合辦中國警察之點及第五號第二款“寺院”二字，取消之而止。我政府旋於五月一日，提出最後之答覆，除對於第五號所餘各款與以否認，及第一號第一欵、第二款，有所主張外，悉如日本要求。日政府仍不滿意，竟於民國四年五月七日，向我國提出最後通牒，略謂：於日本政府前次提出修正案中，將原案第五號各項，除關於福建業經兩國代表協定外；其他五項，可承認與此次交涉脫離，俟日後另行協商。中國應諒日本政府之誼，照四月二十六日，日本政府提出之修正案所記載者，不加何等更改，速行應諾。日本政府望中國政府至五月九日午後六時為止，為滿足之答覆。如到期不接到滿足答覆，則日本政府將執必要之手段。中國政府接此最後通牒，連日開軍政界特別會議於總統府，卒决議承認日本最後通牒之要求。並於民國四年五月九日午前，向日使交付承認答覆書，造成國恥。當時正值歐戰方酣，各國無暇過問。惟美國威爾遜政府，於五月十一日，向中日兩國，發送同樣通牒：謂中日兩國政府，無論有何同意，或企圖，如有妨害美國國家及人民，在中國條約上之利益；或損害中國政府上、領土上之完全；或損害關於開放門戶、商工業均等之國際政策者，美國政府一律不能承認。

中日二十一條交涉之結果　中國政府既不得已承認日本最後通牒，並知列國此時不能為實際上之援助；因命陸徵祥與日置益於民國四年（一九一五年）五月二十五日，正式訂結二十一條結果之《中日互換條約》。總覈約中條欵，除日本二十一條要求原案第五號第三款，中日合辦警察一條，由日本取消外；其餘二十條完全如日本政府之意旨解决。此解决之結果，二十年來列强對於中國作成均勢之局，全被破壞。袁大總統特申令全國，以為將來湔雪國恥之預備云。

第七章　《中俄蒙協約》與《呼倫貝爾條約》

一、恰克圖會議之經過

恰克圖會議之開幕　外蒙獨立後，本極熱心於併合蒙旗，組織國家，故屢次侵擾內蒙，藉達其併吞之志。自中俄聲明文件成立後，外蒙驚懼交集。一面出示分布內蒙，令一致歸附；一面特派密使赴俄要求取消中俄前訂各件，並請派兵助攻內蒙，顧事皆無成。至民國三年（一九一四年）九月，中、俄、外蒙三方各遣代表，會議於恰克圖。中國全權專使為畢桂芳，俄國則全權專使駐蒙外交官兼總領事密勒爾，外蒙則全權專使內務部總長畢克里圖公爵、達喇嘛達錫札布。會中辯論最多者，為商務問題、界線問題、貨捐問題、郵電問題。代表反復爭持，每致停議，然卒歸讓步者，以日本交涉——二十一條——發生故。

《恰克圖協約》之締結　恰克圖會議各條文，延至民國四年五月下旬，一律通過，於六月七日簽押。計條文二十二款，互換照會兩分，稱爲《中俄蒙協約》。茲錄其要點如下：

一、外蒙古承認民國二年十一月五日中俄聲明文件及中俄聲明另件。

二、外蒙古承認中國宗主權，中國、俄國承認外蒙古自治，為中國領土之一部分。

三、民國二年十一月五日中俄聲明文件、聲明另件及一九一二年十月二十一日《俄蒙商務專條》，均應繼續有效。

依此條約，中華民國領土上之外蒙，其內政聽之自治，外蒙之工商事宜，悉為俄人所操持。

二、呼倫貝爾特別地域之劃定

《呼倫貝爾條約》　先是清宣統三年，俄人煽惑外蒙獨立時，令呼倫貝爾之蒙人，亦宣布獨立。至民國四年六月七日，《中俄蒙協約》成立；同年十一月六日，俄人正式令我承認呼倫貝爾為特別地域，規定下列條欵：

一、呼倫貝爾為特別地域，直屬於中華民國中央政府。

二、呼倫貝爾之軍隊，全以本地之民兵組織之。若遇變亂不能平定時，中國政府預先通知俄國政府，得派遣軍隊赴援，但秩序回復後，即須撤回。

三、俄國企業家與呼倫貝爾官憲締結條約，經中俄兩國委員之審察者，中國政府應卽承認之。

依此約，俄人於黑龍江西部復劃一緩衝區域。其侵略中國可謂不遺餘力。

第八章　袁世凱帝制與雲南起義

一、袁世凱決行帝制

袁世凱陰謀帝制　袁世凱挾其總統威權，陽揭共和旗幟，陰圖帝制進行，始則殘害偉人志士，改訂《大總統選舉法》，延長總統任期為十年。使心腹爪牙軍隊，駐防各省要衝，以防反側。又懼外國掣肘，因要求德國承認帝制，屈服日本二十一條，與俄訂結外蒙之約，與英接洽西藏交涉，務使列强亦就範圍。更唆美國博士古德諾，倡說“中國宜於君主立憲”，示意攀附政客，從事帝制進行。於是乃有籌安會出現，欲以急轉直下手段，為袁氏取得帝位。故袁氏之陰謀帝制，實分三步進行，首在剷除異己，次在聯絡外國，又次在假藉民意。

籌安會宣告成立　民國四年八月十四日，楊度、孫毓筠、嚴復、劉師培、李燮和、胡瑛等，在京師發起籌安會，鼓吹帝制。旋於八月二十三日由籌安會發出啟事，略謂：本會之立，特以籌一國之治安，研究君主、民主二者，以何適於中國，專以學理是非事實利害為討論之範圍。至範圍以外各事，本會概不涉及。以此為至嚴之界限，將以討論所得，貢之國民云云。翌日，又電各省將軍、巡按使、都統、巡閱使、護軍使、各省城商會、上海漢口商會，請派遣代表來京，加入討論。當經各省覆電贊成，並派代表參與。

帝制之請願　袁氏處心積慮，變更國體，然必使出於人民之請願，始有詞可藉，必有立法機關為之綰轂，始有法律上根據。於是八月三十日，由段芝貴、梁士詒、朱啟鈴、周自齊等，通電各省將軍巡按使，用各省公民名義，向參政院代行立法院請願改革國體，並代辦請願書。九月一日，參政院代行立法院開幕，卽有山東、江蘇、甘肅、雲南、廣西、湖南、新疆、綏遠等省代表，呈遞變更國體請願書。九月六日，參政院代行立法院開談話會，討論變更國體請願事件。

參政院代行立法院建議召集國民會議解決國體問題　各省向參政院請願變更國體諸人，旋在京組織一全國請願聯合會，於九月十九日，宣告成立。推定沈雲霈為會長，那彥圖、張鎮芳為副會長，以促帝制之速成。參政院代行立法院卽於九月二十日，咨送《建議召集國民會議解決國體問題書》於政府。旋由大總統咨稱國民會議議員覆選舉，定於十一月二十日舉行，已有政令公布。俟各地方覆選報竣，當卽召集開會，以徵正確之民意。

參政院代行立法院議定改變國體問題由國民代表大會解決　十月六日，參政院代行立法院咨稱，議定組織國民代表大會，卽以國民會議初選當選人為基礎，選出國民代表，決定國體。十月八日，卽由大總統申令允行。但自九月十日以後，迭由國民會議、事務局、籌安會等機關，密電各省將軍巡按使，嚴飭選舉監督，暗中物色主張君憲之代表。故非贊成袁世凱帝制者，不得當選，其决議之結果，不問可知。

外交團對於袁氏變更國體之態度　變更國體之聲旣高，全國騷然。外人鑒於情勢之日惡，亦不能已於言。十月二十八日，駐京日英俄三國公使，同至外交部，稱奉本國政府訓令，勸告中國政府展緩變更國體，免起擾亂。並聲明並無干涉中國內政之意。及十一月一日，駐京法公使亦為同一之勸告。袁氏命外交部總長陸徵祥向四國公使答覆：略謂“變更國體，全出國民公意，非政府所得禁止。並謂各省官吏，均報告力任地方治安，並無變亂之慮”。統觀此際外國態度，多不利於袁氏，蓋因深惡其帝制自為，故多方與之為難。

代行立法院代表國民擁總統為皇帝　代行立法院前據國民請

願，改變團體[1]，議定由國民代表大會解決。於是代行立法院先後接准各省區國民代表大會文電，報送決定國體票數，經該院於十二月十一日開會，彙查全國國民代表共一千九百九十三人，得主張君主立憲票一千九百九十三張。並接准各省區國民代表大會文電，一致推戴袁大總統為皇帝。該院據情咨陳政府，先後恭上推戴書二次。袁氏本此推戴書，即於十二月十二日申令承認為皇帝。十三日在居仁堂受百官之朝賀。尋冊封黎元洪為武義親王，申令清室優待條件永不變更，並令舊侶耆碩故人均勿稱臣，設立大典籌備處，大封勸進功臣為五等爵，改明年為洪憲元年。

袁世凱稱帝後之局勢　袁世凱承認為帝後，日本代理公使小幡酉吉，忽於十二月十五日，率同英、俄、法、意諸公使至外交部，提出第二次五國聯合帝制延期之警告。同時國內反對帝制之運動亦烈，蔡鍔、李烈鈞等皆先後赴雲南舉事，袁氏對內對外局勢皆不利。

二、西南起義擁護共和

雲南宣布獨立　雲南宣布獨立，維護共和，由於蔡鍔之鼓動。蔡鍔先任雲南都督，後解職入京，袁氏羈縻之者，無所不至。當討論國體發生之時，蔡氏在將軍府領銜贊成帝制，袁氏漸疏其防，蔡鍔因與其師梁啟超密謀反對帝制。議定，遂由京秘密赴津，東渡日本，偕其友戴戡經越南入滇，說其同學督理雲南軍務唐繼堯，反對帝制。民國四年十二月二十三日，唐氏遂致電北京政府，請立將楊度等明正典刑，以謝天下，取消帝制。袁氏不覆，雲南乃於二十五日，通電各省宣告獨立。旋於民國五年（一九一六年）一月一日，設立雲南都督府，推

[1] “團體”當爲“國體”。——編者註

唐繼堯為都督，戴戡、任可澄為左右參贊，定軍名為護國軍，以蔡鍔為第一軍軍長，李烈鈞為第二軍軍長。

各省之響應　自雲南首義反對帝制，袁氏亟於民國五年一月，命盧永祥率第十師駐紮上海；申令近滇各省嚴籌防剿；并派原駐岳州曹錕第三師扼要進紮，安徽倪嗣冲遣兵赴衡岳。又命張敬堯統第七師一旅與第三師全師入川；而命駐贛北軍第六師長馬繼增，統兵一旅，李長泰帶第八師為後援；龍覲光率兩廣兵進攻雲南。特派海軍總長劉冠雄南下視察。袁政府方皇皇出兵，貴州護軍使劉顯世，又於正月二十七日仗義崛起。廣西將軍陸榮廷，約請梁啟超入桂，於三月十五日，宣告贊助共和。於時滇軍占領四川、江安、南川、綦江，黔軍攻占湖南永順。廣東將軍龍濟光見西南大勢已去，因於四月五日，宣告獨立。浙江軍隊於四月一日獨立，巡按使屈映光為都督。後屈辭職去，浙人公舉呂公望為都督。陝北鎮守使陳樹藩於五月九日，在三原獨立，分兵三路攻西安。十九日，將軍陸建章出走。四川第一師長劉存厚，在永甯獨立，與滇軍聯合。成都士民遂要求將軍陳宧獨立。陳氏鑑於袁軍入川，屢戰屢敗，乃於五月二十三日，宣布與袁政府斷絕關係。湖南將軍湯薌銘，擁護袁氏，不肯附義。及零陵鎮守使望可亭，湘西鎮守使田應詔，先後於四月下旬獨立；黔桂粵聯兵在湘，屢勝袁軍，馬繼增被刺而死；湯始為勢所迫，不得已於五月二十九日獨立。山東則吳大洲占據周邨，居正占據濰縣（北軍以五月二十三日退出濰縣）。同時山西之歸化廳，湖北之南湖，安徽之大通，江西之廣信，江蘇之江陰、吳江等處；均曾一舉義師，但不久皆敗。

軍務院之設置　自西南各省相繼獨立，梁啟超乃倡軍務統一之說。五月一日，兩廣組織都司令部，舉岑春煊為兩廣都司令。五月八日，兩廣雲貴獨立各省，設軍務院於肇慶，以為一切軍政民政對內對外之機關，並遙遵黎元洪為大總統。院置撫軍若干人，用合議制，裁決庶政。唐繼堯為撫軍長，岑春烜[1]為撫軍副長，梁啓超為撫軍兼政務委員長滇桂粵聯合軍都參謀，章士釗為秘書長，唐紹儀為特任外交專使，王寵惠、溫宗堯為特任外交副使，李根源為滇桂粵聯合軍副都參謀兼攝都參謀，范源濂為駐滬委員，鈕永建為駐滬軍事代表。

三、袁世凱帝制之取消及其影響

日本政府之反對袁世凱　先是日本聯合英俄法意等國，共同警告中國帝制延期。袁氏欲謀挽回日本之感情，冀得外交上之援助，遂以祝賀日皇即位大典名義，派農商總長周自齊為特使赴日本接洽。顧日本先雖承諾，及周使瀕行時（五年一月十六日），日本政府忽阻其東渡，於是袁氏威望喪盡。

帝制之撤銷　滇黔桂相繼獨立，各省反對帝制亦甚烈。袁氏因欲保其總統位置，遂於民國五年三月二十二日，申令撤銷承認帝位案。同日特任徐世昌為國務卿，改稱政事堂為國務院。翌日特任段祺瑞為參謀總長，復黎元洪為副總統，廢止洪憲年號。藉三人名義，與護國軍講和。

袁世凱病故　袁世凱自撤銷承認帝制案，抑鬱不自申。護國軍復堅持袁氏非退位不可。袁氏恐大權若失，必至性命不保，遂以積勞憂思，致患神經衰弱之疾。五月以來，日就沉重。及聞四川將軍陳宧，湖南將軍湯薌銘獨立，乃憤不可遏，而病遂不支。蓋二人皆袁氏心腹，平日倚若長城，竟於事急時相扼若此，不能不令袁氏氣忿填膺。民國五年六月六日，袁世凱遂暴亡於新華宮。遺令以副總統黎元洪代行中華民國大總統職權。

[1] “岑春烜”當爲“岑春煊”。——編者註

袁世凱帝制失敗之原因　袁氏帝制之失敗，直接由於民心不附，間接由於外交掣肘。蓋中國改君主為共和，則名正言順，變民主為帝政，未免倒行逆施。況且國體更定未久，人各醉心共和，袁氏反覆自謀，孰肯聽其宰制。故友邦出而玩弄，人民起而反抗，袁氏帝制，不足八十三日而歸消滅。

袁世凱帝制之惡影響　袁氏帝制，影響於中國政治方面者，為引起南北分離，北洋派破裂，中央政府日弱數事。影響於社會方面者，為人心詐偽，民氣銷沈，百業停滯數事。後此黨派傾軋，內亂迭起，亦莫不作俑於斯。

第九章　議院重開與解散

一、黎元洪代理總統與國會續開

國會續開與軍務院撤消　民國五年六月六日，袁世凱病歿。六月七日，黎元洪就大總統任，申令京外文武官吏，仍舊供職。於是陝西四川廣東，相繼取消獨立，南京會議（馮國璋所倡，以保袁氏留位為目的）亦解散。六月二十九日，申令召集國會，速定憲法。在憲法未定以前，仍遵行中華民國元年三月十一日公布之臨時約法，至憲法成立為止。其二年十月十五日宣布之大總統選舉法，係憲法之一部，應仍有效。又裁撤參政院，裁撤平政院所屬之肅政廳。特任段祺瑞為國務總理。六月三十日，准各部總長免職。特任唐紹儀為外交總長，許世英為內務總長，陳錦濤為財政總長，程壁光[1]為海軍總長，張耀曾為司法總長，孫洪伊為教育總長，張國淦為農商總長，汪大燮為交通總長，段祺瑞兼陸軍總長。又唐紹儀未到任以前，特任陳錦濤暫兼署理外交總長。張耀曾未到任以前，特任張國淦暫兼署理司法總長。七月六日，改各省督理軍務為督軍，民政長官為省長。七月十四日，遂由唐繼堯等，通電北京及各省，宣告撤消軍務院。八月一日，國會在衆議院開第二次常會，兩院議員到者五百十九人，大總統蒞院補行就任時宣誓。國會自二年停頓後，至是乃續行召集。旋於九月初旬，由兩院追認段祺瑞為國務總理，及段閣各部總長。十月三十日，選舉馮國璋為副總統。其後唐紹儀因與段總理不能合作，不肯到任。至十一

[1] “程壁光”亦作“程璧光”。——編者註

月中旬，始改任伍廷芳為外交總長。

府院之衝突　黎元洪繼任之初，段祺瑞以責任內閣總理，主持國政。議會既開，南北統一，羣情嚮往，喁喁望治。不意內部暗潮，軒然迭興，而有府院之衝突。府指總統府，院指國務院。質言之，即黎與段之衝突。當其衝者，公府方面為孫洪伊，國務院方面為徐樹錚。此二人者，皆負氣，積不相能，日以爭執意氣為事；府院之衝突，遂成黎段之惡感。於是交迎徐世昌入都，為府院之調人。免孫洪伊職，使徐樹錚辭院秘書長。孫徐之爭，形式上告一段落。未幾段氏提出對德絕交案，黎段遂决裂。

二、對德絕交與國會解散

對德抗議　先是日本大隈內閣不利中國加入協約國，故拒絕中國共同出兵攻青島，反對英法俄三國提議邀請中國加入戰爭。及民國六年（一九一七年）一月，德國政府向世界宣布："將於二月一日以降，採用海上封鎖策，對於中立國輪船行於一定禁制區域內，概與危險"。其時世界各國，無不先後向德國抗議。中國政府亦乘機於六年二月九日，向德國提出抗議。日本政府大為注意，終以英法俄贊助中國加入協約國，不能再為制止。乃竭力與英俄法意四國駐日大使秘密交涉，以日本承認中國加入協約國之條件，要求各國保證日本接收德國在山東之一切權利。與已經日本佔領南洋赤道以北諸島嶼，次第得各國之承認。然此等約束，至為秘密。中國政府，毫無覺察。

對德絕交　我政府對德提出抗議後，德政府遲遲未覆，協約國駐京各國公使，則勸誘我國加入協約國。三月四日，國務總理段祺瑞，進謁總統。請電令駐協商國公使向駐在國政府磋商與德絕交後條件，總統以此事須得國會同意，未允照發。段總理遂即日提出辭職書，並前往天津。當經總統派員挽留，並由副總統馮國璋親赴天津往邀，始於三月六日回京供職。致駐外各公使電，旋即照發。三月九日，國務總理段祺瑞宴國會議員於迎賓館，疏通對德意見，三月十日，國會通過對德絕交案。同日駐京德使，赴外交部，特致德國政府覆文。謂不能取消無限制之潛艇戰爭。我國政府接此答復，決議對德斷絕國交。三月十四日，由黎大總統向中外發表對德絕交布告；電駐德公使顏惠慶，令其捲國旗回國。並送出境護照與駐京德國公使辛慈；德國公使延至三月二十五日，始退出北京。

對德宣戰案之爭執　我國發表對德絕交布告後，一時各省督軍省長如張勳、倪嗣冲，在野要人如孫文、唐紹儀及各省議會商會等，皆致電中央，力陳加入協約國不得策。國務總理段祺瑞以國內反對者衆，遂以開軍事會議之名，召集各省督軍入京。於是直督曹錕、晉督閻錫山、魯督張懷芝、贛督李純、鄂督王占元、吉督孟恩遠、閩督李厚基、豫督趙倜及皖省長倪嗣冲、直省長朱家寶，皆親赴北京。其餘各省督軍，亦皆派代表與會。疏通之結果，督軍代表等三十餘人，全體一致贊成宣戰案。段氏乃將宣戰案咨送衆議院，衆議院於五月十日開會討論，忽有公民團約三千人，蜎集衆議院門首，請願通過宣戰案，凡不贊成該案之議員，皆被毆辱。並有代表趙鵬圖等六人，入謁議長，聲稱須於當日將宣戰案通過，當經議長拒絕。自是兩院對於段氏根本懷疑，不便再行開會。而外交總長伍廷芳、司法總長張耀曾、農商總長谷鍾秀、海軍總長程璧光，復先後提出辭呈。國務會議連日停止，段氏仍再三咨催國會從速議決宣戰案。五月十九日，衆議院復議參戰案；議員褚輔成提議，現內閣僅餘段總理一人，不能舉責任內閣之實，本院對於此等案件不能議決，應俟內閣改組後再議；當經多數贊成，宣戰案從此擱置。

段祺瑞免職與十省宣布獨立　自衆議院議决緩議参戰案，督軍團大憤。假憲法會議二讀會通過之條文，不利於國家為口實。卽於五月十九日晚，由孟恩遠等督軍暨各督代表，呈請黎大總統卽日解散参衆兩院，另行組織。國會方面，遂要求黎大總統於五月二十三日，免段祺瑞國務總理職。於時黎大總統以民國約法總統無解散國會之權，因循國會之請，免段祺瑞職，以外交總長伍廷芳代理國務總理。督軍團乃遥赴徐州，密謀抵制。段祺瑞亦遥赴天津，向各省發布卸責通電。五月二十八日，特任李經羲為國務總理，李復書辭謝。五月廿九日，安徽省長倪嗣冲通電與中央脱離關係。奉天督軍兼省長張作霖、陝西督軍陳樹藩、河南督軍趙倜、浙江督軍楊善德、山東督軍兼省長張懷芝、黑龍江督軍兼省長畢桂芳、直隸督軍曹錕、福建督軍李厚基、山西督軍閻錫山等相繼附合之。安徽、山東、奉天、河南數省，並各派重兵，進逼北京；且有另設臨時政府、臨時國會之議。於是對外参戰問題，引起國內糾紛險狀。

張勳入京與國會解散　各省督軍脱離中央後，在天津設立各省軍務總参謀處，以雷振春為總参謀。馮國璋忽向國會辭副總統職，表示不負責任之意。黎總統頗自危，乃用王士珍、李盛鐸等之謀，召安徽督軍張勳入京調處。六月七日，張勳率兵五千北上，八日抵天津。先派兵入京，並電請黎總統限日解散國會。黎總統為保留大位起見，决下解散令。因代理國務總理伍廷芳不肯副署，乃於六月十二日，准伍氏辭職，特任步軍統領江朝宗為代理國務總理，副署解散國會令，於是國會竟被非法解散。

第十章　張勳復辟

一、復辟之進行

張勳、康有為醞釀復辟　康有為自戊戌政變以後，出亡海外，為保皇黨領袖。民國成立，有為歸國，終歲居滬，與張勳往還甚密。張勳曾為清室死守南京，二次革命時亦頗有功，袁世凱倚為腹心，先後使任江蘇都督、長江巡閱使。勳坐鎮江蘇徐州，所部多江淮膂力之士，帝制餘孽多往歸之。袁死之初，南京會議解散，勳邀各省代表在徐州會議（與會者有直隸、奉天、吉林、黑龍江、江西、河南等省及京兆、熱河、察哈爾等區域代表），議決"尊重優待前清皇室各條件"，"保全袁總統之家屬生命財產，及身後一切榮譽"等議案；遂結成七省同盟。旋更組織省區聯合會，與各省代表在徐州開會，藉以鞏固勢力，維持地盤。迨府院衝突，段總理免職，各省督軍，麕集徐州。又開會議，提出解決時局辦法，有"解散國會"，"改組總統府"等項，微露復辟之意。及勳率兵北上，康有為知將舉大事，即赴南京遊說，馮國璋給使入京。張勳、康有為以為時機已熟，贊助有人，遂搆成復辟政變。

張勳等擁清遜帝在京宣告復辟　先是張勳於六年六月十四日，偕新任國務總理李經羲入京。張之參謀萬繩栻，復密召康有為等來京。康既來京，即寓張宅。三十日夜，議既定，遂易朝服朝冠，於七月一日晨三時，由張勳等數十人，同入清宮，奏請復辟。張勳自為內閣議政大臣，任徐世昌為弼德院院長，康有爲為副院長，改各省督軍為巡撫。又張勳自兼直隸總督北洋大臣，任馮國璋為兩江總督南洋大臣，陸榮廷為兩廣總督，卽黎元洪亦有封爵，惟擯段祺瑞不用。

二、復辟派之失敗

黎大總統電令各省出師討賊　張勳實行復辟後，黎大總統卽於七月一日，發出三電，命各省迅卽出師討賊。翌日電致南京馮副總統，請代行大總統職務。任命段祺瑞為國務總理，當夜九時遷居駐京日本使館。

各省反對復辟與段祺瑞興師討逆　七月二日晚，段祺瑞馳赴馬廠，得師長李長泰等贊助，遂於三日通電反對復辟。同日，浙江、江西、湖南、湖北等省，亦通電反對復辟。四日馮段聯合電數張勳八罪，並宣告已率師致討。浙江督軍楊善德、直隸督軍曹錕、第十六混成旅司令馮玉祥等，亦均電告出師，公舉段祺瑞為討逆軍總司令，在天津設立總司令部。並以段芝貴為東路司令，曹錕為西路司令，分途進攻北京。張軍退入城中，悉力防禦；經駐京各國公使調停，勸令張勳解除武裝，取消復辟。張勳堅執不允。十二日，討逆軍分三路進攻，張軍兵力不支，繳械投降。張勳率其眷屬，奔避駐京荷蘭使館；復辟要人均紛紛逃亡。

第十一章　段祺瑞當國與南北分裂

一、馮國璋代理大總統與護法省分獨立

黎元洪辭職，馮國璋代理大總統　先是副總統馮國璋，於民國六年七月六日，在南京宣告代理大總統職務。十四日，國務總理段祺瑞入京，即派步軍統領江朝宗至日使館迎黎總統歸府。黎氏當由日使館遷回東廠胡同邸第，即日通電全國，引咎退職。馮氏遂於八月一日進京，實行代理大總統。

段內閣成立不肯恢復國會　先是馮總統未到京，段氏即組成段系與研究系之聯合內閣。段祺瑞以總統兼長陸軍，汪大燮長外交，湯化龍長內務，梁啓超長財政，林長民長司法，張國淦長農商，曹汝霖長交通，范源濂長教育，劉冠雄長海軍。新內閣成立以後，研究系閣員，主張“中華民國已為張勳復辟滅亡，今國家新造，應倣照第一次革命先例，召集臨時參議院”。段氏竟用其謀，遂開南北大戰之端。

西南護法省分獨立　先是督軍團要求解散國會，南方首領孫文、岑春煊、唐紹儀等，即電請黎總統維持約法，以固民國基礎。雲南督軍唐繼堯，亦通電擁護國會；及十省獨立，李烈鈞即赴廣州，謀興護法之師。迨解散令下，兩廣即通電自主，聲明國會未恢復以前，不受非法內閣之干涉。段氏平滅復辟之後，不肯恢復國會，於是七月二十一日，海軍總長程璧光，與第一艦隊司令林保懌，通電反對國會解散後之非法政府，率第一艦隊歸廣東，並有唐紹儀、汪兆銘諸人同行。八月十一日，雲南督軍唐繼堯復通電擁護約法，護法戰爭遂起。

二、對德奧宣戰與南北戰爭

布告對德奧宣戰　段祺瑞向主對德奧宣戰，自復任國務總理以後，仍本其主張進行。六年八月十四日，由馮大總統布告對德奧宣戰。並設立參戰督辦處，以總其成，分設各參戰機關（管理敵國人民財產事務局、僑工事務局、特別區管理局、俘虜情報局等），以利其用。參戰問題，暫告結束。

非常國會之活動與護法省分勢力之蔓延　先是國會非法解散後，民黨議員即遊說長江各督，冀謀回復。馮段執政，不召集舊國會，旅滬議員政客等，乃擬奉孫文為首領，在粵組織政府，擁護約法。於是國會議員，自行召集於廣州，以八月二十五日，開非常國會，組織軍政府。九月二日，舉孫文為海陸軍大元帥，唐繼堯、陸榮廷為元帥。時兩院議員南下者，僅三分之一有幾，不足法定人數，後以候補議員遞補，並另舉林森、褚輔成為參衆兩院正副議長。延至九月十日，孫文始就大元帥職。北方段內閣以西南各省反對中央，湖南為必爭之地，任命己系傅良佐為湖南督軍，以控制之。九月十八日，湖南零陵鎮守使劉建藩宣布獨立，旅長林修梅應之。同時重慶歸滇黔軍佔領，四川全入民軍範圍。廣東龍濟光為李根源等所剿除。福建民軍約佔全省之半；陝西亦舉義旗。西南護法勢力，綿亘八省。

段祺瑞武力統一之失敗　自西南通電獨立，段祺瑞決用武力謀統一，派北軍第八師師長王汝賢、第二十師師長范國璋，率師進攻。在衡寶長岳間，演南北未曾有之激戰。然此時馮總統不贊成武力平南，故師長王汝賢、范國璋，承旨於十四日即通電各省停戰。湘督傅良佐不得已，潛乘兵艦出省，退至岳州，湖南省城遂為湘粵桂聯軍所佔。十八日，直隸督軍曹錕、湖北督軍王占元、江蘇督軍李純、江西督軍陳光遠，復承旨通電政府及西南各省，請撤兵停戰。於是湘粵桂聯軍司令譚浩明、程潛，與湖北武岳總司令王金鏡，互商停止攻戰，暫就妥協。段祺瑞之武力平南政策，完全失敗。

馮國璋和平統一之無成　馮國璋對於南方，以和平為標幟，與段祺瑞之武力主義，明示反對。及湘南一敗，段氏政策為直派四督軍反對，不得已先後辭去陸軍總長與國務總理職。十一月三十日，馮氏特任王士珍署國務總理，藉以抵制皖派。十二月三日，皖派督軍倪嗣冲張懷芝等，開會議於天津，決議主張開戰，反對調停。馮總統旋於七年一月二十六日出巡，赴天津、濟南、蚌埠等處，主旨在與蘇督計畫主和，惜未達目的。適值湘軍攻據岳州，馮總統遂特派曹錕為兩湖宣撫使，張敬堯為攻岳前敵總司令，所有防鄂各項軍隊，統歸節制調遣。曹錕、張敬堯等，率軍赴鄂，已與湘鄂自主軍隊接戰。十四日，陸軍第十六混成旅旅長馮玉祥，忽在武穴電請罷兵。謂元首始終以和平為心，討伐之令，出自脅迫。二十一日，馮總統特派張懷芝為湘贛檢閱使，兼任第二軍司令，會同曹錕、張敬堯等進兵湘鄂。二十六日，奉天督軍張作霖派遣軍隊入山海關，分駐京奉鐵路沿線。在軍糧城設總司令部；張作霖自為總司令，以徐樹錚為副司令，代行總司令職權。迨三月十一日，直魯等省軍隊，已先後抵鄂，因對岳施行總攻擊。湘軍兵力不支，遂於十七日退出岳州。十八日，北軍完全克復岳州。二十五日，由同山口進規長沙，二十六日攻下之。南北劇戰局勢既開，馮總統主和政策，遂不能貫徹。

三、南北戰爭期間日本之侵害中國

段琪瑞再謀武力統一與大借日欵　馮總統主和目的不能達，國務總理王士珍負責辭職。七年三月二十三日段琪瑞再出組閣，仍欲貫徹武力統一政策，故用段系張敬堯督湘，而積極向日本籌借軍費。自六年六月至七年九月間，段內閣所借日本之款，實達四億六千萬元以外。此蓋因日本政府欲藉投資方法，延長中國內亂，使在歐戰期間，無由提高國際地位，段氏在其術中，全然不覺。

日本利用中日共同防敵名義侵害中國　先是俄國革命，烈寗新政府降服於德軍之下，西伯利亞反對新俄之捷克軍隊有不能維持勢力之勢。協約各國不願俄國赤黨（日本譯為過激派即布爾扎維克黨）之勢力東漸，共同出兵西伯利亞，援助捷克軍。日本政府欲乘機侵略中國，因誘參戰督辦段琪瑞締結《中日軍事協定》。七年五月，締結中日兩國陸海軍《共同防敵協約》。在日本政府之用意：一則藉此可以出兵北滿，攘奪俄國在北滿之鐵路及其他權利。二則藉此可以出兵外蒙，實際測量外蒙之軍事地理，並鼓動外蒙獨立。三則可假共同防敵之名，貸與段系軍閥重資（第二次軍械借欵參戰借款），以練成親日派之軍隊。侵害中國程度至鉅。

四、新國會成立以後南北之局勢

新國會之成立　先是段內閣欲另組國會，故仿民國元年革命例，召集臨時參議院，以為政府造法機關。六年十一月十日，臨時參議院開幕，十四日選定王揖唐為議長，那彥圖為副議長。由其修改國會組織法後，召集局部的新國會（護法各省未辦選舉）。並組織安福俱樂部，以操縱選舉。安福派新國會竟於七年八月十二日成立。旋參議院還定李盛鐸為議長，田應璜為副議長。衆議院選定王揖唐為議長，劉恩格為副議長。

護法政府之改組與正式國會之續開　廣州非常國會組織軍政府，選舉孫文為大元帥，陸榮廷、唐繼堯為元帥；及長岳失敗孫文辭職，非常國會與陸唐皆感於西南各省聯合統一之必要，遂於七年五月十日，改組軍政府為中華民國聯合軍政府。二十日，選出孫文、唐紹儀、唐繼堯、伍廷芳、林葆懌、陸榮廷、岑春暄七人為政務總裁，於六月五日，宣告成立。更於十九日，推定岑春暄為主席總裁。護法各省皆派代表一人，參與政務會議。西南各省，始得實際統一。此時非常國會議員，已於六月十二日，通告在廣州繼續開正式國會，惟仍未足法定人數。乃於七月十二日，援用議院法第七條，開會後滿一個月尚未到院者，應解其職之規定，解參議員五十一人，衆議員一百四十七人之職。又於八月十二日，依同條但有不得已故障報告到院時，得以院議延期至兩個月為限之規定，解參議員五十八人、衆議員六十九人之職。其後陸續解職者尚多。此等解職議員之遺缺，先後將候補議員遞補，將法定人數强為湊足，繼續開議，並續開憲法會議。

馮總統之退職　馮國璋代黎元洪，黎又係代袁世凱者，故其任期，皆袁世凱之任期。於七年十月十日法當滿期。故馮總統於八月十二日通電，謂攝職之期，業將屆滿，無意競爭選舉。

徐總統之當選　自馮總統聲明下野，北京新國會，擬即舉新總統。廣州軍政府於七年八月三十一日，通電反對北京國會大選。九月四日，北京參衆兩院組織總統選舉會，到會四百三十六人，徐世昌以四百二十五票當選。徐在北方，本無實力，素以文治派自詡，值馮段失和，互相刧持，因得當選。十月十日，馮國璋任滿卸職，徐世昌卽於是日午前就職。

南北和議之無成　徐世昌受任，頗欲對南方政府表示和平，以期南北統一，與段總理意見不和，故段氏卽辭總理職，徐以錢能訓兼署國務總理。時歐戰已終局，日本原田新內閣不肯繼續貨款中國軍閥，實際上南北不能再戰。十月二十三日，錢內閣致電岑春煊等，請罷戰議和；十一月十六日，徐總統令前方軍隊罷戰退兵。十一月二十四日，軍政府亦宣布停戰，南北和議漸熟。八年二月六日，北方派朱啓鈐等十人，南方派唐紹儀等十人為代表，開對等會議於上海。時以陝西民軍與陳樹藩尚在交戰中，徐樹錚新練參戰軍至三師四混成旅之多，方欲貫徹其武力政策，遂致和議停頓再三。卒由李純等調停，於四月九日續開和議。至五月十日，得巴黎和會山東問題依日本意思解決之電報（詳見次章），南方代表即於十三日提出八條件，要求承認。北方政府以南方代表所提條件，外則牽涉邦交，內則動搖國本；法理既多抵觸，事實徒益糾紛。於是和議破裂，南北代表各電政府辭職。八月十二日，北方改任王揖唐為議和總代表，南方聲明否認，和議由是完全停頓。

第十二章　巴黎和會中國之失敗及其影響

一、巴黎和會與山東問題

歐戰結局時日本之中傷中國　歐洲戰爭，至民國七年（一九一八年）十月初旬，協約國完全勝利，德奧自請休戰，急待降服。日本政府恐中國於和議席上佔地步，陰嗾公使團於十月三十日，向中國政府提出參戰不力之警告——覺書，以中傷中國將來在和會之資格。不久，奧國於十一月四日，德國於十一月十一日，皆與協約國訂休戰條約。各國皆預備派全權代表赴巴黎開平和會議，歐戰於是結局。

中國代表在巴黎和會之提案　民國七年十二月一日，北京政府命外交總長陸徵祥，啟程赴歐洲。八年（一九一九年）一月二十一日，特任命陸徵祥、顧維鈞、王正廷、施肇基、魏宸組五人，為全權代表，列席巴黎和會。顧、王、施、魏，皆由任地赴巴黎（顧為駐美公使，王為南方軍政府派赴美國代表，施為駐英公使，魏為駐日公使）。時和會已於一月十八日開幕，列強雖以外交公開為標幟，實則由英美法意日五大國最高會議所壟斷。我國代表當向和會最高會議提案兩件：其一為請求廢除民國四年（一九一五年）五月二十五日中日兩國政府所定之條約及換文（二十一條中日協約）。其一為提出和會之希望條件：（一）為廢棄勢力範圍；（二）為撤退外國軍隊、巡警；（三）為裁撤外國郵局及有線、無線電報機關；（四）為撤消領事裁判權；（五）為歸還租借地；（六）為歸還租界；（七）為關稅自由權。最高會議認為非和會權限所能裁決之事，僅許俟萬國聯合會行政部能行使職權時，請其注意而止。於是中國代表在和會所提兩案，皆無結果。

中國代表要求和會由德國直接歸還膠澳之失敗　民國八年（一九一九年）一月二十七日，英美法意日五强開最高會議，討論處置德屬殖民地辦法，涉及膠澳租借地問題，臨時由法外部邀請中國代表與會。我專使顧維鈞、王正廷出席，日本代表牧野氏即向會議提出要求書："以為膠州灣租界地及鐵路，並德人在山東所有其他一切權利，德國應無條件讓與日本"。顧維鈞起言云："本案關係中國極為重大，希望列强俟中國提出意見後，再行討論"。翌日續開會議，顧王二使即正式提出說帖，要求膠澳租借地、膠濟鐵路暨其他關於山東省之德國權利，直接歸還中國，中日兩方爭執甚烈。此時英法兩國代表，每左袒日本，蓋因民國六年（一九一七年）二三月間，日本與英法兩國政府，關於山東有秘密換文。其後和會注重國際聯盟，山東問題暫行停頓，至三月中再開會議，决定將國際聯盟案，插入和約中。日本對美國及英屬南非、澳洲排斥黃人入境，因再提出人種平等案，以為山東權利作一交換條件。四月一日以後，意國代表要求亞得利亞海東岸阜姆港，威爾遜不允，意國代表因退出和會。日本代表乘機揚言："倘人種平等案與山東權利繼承問題，不能通過；日本祇得步意國後塵，脫離和會。"英法美三國，恐和會决裂；於四月二十二日，英法美日四國再開最高會議，招我國代表出席，陸徵祥、顧維鈞二氏赴會。由威爾遜說明山東權利問題，英法與日本早有成約；中國自身既與日本有民國四年五月二十五日之約，又有民國七年五月二十四日"欣然同意"之換文（此換文日本稱之為山東善後協定。因歐戰將終時，日本寺內內閣欲滅中國將來在和會控訴日本之口實，乘段內閣籌措軍費時，密與駐日公使章宗祥提議，以中日合辦膠濟鐵路，又濟順、高徐二鐵路借日本款建築為條件。日本允將山東之軍隊除留一部於濟南外，其餘全部撤至青島；又將日本所設之警察及民政署。一概撤退；並允先墊十足款二千萬元——濟順、高徐鐵路墊欵。段內閣視為可喜之事，特依日本要求，於覆文時，具“欣然同意”四字）。會中只有美國一國不受拘束，主張膠州灣由五強共管，而日本不納，故不能貫徹主張。旋由英法美三國專門委員核議結果，令日本繼承德國在山東所享權利，山東問題遂歸失敗。

二、五四運動與拒簽對德和約

五四運動之激起 自威爾遜於最高會議，向我國代表聲明美國不能貫徹其主張後，陸徵祥等向北京政府電告情形。謂此次和會主張失敗之原因：一由於民國六年二三月間，日本與英法諸國有青島讓歸日本之密約。二由於民國七年九月，我國當局與日本政府有“欣然同意”之山東換文。遂使美國無從為力。此電一到，羣情憤怒，目曹汝霖、陸宗輿、章宗祥為賣國派。北京大學、北京高等師範、北京法政專門等校學生，於五月二三兩日，即在校自行討論，舉出代表與各校接洽一致，議决對於外交問題有所表示。五月四日午後三時，國立北京大學、高等師範、農業專門、工業專門、法政專門暨私立中國大學等校學生，聚集三千餘人於天安門，排隊赴總統府，要求政府懲辦賣國賊，為警察所阻；旋轉赴東城趙家樓焚燒曹汝霖住宅，毆章宗祥幾死。嗣警察廳派警察及保安隊三百餘人，趕至彈壓，拘捕學生七人，始行解散。然愈迫愈厲，由各校組織講演團，并查焚日貨，漸傳至各省各埠，商學界一體罷課罷市，迫政府釋放學生，免曹陸章三人之職；北京政府不得已，乃釋放學生，准三人辭職（當時曹任交通總長，陸任造幣廠總裁，章任駐日公使）。不久排斥日貨之風，遍於全國，日本政府乃要求取歸。政府不得已，卒於七月六日，通令制止。於是國人益憤，改用提倡國貨為號召。日本既無所藉口，政府亦聽其自然。

對德和約之拒簽　自和會决定山東欵條，巴黎專使，屢電政府，請示方針，政府茫無辦法。至五四運動後，政府電令陸專使相機辦理，而國人羣主張拒絕簽約。巴黎吾國學生僑民，亦紛紛謁代表團，要求拒簽。此際中國代表屢向和會提出山東保留案，皆未允。六月二十八日，為和約簽字之期，我代表陸專使等乃不得已，不赴會場，拒絕簽字；而發電本國，報告經過情形。其奧約則由專使於九月十日簽字。對德恢復和平事，則於九月十五日，用大總統布告，宣布“中華民國對德國戰爭態度，一律終止”。

五四運動之價值　五四運動，為中國近世開出一種新機運，其力足以促進政治改革，社會變化。無論何人，不能否認此為學生空前之愛國運動。故其價值在民衆自覺與自决精神之表示，亦卽民衆勢力發展之初步。考五四運動以前，我國社會渙散，缺乏組織；五四運動以後，團體叢生，多所聯合。五四運動以前，我國思想界沈悶，絕少生氣；五四運動以後，民族精神上渙發，頓形活潑。不僅外交日有起色，卽文化亦漸發揚。又我國外交事件，向由政府當局少人數主持，國民不負責任；往往徹底失敗，毫無挽救餘地。自五四運動以後，舊式外交有變為新式外交之趨勢，實為國民外交之發軔。全國家之人格，博友邦之同情；使國民憬然於政府之不足恃，知本身對於國家有重大之責任，其價值殊足珍貴。

第十三章　西藏交涉與外蒙撤治

一、西藏交涉

藏番內犯與川邊停戰條約　先是民國初年，中英藏交涉，綿亘四年未決。迨民國六年，我國以護法問題，南北開戰。四川民軍與北軍激戰期內，藏番乘機內犯。打箭爐、巴塘、察木多等處官軍，兵力薄弱，不能獨任防禦，遂至察木多附近十餘縣，相繼陷落。川邊鎮守使陳遐齡不得已，從英副領事台克滿調停，於民國七年十月十七日，由軍統劉贊廷與西藏代表喇嘛葛布倫氏，在昌都訂一年停戰之約。停戰期內，彼此不得侵犯。

英使催議西藏問題　民國八年五月，英公使朱爾典謂川邊停戰時將滿，向外交部催議西藏問題。值龔心滿為總理，陳籙代理外長，於五月三十日、八月十三日，根據民國四年外交部最後讓步案（見第四章，五），與英使兩度磋議，英使不肯承認，另提出甲乙兩種辦法：

（甲）取消內外藏之名稱，照原議（希摩拉草約）劃歸內外藏之地域，分而為二；將巴塘、裏塘、打箭爐、瞻對、甘孜等地，劃為中國境地，德格以西，劃為西藏境地。

（乙）照原議用內外藏之名稱，將巴塘、裏塘、打箭爐、瞻對、甘孜等地，劃為中國內地；崑崙山以南，當拉嶺以北之地，劃為內藏；中國不設官，不駐兵。德格劃歸外藏。

此時政府對於甲案，頗表接近之意；值西南軍政府與川滇各省，均有電反對。而外交部最受各方攻擊處，尤在昧於川邊地理。其後政府自知荒謬，乃以南北未統一以前，不能議西藏問題之理由，拒絕英公使之要求。十二月三日，英使又要求開議，政府亦未允許。西藏交涉，一時中止。

二、外蒙撤治

外蒙撤消自治之原因　外蒙撤消自治之原因有三：一由於財政困難。先是俄政府運動外蒙獨立，借予巨欵，為蒙古獨立建設費。及民國六年（一九一七年）三月，俄國內部起空前之大革命，新俄不再與借款，外蒙財政，陷於非常困難，不但行政經費無着，活佛、王公幾無以自給。二由於外勢壓迫。民國七年，俄國赤黨（即布爾扎維克黨，日本譯作過激派）勢力，漸張於西伯利亞；俄國舊黨（白黨）謝米諾夫，思藉外蒙為歸宿地，因縱布里雅特兵匪，脅迫外蒙獨立。活佛鑑茲情勢，迭懇北京政府保護。三由於外蒙王公之內向。蒙古王公原係世襲，本有其兄弟相及之法；而活佛往往指派不當承襲之人，因此外蒙王公頗有異言，多主張內向。

外蒙撤消自治之情形　先是中國依《中俄蒙協約》，在庫倫設都護使以為辦事大員。第一任為陳籙，不兩月而去職；繼其後者為陳毅。陳毅以懷柔為政策，噢咻日久，感情益厚，外蒙王公鑑於大勢，議決取消自治，活佛不得已許之。王公等即密請陳都護使代求中央，擔任保護；並擬定優待條件六十三項，要求都護使先請政府認可。適政府派徐樹錚為西北籌邊使，樹錚睹此情形，趕用汽車輸送軍隊，八日即抵庫倫一營。旋於民國八年十月杪，親赴庫倫檢閱軍隊。對於外蒙撤治辦法，與陳毅不相能。主張不定條件，但由活佛率衆呈請撤治，中央政府即據以明令宣布。其一切辦法統待另商，或派人隨同赴京，詳為妥定。外蒙活佛王公懾於兵威，議決照辦。因於民國八年十一月七日，以請願之形勢，呈請撤治。

中央對於外蒙撤治後之設施　外蒙既呈請撤治，徐總統即於民國八年十一月二十二日，頒布允如所請之令。加封活佛為外蒙古翊善輔化博克多哲布尊丹巴呼圖克圖汗。二十四日，外交部即照會駐京俄使，聲明取消中俄蒙協約商務專條及中俄聲明文件。並將外蒙取消自治，照會各國公使。十二月一日，明令責成徐樹錚以西北籌邊使，督辦外蒙古一切善後事宜。二日，特任徐樹錚為冊封專使。自後政府駐軍於外蒙南部及俄蒙交界，由籌邊使統轄全蒙，主持其一切行政。

三、呼倫貝爾取消特別區域

呼倫貝爾呈請撤治　外蒙取消自治後，呼倫貝爾各旗總管即於民國八年十二月二十一日，請副都統貴福呈請東三省巡閱使張作霖，與黑省督軍孫烈臣，轉請中央取消特別地域，及關於呼倫貝爾之中俄協約。九年一月二十八日，政府下令允如所請。於是外蒙諸族，悉由中國統治。

第十四章　中日交涉之紛起

一、閩案交涉

閩案之發生　民國八年四五月間，歐洲和會山東問題失敗，中國全國學生起而焚察華商日貨。十一月十六日，居留福州之日本人，集衆六七十人，持械尋釁，毄傷學生七人；警察馳往彈壓，復被用手槍毄斃一人——史孝亮，並傷市民數人；順記飯店器具，亦被日人擲毀。由警察隊當場拘獲日人三名，皆有凶器在手，經交涉署轉送日本領事署，並電至政府向駐京日使嚴重交涉。乃駐閩日領事，反電請日本政府派艦來閩，保護日僑。我外部向日使磋商阻止無效。

閩案之解決　閩案發生，全國各界憤懣萬分；日本公使小幡乃主張兩國另派員調查，藉以延宕時日，冷却華人熱潮。至民國九年二月，調查終了。日本自知理屈，自動更換福州領事。延至九年十一月中旬，日本政府始願依據下列條件交換公文結案：

一、日本政府用公文道歉；中國政府覆文，應聲明對於排貨深為惋惜。

二、日本政府給受傷人恤金一千二百元，津賠順記飯店八百元。

三、日本政府允於換文內加入懲儆善後之文句。

中國政府承認之，因於十一月十二日，互換照會，結束閩案。

二、魯案交涉

山東問題直接交涉運動　先是巴黎和會，中國代表以反抗山東條項，拒簽對德和約；美國上院亦認和約有不妥之點，提出十大保留案——山東保留案在內，要求承認與和約有同等之效力。日本政府深懷驚懼，乃運動中國北京政府，由中日兩國直接交涉山東問題。中國政府苟承認與之直接交涉，不惟中國專使拒絕簽約為無意識，即美國上院通過之山東保留案亦失其價值。

中國拒絕直接交涉之經過 日人要求直接交涉山東問題，國論譁然，北京政府先後接南方軍政府、及各省長官、各界團體反對直接交涉之電報，至三百數十通之多。而津京滬學生相繼罷課，以為要挾，漸演成全國學生共同罷課之勢。總理靳雲鵬，被內外所迫，不得已辭職。至五月二十二日，代理總理薩鎮冰始命外交部拒絕直接交涉。

三、廟街交涉

日本之破壞中國恢復黑龍江航權 民國八年六月，政府派遣江防艦隊利綏、利捷、江亨、利川四砲艦，經海參崴赴黑龍江口之尼港（尼科來伊佛斯克港），駛入廟街（尼科來伊佛斯克）。民國九年三月十八日，日本兵民約六七百人，在廟街全為俄國赤黨所殺害。日本引為口實，於六月七日扣留我國駐在廟街之砲艦，並解除其武裝，硬誣其有助赤黨轟擊日人之嫌疑。

中日廟街交涉 日本既在廟街扣留我軍艦，同時日本駐京公使亦向外交部提出交涉。乃由雙方派員會查；民國九年十月十八日，發表會查結果，不能發見我艦砲擊日人之確實證據。而日本固執，非依其要求，砲艦不得放行。我國政府不得已，卒向日本政府道歉，並給誤被擊死日兵撫卹金三萬元，始將華艦放行入江。

四、琿春交涉

琿春事件之發生　民國九年十月二日，韓國獨立黨人率同俄匪馬賊約三百人，由俄境雙城子方面，潛入琿春。先焚日本領事館，再轉焚日本街市而退。日本人死者十餘名，傷者十餘名，是為琿春事件。

琿春交涉情形　日本政府接琿春事變之報，當派大軍於九年十月六、七等日進入琿春，及奉吉官軍肅清延琿韓黨，日本自知不便占領該地，乃設置警察署於琿春、和龍、延吉、汪清、東寧各縣，而漸撤駐兵。

第十五章　南北軍閥擴張勢力之內爭

一、直皖戰爭

直皖戰爭之遠因　先是民國七年九月，段祺瑞內閣命徐樹錚編練三師四混成旅之參戰軍，皖系勢力驟然强厚，安福派政客益把持政權。八年八月，直系四省經略使兼直隸督軍曹錕，駐衡州第三師師長吳佩孚以南北和局無望，與皖系暗鬭益烈。九年五月，吳佩孚突率駐衡州軍隊，撤防北歸。湖南為趙恒惕等南軍所據，致使皖系湘督張敬堯逃入湖北革職。凡此皆釀成直皖戰爭之遠因。

直皖戰爭之近因　自邊防軍成立以來，直奉兩系，感受皖系脅迫，卽相聯絡。九年六月，東三省巡閱使張作霖與四省經略使曹錕，要請徐總統將安福系三總長——交通曾毓雋、財政李思浩、司法朱深——及西北籌邊使徐樹錚皆免職。吳佩孚復在鄭州通電，攻擊安福系，禍國殃民，破壞統一。四日，徐氏下令免徐樹錚職，段祺瑞大怒，决定卽起邊防軍討伐曹錕、吳佩孚。特將邊防軍改名定國軍，並挾持徐氏免曹吳職。七月六日，邊防軍第一、第三、第九師發動員令，向保定出發，對吳佩孚作戰。

直皖兩軍之備戰　段氏旣決意討曹吳，因自任為總司令，以琉璃河至高碑店間為西路第一道防線，竇店為第二防線。曲同豐任前敵指揮，徐樹錚任東路指揮，陳文運任中路指揮，共集兵五萬餘人。直軍方面則吳氏自任為直軍總司令，王承斌副之，指揮中西兩路；而以曹鍈擔任東路。吳氏所調赴前敵之兵士，僅第三師之一部數千人，設司令部於高碑店，其戰略分三路進攻。張作霖於七月十三日亦通電入關，與直派合作；直皖戰爭，東路得力於奉軍不少。

皖軍之悉敗　直皖兩軍，既在近畿接觸。七月十五日，東路徐樹錚所率西北軍，猛攻楊村曹鍈所率之直軍，當將楊村佔領。西路戰事，直軍於十七日佔涿州，進攻琉璃河。曲同豐被虜，皖軍完全失敗。時東路徐樹錚追擊曹鍈，已近北倉；聞西路失敗，馳回北京，謀挽救；然頹勢已成，束手無策。段氏不得已，裁撤督辦邊防事務處，遣散邊防軍西北軍；皖系要人，紛紛避匿。

二、軍政府之絕續

軍政府之分裂　自民國七年五月，軍政府改組總裁制以來，黨派紛歧，意見迭生。政務總裁七人，孫文既未就職，唐繼堯領職滇省，唐紹儀議和滬上，故政府大權，皆落於主席總裁岑春煊手。岑氏信任政學系，漸為民黨所忌。又主張與北方軍閥議和，同時停止南北兩國會，另組織新國會。政務總裁海軍部長林葆懌提出辭職，政務總裁外交兼財政部長伍廷芳離粵赴滬。在粵舊國會參議院議長林森、衆議院議長吳景濂、副議長褚補成[1]及議員等，電攻岑春煊，謂其自就任後，即陰謀苟和；茲竟以解散國會，取消西南自主，為解決時局辦法，與護法宗旨不合，宣告另擇地點開會。然留粵一部分議員，仍照常開會，並選舉主席、代理議長事務。軍政府於九年四月八日，免外交兼財政部長伍廷芳職，任陳錦濤為財政部長，溫宗堯為外交部長。伍廷芳即於四月九日，通電聲明軍政府政務會議，不足法定人數，一切行動，概屬無效；對於外交財政事務，仍完全負責。唐繼堯亦聲明政務會議不

[1] “褚補成”當爲“褚輔成”。——編者註

能成立。六月六日，軍政府免唐紹儀南北議和總代表職，而代以溫宗堯。此時國會議員，移至雲南開會，於七月十日，宣告成立；以八月七日，撤去岑春煊總裁職務，補選劉顯世為總裁。軍政府完全分裂。

岑春煊等取消軍政府　岑春煊既折節北向，北方政府乘皖系失敗，於九年八月一日，撤去王揖唐，以蘇皖贛巡閱使兼江蘇督軍李純為南北議和總代表。十月十二日，李純忽自戕。岑春煊、陸榮廷、林葆懌、溫宗堯等，遂於十月二十四日通電各處，解除軍府職務；廣東督軍莫榮新，亦取消自主。但此時久駐福建漳泉一帶之陳炯明軍，早於八月十七日率隊返粵，宣言驅逐岑陸；以九月二十四日，占領惠州。莫榮新被迫，以十月二十九日退出廣州；陳炯明卽於三十日入據之。

北政府之籌辦統一善後事宜　岑春煊等既通電取消軍政府，徐總統因於十月三十日，令籌辦統一善後事宜。欲依舊選舉法，選出新國會議員，解決時局。

孫文等通電否認統一　岑陸退後，孫文、唐紹儀、伍廷芳、唐繼堯等，於十月三十一日，以軍政府政務總裁名義，由上海通電各處。略謂：軍政府依然存在，初不因岑春煊等個人反覆，致生問題。此次北方宣言，文等絕不承認。十一月一日，粵軍司令陳炯明亦通電否認岑春煊、莫榮新等取消軍政府、取消廣東自主之通電。孫文、唐紹儀、伍廷芳旋回粵，於二十九日，再開政務會議，繼續執行職務。粵事仍然自主，北京不能過問。

北政府籌辦統一之失敗　北政府既以“舊法新選”，為解決時局之關鍵，故令各省趕辦選舉。乃十年二月九日，浙江督軍盧永祥，首先通電反對。湖北督軍王占元、江西督軍陳光遠，皆附和之。福建督軍李厚基，則主張展緩兩月，結果只有蘇、皖、魯、晉、甘、直、奉、吉、黑、蒙、新十一省區，辦理選舉，北政府籌辦統一，遂完全失敗。

三、粵桂戰爭

粵桂戰爭之原因　民國九年秋，岑陸既離粵，孫文以十月返粵，就政務總裁，與唐繼堯、伍廷芳、唐紹儀共四總裁，以過半數仍執行政務。並任陳炯明為陸軍總長兼內務總長，溫樹德為海軍總長，伍廷芳為外交總長，唐紹儀為財政總長，徐謙為司法總長，李烈鈞為參謀總長。護法政府完全成立。然桂系（陸榮廷、莫榮新等）在粵失敗後，時思報復。及十年二月，雲南督軍唐繼堯為師長顧品珍所逐，桂省西北無內顧之憂。而廣東政府於十年四月七日，由非常國會選舉孫文為大總統；孫文篤信大權集中主義，與陳炯明意見不合。桂系見孫陳衝突，以為有隙可乘，粵桂戰爭於是開始。

粵桂戰爭之經過　粵軍初主嚴防，不主進攻。設總司令部於肇慶，以西江方面為中心。十年六月，桂軍分三路進兵，戰區甚廣。然陳炯明自肇慶督師，所向克捷，進陷梧州。桂軍屢敗；陳炳焜、陸榮廷相繼退出南寧，桂將沈鴻英亦敗走湖南。廣西遂全入粵軍之手。

粵桂戰後之西南　廣東政府攻下廣西後，以陳炯明兼任廣西善後督辦，馬君武為省長，滇、黔、川、湘諸省，亦均表示贊助。孫文盛倡三民主義（民生、民權、民族）以為治國之要道。西南局勢，一時小康。

四、贛豫陝軍人騷亂

江西戰亂　先是吳佩孚撤防後，駐防醴陵、萍鄉之北軍師長張宗昌，退駐袁州。十年一月梢，張宗昌兵與陳光遠兵衝突，張宗昌敗走漢口。

河南戰亂　河南第一師師長成慎，於九年被裁，突於十年四月十四日，佔據彰德，反抗河南督軍趙倜。當由直魯豫巡閱副使吳佩孚，會同河南省軍往剿，至十八日卽告平定。

陜西戰亂　先是十年四月下旬，直魯豫巡閱使曹錕、東三省巡閱使張作霖、兩湖巡閱使王占元，會於天津。議定東三省、內外蒙古與熱察綏三特別區域之事，歸張作霖擔任；直、魯、豫、陜、甘、新六省之事，歸曹錕擔任；長江流域與川、湘、滇、黔之事，歸王占元担任。於是五月二十五日，特任閻相文署陜西督軍；三十日，以張作霖兼任蒙疆經略使，熱察綏三區，統歸節制。惟時前陜督陳樹藩，要求補發歷年軍費，不肯卽時交卸。中央因命駐紮德安第七師長吳新田，駐紮信陽第十六混成旅長馮玉祥入陜，陳樹藩退出西安。八月二十三日，閻相文暴卒；中央特任馮玉祥署理陜西督軍。

五、川湘鄂自治戰爭

聯省自治與湘鄂、川鄂戰爭之關係　湘鄂戰爭與川鄂戰爭，同由於聯省自治潮流之激盪。聯省自治者，以各省為立國之根基，同時卽聯各省以定建國之組織。熊希齡主張湖南自治，黎元洪主張湖北自治，張謇主張江蘇自治。而軍人方面，如趙恒惕、劉湘、盧永祥，又均假自治名義，蓄養勢力。湖南首先實行，於九年十一月十五日，開省憲會議。二十三日，湖南督軍兼省長譚延闓，宣布軍民分治，廢督軍，辭去省長。十年四月二十日，湖南省憲完成，即欲湘鄂聯合，促成聯省自治基礎，於是有湘鄂戰爭。川省亦因受自治潮流影響，有省憲會議之組織；並以出兵鄂省，結好湖南，因有川鄂戰爭。

湘鄂戰爭　先是九年十一二月以來，湖北屢有兵變。督軍王占元，鄂人欲去之而後快。在湘鄂籍軍官夏斗寅等，組織湖北自治軍，並勸湖南總司令趙恒惕出兵援鄂。趙恒惕因組織援鄂軍，集合於岳陽。十年七月，攻入湖北。鄂督王占元以省軍迭戰不利，援軍觀望不前，不得已辭職。北京政府因以吳佩孚為兩湖巡閱使，蕭耀南為湖北督軍，孫傳芳為長江上游總司令。吳佩孚與趙恒惕媾和未成，湘鄂戰爭乃變為湘直戰爭。湘軍不支，直軍陷岳州；會川軍東下，吳佩孚乃與趙恒惕定約休戰，專意對川。

川鄂戰爭　先是直系既得陝西，又入湖北，川北川東，均為所包圍，川人為自衞計，有出師鄂省之必要；又川省軍隊過多，防區不易分配，必征鄂，方可就食他省。故川人利用湘直戰爭，出兵援鄂，師長劉湘自兼總司令，但懋辛為副司令，擬兩路進攻，會師武漢。十年九月，川軍進攻宜昌，吳佩孚以湘戰已結，急引兵西救，因於十月初旬，分八路進攻，川軍退去。

川湘鄂三省戰後之局勢　湘鄂戰後，鄂人既疲於兵，又困於財，湘以新敗之餘，又值西南北伐，故趙恒惕標榜自治，以保其可南可北之地位。川軍敗後，軍隊益無友紀，北軍勢力乘機而入，川省愈形糜爛。

第十六章　最近外蒙之變動

一、庫倫變亂與恰克圖失守

庫倫變亂之原因　外蒙撤銷自治後，西北籌邊使徐樹錚鎮撫蒙疆，儼然實行統監政治。中央政府對於外蒙經費，復不支給，蒙情不服。九年七月直皖戰後，徐樹錚免職通緝。政府於八月十五日，特任陳毅為西北籌邊使；後改任為庫烏科唐鎮撫使，陳使遷延數月，迄未到庫，俄黨却於其間運動庫倫背叛中國，卒使外蒙再陷。

俄國舊黨之攻下庫倫　先是俄國舊黨首領謝米諾夫得日本供給其餉械，令其殘部結合蒙黨，攻取外蒙。九年十一月，俄舊黨巴龍恩琴攻庫倫，為我駐軍擊退。此時鎮撫使陳毅以庫倫緊急，遂單騎赴任。十年二月一日，俄舊黨巴龍恩琴再攻庫倫，先將活佛劫去。復進攻鎮署，陳毅不得已，退至恰城；巴龍恩琴遂以四日陷庫倫。

外蒙國民政府之成立　俄舊黨巴龍恩琴既佔領庫倫，復分兵四出，於十年三月，與蒙黨合兵攻恰城，陷之，陳毅向滿洲里退却。蒙黨即於此時設立蒙古國民臨時政府於恰克圖，與庫倫巴龍恩琴宰制下之政府相對立。七月，蘇俄赤塔政府與恰克圖蒙古國民政府聯合，佔領庫倫，驅走巴龍恩琴，扶助蒙古國民臨時政府，組織正式蒙古國民政府而左右其政局。

二、外蒙國民政府成立以後之情形

外蒙國民政府之政治組織　外蒙國民政府成立後，仍以哲布尊丹巴呼圖克圖為君主，藉以收拾蒙民歸服之心。其下設內務、陸軍、財政、司法、外交等部總長，由國務總理以統率之。而寄行政權於國務議會，寄立法權於臨時國會，另有蒙古國民黨中央執行委員會為最高指導機關。活佛徒擁虛名，並無實權，實權完全歸地方自治議會；其組織，為委員制，雖貴族不得違背其所定條例。

庫倫活佛之請願內嚮　外蒙既組織平民政府，多數蒙人不服，公舉代表向都統貴福請願，歸附中央，永受保護。時張作霖已經政府任為征蒙經略使，十年九月十二日，特在奉天招集蒙古王公會議，議定宣撫辦法，呈遞府院核閱。適值赤塔政府因國內貨物缺乏，擬派代表來華，與我國繼續進行商約，並擬以交還庫恰為交換條件。當由政府委任李垣辦理接收庫恰事宜，以俄要求償費，事亦未洽。

第十七章　華盛頓會議與中國之關係

一、華盛頓會議之召集

華盛頓會議召集之原因　華盛頓會議主要原因有三：一為海陸軍備之相互限制。蓋因美國於歐戰後，添造戰艦，分海軍為太平洋、大西洋、亞西亞三艦隊，移實力於太平洋；日本應之以八八艦隊計劃（戰艦八艘、巡洋艦八艘），英國應之以四大無畏艦（亦稱胡德艦Hood）計劃。三國海軍競賽如此，直接影響人民之負擔，戰後經濟之恢復。故美國議院，於民國十年（一九二一年）六月，通過“召集國際大會，商榷限制海陸軍案”，以謀蘇息；華盛頓會議，因之而起。二為遠東問題（中國問題）之協議。以青島問題、二十一條問題、滿蒙特殊利益問題、西伯利亞問題，在當時皆紛爭未解，應謀解决。三為英國不願繼續英日同盟，授意美國，使招集會議，藉資撤消。

華盛頓會議召集之經過　自英授意美國，及美國會通過召集限制軍備會議議案後，美大總統哈定（Harding）於民國十年（一九二一年）七月十日，致通牒於英、法、日、意、中各國，徵求參加國之同意；各國政府，除日本微有磋商外，餘均立卽贊成。八月十三日，美國對參加國發正式請柬，各國先後答覆承認。十月四日又補請荷蘭、比利時、葡萄牙三國加入，參加國遂變為美、英、法、日、意、中、荷、比、葡九國。會議日期，定為十一月十一日。會議地點，定為華盛頓。

中國對於參加華府會議之預備　我國自接受哈定總統邀請列席華盛頓會議之照會，在政府方面，則由外交部特開會議討論參與事項，並探索大會議題。於十月六日，派施肇基、顧維鈞、王寵惠、伍朝樞充全權代表。至於國民方面，全國商會聯合會及全國教育聯合會，特召集臨時大會，在上海集議辦法，以為政府聲援。

二、華盛頓會議中諸問題之解決

英日同盟之取消與四國協約之成立　英日同盟問題為華會之主因，欲軍備限制及太平洋遠東問題之解決，非先謀英、美、日國交諒解不可。十一月十二日，華會開幕。十二月十日，美、英、法、日因欲確保一般平和，維持其在太平洋各自佔有島嶼及領有島嶼之權利，特結四國協約。依此協約，英人脫去日英同盟關係，而不傷日人感情；且能見好於美人，以得經濟上之援助。其雙方討好政策，可謂成功。

限制軍備之概狀　華會中最名正言順之主張，為限制軍備問題。然諸國對於陸軍之限制，本無誠意，僅結五國海軍條約三章二十四條。規定英、美、日、法、意五國海軍主力艦之比例，為五、五、三、一・七五、一・七五。補助戰艦除飛機母艦有相當之限制外，餘多歸失敗，是可證列强對於侵略主義並未放棄。

遠東問題基本原則之協定與九國條約之成立　遠東問題中之中國問題，與各國利害衝突太多；我代表於十一月十六日，在遠東問題總委員會，提出十大原則。（一）各國應尊重中華民國領土之完整，及其政治與行政之獨立。中國方面預為擔任所有中國領土或海岸之任何部分，不得割讓或租借與他國。（二）所謂開放門戶及與中國訂約各國之工商業機會均等之兩原則，中國因完全贊同，預為承諾，而適用於中華民國全國，並無例外。（三）各國為增進彼此之信任及維持太平洋與遠東之和平，倘不預先通知中國，俾中國有參加之機會，不得締結直接有關中國或直接關係太平洋與遠東一般和平之條約或協約。（四）各國在中國之所有特別權利、優越權利、特免權、成約等項，不問其性質與其約定基礎如何，均須公表於世；凡此等權利或將來所要求者，若未經公表，概作無效。而公表特別之利權、優越權、特免權、成約等項，又須加以審查，俾便決定其範圍及是否有效。即係有效，亦須使其不自相抵觸，並適合於華盛頓會議所宣布之原則。（五）一經事勢所許，凡對於中國政治司法行政之自由，現時所存之一切限制，應速廢取之。（六）凡對於中國現行之成約，如未定有期限者，應加以相當確定之期限。（七）遇解釋給與特別權利或優越權利條約之時，則當遵守有利於權利給與人之解釋原則。（八）將來如遇戰爭，而中國不參加者，應尊重中國中立之權利。（九）關於太平洋及遠東國際紛爭，應特設和平解決方法之規定。（十）為討論關於太平洋及遠東國際問題，以為將來有關係各國決定一致政策之基礎，須特設規定，以便將來隨時得開會議）。各國擱置不議，而通過路特（Elihu Root）四大原則（即《九國條約》第一條），並於民國十一年（一九二二年）二月六日，由美、比、英、中、法、意、日、荷、葡締結《九國條約》要項如下。

一、締約國除中國外約定：

（一）尊重中國主權、獨立及領土與行政的完全。

（二）與中國以最充分最無累害之機關，俾得自行發展並維持有效力而穩固之政府。

（三）以其勢力認眞建設並維持全體各國在中國全境內之工商業機會均等主義。

（四）不得利用中國情狀，營求特別權利或特別利益，致妨碍友邦人民在中國之權利，並不得為有害此等友邦人民安全之行動。

二、締約國約定不得相互間，或單獨或會同與他國締結足以違反或妨害第一條所述原則之任何條約、協定、合同及了解。

三、為使各國在華商工業門戶開放或機關均等主義，得更有效之實用起見，到會各國除中國外不得營求或助其國民營求特殊利益。

遠東問題中國特別事實之解決　我國在遠東問題委員會提案有山東問題、二十一條問題、租借地及勢力範圍問題、中國關稅自主問題、領事裁判權問題、撤退外國郵局及無線電台問題、撤退外國軍警問題、中國條約問題等。美國所提出者尚有公佈關係中國條約、中國鐵路管理統一問題。茲分述各案解決程度如下。

（一）山東問題　山東問題賴有英美調停，在會外解決，為變相之直接交涉。卒於民國十一年（一九二二年）二月四日，由中日兩國全權代表，締結《解決山東懸案條約》，其要項如下：

（1）收回膠澳租界，由中國開為商埠，允外人自由居住，營合法之業。日本不設專管或公共管居留地。

（2）濟順、高徐路，歸國際資本團承借；烟濰路，由中國自建。若用外資，亦由國際資本團承借。

（3）膠濟沿路軍隊憲兵，俟中國派警接防時即撤，至遲不得過六個月。

（4）淄川、坊子、金嶺鎮三礦，交由中國政府特許之公司承辦。該公司之日本資本，不得過於中國資本之額。

（5）膠濟鐵路估價，約日金三千萬。中國用國庫支付券贖回，分十五年償清。五年後，得一次付清。用日人一人為車務長，中日各一人為會計長，至付清支付券為止。車務長、會計長歸局長統轄。局長用中國人。

（二）二十一條問題　二十一條問題，至大會將終之際，日本代表宣言：一九一五年《中日條約》及換文未簽字前，日本曾保留其政府原案中之第五號，以備將來之交涉，日本現準備撤回此項保留。

（三）廢止租借地問題　日本聲明對旅順、大連決無意放棄，法國聲明準備附和各國在華租借地之共同歸還，英國聲明可以交還威海衛。

（四）中國關稅自主問題　中國代表在華會要求，於一定期間後，絕對免除外國之約束及限制，結果由各國決定以下數事：

（1）現行關稅改至實抽百分之五，應於議決後四個月內辦竣。（每年增收華幣約一千七百萬元。）

（2）應組織特別委員會審查實行二，五附加稅，以為取消釐金制度之預備。（實行後每年增收華幣約二千七百萬元。）

增加奢侈品稅百分之五以內。（實行後每年增華幣約二百十六萬元。）

（3）四年後再改正關稅一次，經過該改正後，每七年改正一次。

（五）撤銷各國在華領事裁判權　撤銷各國在華領事裁判權問題，各國主張組織委員會，調查中國司法狀況，然後定奪；並決議於華會閉會後三月內組織成立。乃閉會後各國有意延緩，直至十四年梢，始派員來華調察。

（六）裁撤各國在華郵局問題　在華有郵局之四國——美英法日——承認除租租借地或條約特別規定者外，撤銷在華郵局，至遲不得過一九二三年（民國十二年）一月一日。

（七）裁撤各國在華無線電台問題　中國要求各國，裁撤在華無線電台。結果由各國決議：根據《辛丑條約》所設立者，以收發官電為限；依據條約或讓與者，其收發電信，以該條約或讓與所定為限。未經允許者，由中國備價收回。

（八）撤退外國駐華軍警問題　我代表請求撤退外國駐華軍警。各國決議由駐京外交官會同中國所派委員三人，調查有無繼續駐兵之必要；將來各國對於調查事實承認與否，聽其自便。

（九）取消勢力範圍問題　我代表提議撤銷之，各國對此多無表示，結果僅規定禁止將來創設勢力範圍。

（十）中國條約問題　議定各國與中國所訂及彼此間所定有關中國之約章約文，各國人民與中國政府或地方所訂各種合同，均交大會秘書廳存案。並議定此後締結含有上述性質之協訂，當事國政府須於該約成立六十日內，通知參與華會各國。

（十一）中國中立權問題　由各國決議，對於中國不參加之戰爭，完全尊重中國之中立權；但中國聲明為中立國時，須遵守中立義務。

（十二）中國鐵路問題　美國欲與新銀行團創造共同投資之機會，主張中國統一鐵路，自為管理；並由外人之人力、財力協助之。又以各國對中東鐵路多抱野心，特為提出討論。結果決議，中東路由有利益關係者與以充分之保護及改善，而保留課責中國是否履行造路合同所發生之義務。

華府會議之結果　華府會議最大之成績，在英美日國交暫相諒解，使太平洋上風雲擴清。在美國不惟取得世界霸主地位，且打銷英日同盟。在英國對於維持太平洋遠東現狀，多一層保證。在日本跳脫國際孤立窘況，改善對外關係。是三强各達其赴會之目的。然軍備限制既不徹底，蘇俄又未加入會議，中國未獲完全無累自强之機會；遠東問題，正未許樂觀。

第十八章　直奉戰爭與南北政局

一、直奉戰爭及其影響

直奉戰爭之原因　直皖戰後，奉軍駐兵關內，與直軍對峙，雙方寖不相容。直系驅逐陳樹藩，佔有陝西，擊退川湘自治軍，獲有湖北；奉系亦遂迫走姜桂題，佔有熱河，遙領蒙疆經略使，總制三特區。直奉已成連雞之勢，奉系因謀於內閣中握實權，以制直系，故擁梁士詒組閣。民國十年十月二十四日，梁氏組閣成立（外交顏惠慶，內務高凌霨，財政張孤，陸軍鮑貴卿，海軍李鼎新，司法王寵惠，教育黃炎培，農商齊耀珊，交通葉恭綽），正值華府會議開會之時，梁氏主張見好於日本，擬借日款贖回膠濟路，並承認中日共管之條件。政府財政又非常緊急；十一年一月，發行九千六百萬公債券。凡此種種，皆足為直系反對之口實，而促成直奉戰爭。

吳佩孚通電反對梁閣　直奉勢力相敵，各欲挾內閣以便於己，致猜忌日甚。民國十一年一月五日，直魯豫巡閱副使吳佩孚即通電攻擊梁內閣，借日款贖路，賣國媚外，請與罷斥；並謂萬不獲已，惟有與內閣斷絕關係。

張作霖通電派兵入關　先是十一年一月三十日，東三省巡閱使張作霖為內閣問題，電請總統將梁士詒關於膠濟路案，有無賣國行為，宣示國人。羣知直奉兩方，將以兵戎相見。三月三十一日，張作霖電參謀部及陸軍部添派二十七師入關，擁護近畿。自四月九日起，陸續由京奉路運兵入關，駐紮軍糧城、馬廠、通州等處，名曰鎮威軍。四月十九日，張作霖並通電聲明派兵入關屯駐，期以武力為統一之後盾。然直魯豫巡閱使曹錕，則於四月二十二日，通電反對張作霖武力統一；四月二十五日，吳佩孚復領銜宣布張作霖十大罪狀，故直奉戰爭，雖經多人調解，不能避免。

直奉兩軍戰前之準備　奉軍入關後，沿京奉津浦兩路駐兵。以大軍駐於馬廠、靜海、青縣等地，以張作相為司令，是為東路；西路劃長辛店為第一防線，以張景惠為司令；另以孫烈臣為總司令，駐軍糧城，以為兩路之策應。直軍則以全力注意於保定以北之京漢路，根據地在涿州，前鋒直達琉璃河、高碑店，王承斌為司令，以當張景惠；一方派兵東下，以張國溶為司令，抵禦張作相；兩路皆以保定為中權，吳佩孚親任總司令。又戰前直軍以陝督馮玉祥兵，佈防隴海路，牽制豫督趙倜；以蘇督齊燮元兵駐防徐州，監視皖督張文生；即在廣東亦聯絡陳炯明，使孫明不得北伐。使奉軍所恃以為牽制直方者，皆成畫餅。

奉軍之戰敗　四月二十九日，直奉兩軍在近畿開始衝突；五月四日，吳氏自率精兵猛擊西路，奉軍敗退豐台。東路奉軍遂受牽動，相繼退避。張作霖由軍糧城親至落垡，冀思挽回頹勢，見敗勢已成，無可補救，急命退軍。時梁士詒、葉恭綽已先逃，豫督趙倜遣兵攻靳雲鶚所部於鄭州，為馮玉祥所敗。張作霖馳奔軍糧城；比直軍追至，張氏又退守灤州。直軍經豐潤包抄灤州，張氏不得已，退守山海關。東三省省議會聯合會通電東三省自治，舉張作霖為保安總司令，東三省遂與中央脫離關係。

二、黎總統復職與國會復開

徐世昌之退位　奉軍敗後，梁士詒免職通緝，政府乃任命周自齊為教育總長兼署國務總理；吳佩孚薦高恩洪為交通總長，董康為司法總長，餘均無更動。徐世昌雖力謀固位，然直系統兵將領，多主張恢復舊國會，迎黎元洪復位。長江上游總司令孫傳芳、豫督馮玉祥、陝督劉鎮華，迭請徐氏退位，恢復法統，進行統一。六月二日，徐氏遂宣告辭職，出京赴津。

黎元洪之復職　徐世昌既退位，曹錕、吳佩孚、齊燮元等督軍省長，京省各議會、教育會、商會、電黎元洪；請“依法復職”。但此時東三省則脫離中央，浙江督軍盧永祥、廣東孫文，先後通電不承認直軍諸將主張。至黎氏則以廢督裁兵為復職條件，於六月十一日入北京就職。同日特任顏惠慶署國務總理。十三日顏內閣成立。

舊國會之恢復　黎總統既復位，於六月十三日下令，撤銷民國六年六月十二日之解散國會令。於是國會，自津移京開會。以報到者不足法定人數，延至八月一日，始正式開會，宣言繼續六年第二期常會。參院議長副議長，仍為王家襄、王正廷。衆院議長吳景濂仍健在，副議長陳國祥已故，遂改選張伯烈為副議長。

三、廣東政府之變化

陳炯明背叛孫文之原因　先是孫文篤信大權集中主義，陳炯明擬由廣東發起聯省自治。民國十年四月，非常國會選舉孫文為大總統，陳氏雖未公然反對，然雙方暗鬬益烈。十年九月，陳炯明平桂後，孫文促其北伐，陳氏極力反對；孫文乃自率不滿意於陳炯明軍隊，赴桂林，並聯合李烈鈞一致北伐。陳氏雖不贊成，礙於情分，不得不助餉，孫陳意見相左如此，自難免發生衝突。

陳炯明背叛孫文之經過　民國十一年春，孫文因陳炯明有意阻撓北伐，遂決意去陳。會事洩，乃託詞改道北伐，直趨梧州；四月二十一日，毅然下令免陳本兼各職，陳氏卽夜逃回惠州。當時留在廣西粵軍六十八營，由葉舉統率拔隊回粵，請復陳本兼各職。孫文卽以五月二十七日，令陳炯明辦理兩廣軍務，節制各軍。六月十五日，粵軍遂通電迫孫文下野。事先孫文已遁入軍艦，所遺軍隊，悉被繳械遣散。八月九日，孫文逃香港，十四日轉上海，廣東完全入於陳炯明勢力之下。

四、各省之變亂

北政府屬下各省之事變　北方各省，以山西最安穩，閻錫山自民國元年以來，在山西總管軍符，自六年以後，且長民政；故能以六政（一水利，二蠶桑，三種樹，四禁烟，五天足，六剪髮）三事（一造林，二種棉，三牧畜）治晉，號成模範省。長江下流，江蘇省較為安穩。江西在十一年南軍北伐後，陳光遠離去南昌，北京政府乃以蔡成勳督理江西軍務善後事宜。浙江督軍盧永祥，唱聯省自治，於十一年六月被推為軍務善後督辦，宣言不受何方面干涉。福建則十一年九月，徐樹錚煽動駐延平奉軍二十四混成旅長王永泉驅逐李厚基，十月在延平設立建國軍政制置府。十一月徐樹錚以閩人反對，離閩，王永泉被推為總司令。臧致平舊部福建第二師，又要求李厚基離廈門，李氏遂完全失勢。但不久王氏卽歸附北政府，受命為福建鎮撫使。

西南各省之紛亂　先是四川自民國五年六月，北京政府以蔡鍔督理四川軍務，六年四月，周道剛、劉存厚先後代為督軍。七年一月，熊克武入據成都，劉存厚退入陝南。九年五月，川軍聯合滇黔軍會攻熊克武，熊氏敗走陝南，聯絡劉存厚，反攻成都，下之；十二月，劉氏復為四川督軍。未幾熊克武又攻劉存厚，劉氏再走陝南，熊氏亦下野。十年二月，但懋辛、劉湘宣言川省自治，不納客軍；劉湘旋於六月被舉為總司令。及川鄂戰爭後，川軍派別益多，滇黔軍之在川者，退去；黔軍盧燾以九年十月歸黔；劉顯世走雲南，依唐繼堯。師長袁祖銘走湖北，因在鄂省組織定黔軍。滇軍顧品珍以十年二月歸省，唐繼堯出城走香港。十二月，唐氏由香港轉赴柳州，統率在桂滇軍返滇，顧品珍敗死。十一年三月，唐繼堯復入雲南省城。五月，袁祖銘假道湘西回黔。盧燾則率軍入桂。十一年七月，川軍軍長楊森、但懋辛相攻；楊森逃赴宜昌。各省爭鬩相尋，元氣頗傷，惟湖南以實行省憲，暫得安穩。

五、北方政局之阢隉

顏閣、唐閣、王閣之遞遭　先是黎元洪復職，由顏惠慶組閣；及孫文退出廣州，黎氏欲借重民黨，促成統一，擬任唐紹儀為國務總理。民國十一年七月終，顏氏辭職，八月一日，特任王寵惠代國務總理。六日，特任唐紹儀署國務總理。但唐閣閣員任命，並未徵求唐氏同意，實違反責任內閣慣例，故唐氏受任後，迄無表示。九月十九日，黎氏免唐紹儀職；同時特任王寵惠署國務總理。閣員中眞能與王氏合作者，羅文幹、湯爾和二人而已。

王閣之辭職　十一年十一月十五日，華義銀行華經理徐亞翰，突以財部密訂奧款合同報告衆議院議長吳景濂，吳氏即據以質詢外長顧維鈞，顧不承認；詢陸長張紹曾，張謂閣議未見。又謁大總統，黎亦不知！十八日徐亞翰將本案證據交出，吳氏因同副議長張伯烈，携帶衆議院公函，夤夜向總統府告密，指財政總長羅文幹訂立奧國借欵展期合同，有納賄情事，要求立即捕拿羅文幹，當由總統以手諭飭步軍統領拘羅，並即轉送地方檢察廳拘押；財政部庫藏司長黃體濂，亦同時被捕。內閣總理王寵惠，遂憤然辭職。

汪閣、張閣之繼起　十一年十一月二十九日，黎總統准王閣辭職，以平政院長汪大燮署國務總理。汪閣係過渡性質，就職之初，聲明維持一週，及期汪閣踐言而去。政府乃於十二月十一日，以王正廷兼代內閣總理。此際張紹曾運動總揆漸熟，黎總統向國會提出擬任張紹曾為國務總理案，隨於十二月下旬，通過於兩院，張氏遂獲正式任命而就職。其閣員則先由總統派署，後皆安然通過。

張閣之辭職　先是張紹曾出應閣揆，本其素志倡導和平統一。嗣以吳佩孚迷信武力統一，保孫傳芳督閩、沈鴻英督粵，以制南軍。張閣政策，不能一貫。又承認用金計算償付法國賠款（詳見次章金佛郎案），故國會方面，彈劾案有數起。直至十二年五月，張揆以任命薛篤弼為崇文門關監督命令送府蓋印，黎總統拒絕之，張閣以府院權限不清，不成為責任內閣，遂於六月二日，辭職赴津。

黎總統之出走　先是六年七月，黎氏被迫去職，任期尚餘一年三月有餘，由馮國璋代理期滿；故十一年六月黎氏復職，反對者不認其有法律上之根據。卽强為寬解，承認黎氏復職為正當，其任期亦只有一年三月；至十二年九月，當然改選。惟黎氏頗謀聯任，故力爭崇文門稅關，遂遭對方之嫉，而釀成府院衝突。及張閣拒絕復職，北京軍警卽於十二年六月九日向公府索餉，黎總統允於節前籌發兩月。十日，全城警察忽罷崗，經多方開導，始允復崗。黎總統以是移在東廠胡同私宅辦公。時保方閣員，皆稱病不出，十一日，陸軍檢閱使馮玉祥、步軍統領王懷慶，以無餉不能負責為辭，提出辭呈；十二日，忽有軍官及兵士數百人，至黎宅索餉；十三日，黎宅電話、自來水皆絕。黎氏不得已，當於是日午刻，命車赴津。計黎氏自十一年六月十一日復職，迄於出走，僅一年零二日。

六、曹錕當選為大總統與國會宣布制定憲法之關係

大選與制憲　自十二年六月十三日，黎總統出走後，直系要人，即為大選之籌備；欲於九月十三日前，舉出總統。嗣因反直派牽掣，議員不足法定人數，未能實現。於是承辦大選諸人，定出“議員歲費暫行支給法”；留京議員，又議決延長衆議員任期，以為羈縻；攝政內閣且公布衆議員任期延長令：各方乃有大選與制憲同時並進之妥協。定於十月一日起，連開憲法會議三日，以驗人數，然後開大總統選舉會；選舉告成，再繼續制成憲法，於雙十節大總統就職時，一同公布。後因故延至十月四日，憲會始能開成；主席吳景濂以地方制度第二條以下付表決，全數二讀通過。五日開總統選舉會，議員出席者五百九十人；曹錕以四百八十票之最多數當選。六日又開憲會，將國權一章，及民六懸案，全數通過；並舉委員三十人於七日將憲法全部文字整理。八日將憲法全文付三讀會，又全體通過，憲法遂匆促完成。九日晚，曹錕由保定入京，十日，曹氏就大總統職。同日由憲法會議公布中華民國憲法。然大選以賄成，憲法遂為國人所唾棄。

七、孫文回粵與國民黨改組

孫文回粵　先是十一年六月，陳炯明背叛孫文，孫文與戰不勝。北伐軍李烈鈞等，回兵攻粵，亦不能勝，退入閩南。於是孫文以八月赴香港，轉至上海，提倡和平統一與裁兵。一方與政學系岑春煊携手，一方又遣汪兆銘訪張作霖，郭泰祺訪黎元洪，胡漢民訪段祺瑞，張繼訪

齊燮元；北方亦派代表，與孫氏聯絡。十一年十二月，孫文聯絡滇軍楊希閔，桂軍劉震寰、沈鴻英部，自梧州舉兵入粵，攻陳炯明。駐閩南許崇智軍亦返粵。十二年一月上旬，滇桂軍佔肇慶、三水，進攻廣州；十五日，陳炯明敗走惠州。十六日，滇桂軍入廣州，迎孫文返粵。會滇桂軍與粵軍不睦，拘粵軍第三師長魏拜平，並將其所部繳械。孫文中止返廣州。其後滇軍楊希閔、桂軍沈鴻英，皆表示服從，孫文乃於二月二十一日回粵，不復任總統，組織元帥府，以大元帥名義，行使職權。以沈鴻英為桂軍總司令，楊希閔為滇軍總司令，劉鎭寰為衛戍總司令。孫文二次回粵之後，廣東實權盡入滇桂軍之手。

粵東之變亂　孫文回粵後，滇桂軍以爭防地，時相衝突。孫文接近滇軍楊希閔，遂啟桂軍沈鴻英之攜貳。三月二十日，北京政府任命沈鴻英督理廣東軍務善後事宜，四月中孫文迫沈軍移防西江，沈鴻英乃集部隊於韶關，於四月十五日，就粵督理職，並發電請孫文離粵。孫文命程潛、楊希閩攻沈，北江、西江，悉成戰場。沈軍不久失敗，退守韶關；吳佩孚令魯軍張克瑤援沈；沈退南雄。吳復令贛南鎭守使方本仁助沈，滇粵桂聯軍停止進攻。五月十日，陳炯明自惠州興兵攻孫文，以葉舉為總指揮；孫命自閩回粵之許崇智軍攻陳後路；陳又用自贛邊南來之林虎等軍趨潮汕，傾許軍之根據。東江戰事，歷久不決。八月，孫文命譚延闓為湖南省長，兼湘軍總司令，使攻湖南，驅逐趙恒惕。趙乞援吳佩孚，未幾吳援湘，譚延闓敗回廣東，十月五日，曹錕賄選告成，孫文卽通電反對，因與奉天之張作霖，天津之段祺端，成立三角同盟，聯合反直。

國民黨之改組　十二年十一月十一日，孫文命廣東省長廖仲愷赴滬，與各省國民黨支部黨員接洽改組事宜。十三年一月二十日，在廣州招集國民黨第一次全國代表大會。聘俄人鮑羅庭為顧問，允許共產黨員入黨，並通過國民黨總章及組織國民政府案。推定胡漢民、汪精衛、張靜江、廖仲愷、戴季陶、楊希閔、李烈鈞、栢文蔚、譚延闓、于樹德、李守常、鄒魯等二十四人為中央執行委員；吳稚暉、李石曾、張繼、謝持、鄧澤如等五人為監察委員。並發表宣言，說明中國政治經濟受列强壓迫之眞相，指摘立憲派、聯省自治派、和平會議派、商人政府派之錯誤，以證明只有以國民革命實行三民主義為中國唯一生路。又宣言解釋三民主義之眞諦。大會並訂定對外政策七條，對內政策十五條，認為黨綱之最小限度：具見於中國國民黨第一次全國代表大會宣言。孫文又以國家建設方法，不能再緩，發表建國大綱二十五條，推行三民主義、五權憲法，分軍政、訓政、憲政三期進行。實行“以黨治國”“以黨治軍”之政策。命蔣中正成立中國國民黨陸軍軍官學校於黃埔，以造成為國民黨主義奮鬥之黨軍，而為統一中國惟一之革命軍隊。玆列三民主義、五權憲法簡表，暨依建國大綱所造成之治國機關表如下：

- 三民主義
  - 民族主義
    - 中國民族自求解放
    - 國內各民族一律平等
  - 民權主義
    - 選舉權
    - 罷官權
    - 創制權
    - 複决權
  - 民生主義
    - 平均地權
    - 節制資本

- 五權憲法
  - 立法權
  - 司法權
  - 行政權
  - 監察權
  - 考試權

治國機關

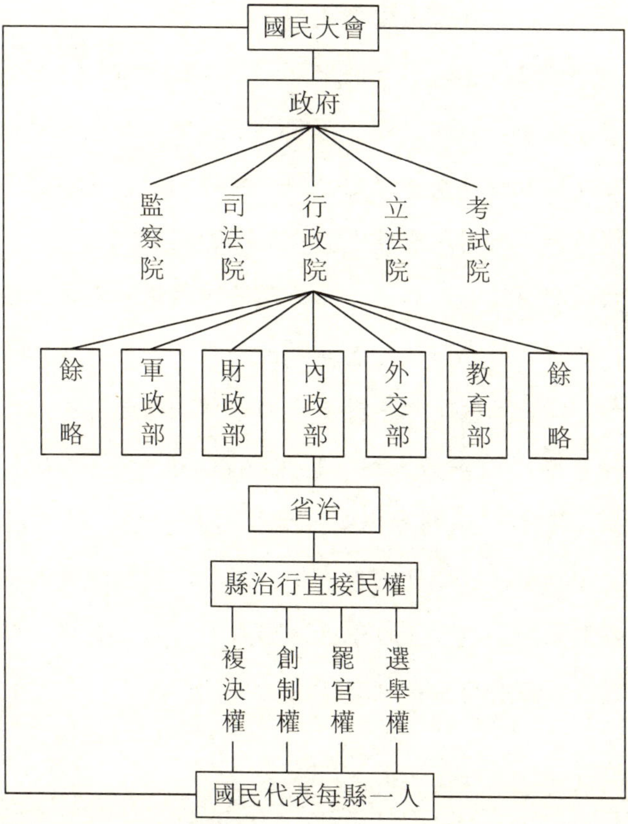

國民黨代表大會以後之粵局　國民黨代表大會後，粵局之大變動有四：

（一）滇軍之內訌——十三年一月，滇軍第三軍蔣光亮部師長王秉鈞，被孫文免職，即率部入惠州，降陳炯明。八月，滇軍師長胡思舜逐軍長蔣光亮，孫文即以胡繼任第三軍軍長。

（二）官吏之變更——十三年二月，孫文任楊庶堪為廣東省長，五月，任許崇智為粵軍總司令。六月，任廖仲愷為廣東省長。

（三）沈鴻英降孫文——十三年一月，北京政府任陸榮廷為廣西督理，陸氏收沈鴻英後路軍隊所駐之全州、桂林各地，沈鴻英遂降孫文，轉對陸氏作戰。沈氏得孫系軍隊李宗仁援助，戰至九月下旬，陸榮廷失敗下野；孫文在南方勢力大展。

（四）廣州商團風潮——十三年五月，廣州政府徵收鋪底捐，廣州商行有罷市之醞釀，並聯商團、鄉團以為後盾，後以取消捐案，未起風潮。然商團感於有自衛之必要，舉出陳廉伯為聯防總部正部長，並從德國購買軍械。粵省長廖仲愷阻止商團聯防總部成立，大元帥孫文更下令扣留商團軍械。八月二十日，復下令通緝陳廉伯，廣東各城鎮相繼罷市。商團軍將與廣州政府宣戰。九月十七日，廣州政府取消陳廉伯通緝令，惟未發還所扣槍械。十月十日，商界二次罷市，始交還一部分槍械。商界以槍數未足，仍未開市。此時孫文業于九月十三日，率警衛軍軍長吳鐵城等出駐韶關，從事北伐。以胡漢民留守廣州，代行大元帥職權，兼任廣東省長。孫文恐廣州商團肘腋為患，乃命吳鐵城由韶關回省，主持攻擊商團事宜。十月十五日，軍隊攻擊商團，商團大敗，政府令市區商店復業。

第十九章　對外關係之變化

一、中德恢復通商關係

中德通商協約之締結　歐戰後，德國財政異常枯竭，急欲恢復對外貿易，以資挹注。惟德國貨物，為英法諸國所排斥，故特注意世界最大消貨場之中國。民國九年，德政府派非正式代表，卜爾熙至北京，要求恢復通商。直至十年五月二十日，由外交總長顏惠慶與德代表締成中德通商協約，旋於七月一日交換。其要點如下：

一、兩國得互派正式外交代表，互享受國際公法所承認之一切權利。

二、兩國得互派領事等官，互享受他國同等官員之優禮待遇。

三、兩國人民，互有遊歷、居住及經營工商業之權利。

四、兩國有關稅自主權。

二、金佛郎案之爭執

金佛郎交涉承認用金計算之經過　佛郎價格，原無金紙差異。歐戰後，法國濫發紙幣，於是現金缺乏，金佛郎價格超過紙佛郎三倍以上。民國十一年七月，中法協定退還庚欵餘額用途。法使要求我國償還庚欵用金一層，本毫無理由，但法國用全力要求吾國用金，至以不批准華會和約為要脅，藉使華會中吾國關稅會議一節，不得召集。然王正廷以外長代理國務總理，竟毅然駁覆；法使仍爭持原議不休；後更於張紹曾內閣時代，限期迫我承認。黃郛初長外交，罔知所措。卒由張閣全體決定，呈府批准，移文外交部，請其轉達法使，承認用金計算付款。

國會之反對用金付欵　自政府承認用金付欵後，衆議院乃召集緊急會議，議員褚輔成等提案竭力反對，謂政府允諾法國要求以金佛郎交付庚子賠款，其損失在五千萬兩以上，折銀元有六千餘萬元之鉅，損失國家權利非淺，堅決反對。政府於承認法國要求後，始續發一函於法使，聲明前項公文須俟國會通過方生效力。金佛郎問題，遂暫行懸擱。

三、臨城劫案及其影響

臨城土匪刦車案　民國十二年（一九二三年）五月五日，津浦北上快車，在夜深兩點五十分時，開至山東嶧縣境內臨城車站附近，土匪千餘人，預行破壞路軌，阻住去路，發槍包圍，架擄中外乘客二百餘人，因內有外人三十餘名，遂釀成對外重大交涉。刦車土匪首孫美瑤，本係張敬堯舊部，在蘇、魯為匪多年，窩藏抱犢崮一帶，此次擄及外人，意在威脅當地官軍，使不敢猛剿，藉便要求改編為正式軍隊。卒由中外人士竭力營救調解，官匪雙方商定招撫條件，中外被擄人士，始全行釋放。

臨城刦案發生之影響　自抱犢崮土匪刦車後，各地繼起刦掠行旅者，計十數起。外交團為保全僑民生命財產計，有組織護路兵及長江警備之動議，有國際共管中國之風說。幸美國政府不贊成侵迫中國之主張，其事乃未得實現。然經此事變，中國之國際地位，益形低落。

四、中俄協定之成立

中俄交涉之進行　先是舊俄王室顛覆，勞農政府成立，曾於民國八年（一九一九年）七月宣言：放棄舊俄政府，在中國以侵略手段取得之土地與一切特權。並希望以完全平等之關係，恢復中俄邦交。又以聯絡東亞民族，反對帝國侵略主義，協助我國，反對列强相號召。中國中央政府對俄政策，因受列强牽掣，始終與協約各國，取同一態度，未能與俄開始交涉。及民國九年八月，遠東共和國代表優林來北京，與中國商議通商問題。聲明所有前俄政府與中國所訂不平等之約，一概取消，而另為兩國平等之協定。遠東共和國，乃新成立之國家；蘇俄未統一前，藉以緩衝日本者。於是我國於九月，停止舊俄使領待遇。蘇俄更於九月二次宣言，重述第一次宣言之主張。十月，優林正式與我外交總長顏惠慶接洽通商事件，而交涉未能開成。十一年九月，日俄長春會議決裂，於是越飛以蘇俄與遠東共和國總代表之資格來北京，請開中俄會議，外交部允在北京開議，但俄方無誠意交涉，故優林屢次稱病致不能開議。十二年三月，中國以王正廷為中俄交涉正式代表。九月，蘇俄新代表代理外交國民委員長加拉罕來華，竭力與北京各界酬酢，發布第三次對華宣言，竭力標榜親善主義，王正廷因與之接洽。延至十三年二月中旬，英意承認蘇俄；王氏始積極與加拉罕交涉，於三月十四日議定中俄解决懸案大綱，暫行管理中東路協定，簽定字頭，以示交涉告一段落。及提出閣議，顧維鈞主張修正；加拉罕不允再為更動，王氏又表示不願再向俄代表磋商。政府因下令撤消中俄交涉督辦，由外交部接收，中俄交涉遂形破裂。

中俄解决懸案大綱協定之成立　自中俄交涉破裂後，顧維鈞竭力疏通加拉罕，而加氏則置諸不理。顧氏乃改變方法，盛唱要求俄政府撤換代表；並密令駐莫斯科代表李家鏊迭次向俄外部接洽。於是俄政府乃訓令加拉罕對中國讓步，俾中俄交涉迅速了結；中國外交部亦派朱鶴翔迭訪俄代表，秘密交換意見。兩方秘密交涉十餘日，卒於十三年（一九二四年）五月三十一日，依平等相互之原則，成立中俄解決案大綱協定，暨暫行管理中東鐵路協定。

第二十章　反直戰爭與段祺瑞執政

一、反直戰爭之構成

吳佩孚之統一計畫　自民國十一年五月，奉軍敗績於關內，洛陽之吳佩孚遂為時局之重心。吳氏刻意武力統一，故援助湖南趙恒惕，以遏粵軍北伐之路；使黔軍袁祖銘、川軍楊森等，自鄂西反攻四川，以打通長江上游；使孫傳芳領兵入福建，以監視王永泉、臧致平。助沈鴻英以兵，資陳炯明以餉，使攻孫文。更遣大軍分駐喜峯口、山海關以防奉軍侵入。又以皖系軍閥浙督盧永祥，不肯就範；陰使蘇督齊燮元、皖督馬聯甲、贛督蔡成勳、閩督孫傳芳合制之。總觀此計畫，是吳氏對南取以毒攻毒主義，對北取蓄力待時主義。

反直派之結合　先是吳佩孚以統一計畫，固障碍於廣州孫文，而實障碍於浙江盧永祥，故主張尊段聯盧，並宣傳奉盧為副座，藉以不戰而收全浙。乃廬氏覆書，硜硜自守，於是蘇督齊燮元毅然提倡長江聯防，以去浙盧為己任。斯時各方感於直系之脅迫，漸向一處團結。孫文、段祺瑞兩人之提攜，頗為鞏固；段祺瑞、張作霖兩人之間，聯絡亦頗密切；而孫文、張作霖兩人之間，亦互通聲氣。由是孫、段、張三方同盟，從事反直運動。

反直派之反對賄選　先是民國十二年六月十三日，黎元洪被逐出京；議員紛紛南下，直系卽為大選之籌備。九月十五日，離京議員褚輔成、湯漪等四百八十三人，通電攻擊吳景濂在總統選舉預備會，冒名浮報，違法舞弊情事。於是九月二十七日，浙江督軍盧永祥卽據以通電反對大選。東三省巡閱使張作霖亦有電響應。及曹錕當選大總統，浙盧、奉張、滇唐均有討曹通電。四方實力派對於直系不滿意若此，故卒構成反直戰爭。

反直戰爭之導線　反直戰爭，以奉天為中堅，而發難自浙江；論其導火線有四；一為上海區城問題。查上海原屬江蘇轄境，而實權操之浙江，蘇督齊燮元積不能平，早有奪取之意。二為淞滬警察廳長徐國樑被刺問題。徐氏本係直系要人，江浙風雲緊急時，突被刺客李大昌暗殺。三為浙盧收編臧、楊隊軍問題。先是臧致平、楊化昭軍隊，在閩為周蔭人、孫傳芳等圍擊，所部萬餘人敗退閩南，窮途無所歸，適浙督盧永祥將與直系決戰，乃招致其部下入浙。洛吳、蘇齊認浙盧收容臧、楊，含有將來窺伺蘇贛閩三省之意，要求浙盧解散臧楊軍隊，驅逐臧、楊二人，盧氏不允。四為奉張反對直系所締結之《中俄協定》問題。奉省對俄意見，與中央政府相去甚遠。直系知奉張故行為難，除訴諸武力外，別無他途。有此種種關係，洛吳、蘇齊遂奮發雄心，決意掃除其政敵，而蘇浙戰爭、奉直戰爭遂先後暴發。

二、反直戰爭之概況

蘇浙之發難　先是蘇皖贛巡閱使齊燮元屢謀攻浙江，直魯豫巡閱使吳佩孚不許；乃浙江督理盧永祥積極備戰，與直系以難堪，吳氏主張無法貫徹。民國十三年八月十四日起，蘇齊暗行調動軍隊，陸續向崑山、蘇州、江陰移動，並聯合蘇皖贛閩四省軍隊，預備大舉攻浙。但浙盧已早有準備，督率所部北軍，及臧、楊、滬、何部衆應戰。又浙奉粵合縱，共起反直，故九月三日盧永祥通電攻擊曹錕，九月四日，張作霖即通電響應；五日，孫文發表北伐宣言，九日，段祺瑞亦通電號召反直。故直方於九月八日，下令討伐浙盧，不久對奉張亦下令討伐，各方遂入於戰爭狀態。考此次戰事，滬甯鐵路線蘇軍由齊燮元親臨崑山指揮，欲由鐵路衝入上海，或斜入松江，使浙軍成坐困之局；但浙軍用全力相拒，戰逾半月，兩無勝負。太湖西岸浙軍，欲突入宜興，向常州、南京進展，以截斷滬甯鐵路線蘇軍後路，迫令退却；但蘇軍加厚兵力，拒守蜀山（在宜興城外），皖省出兵，擾其後路，浙軍亦無法前進。

閩軍入浙後之新局勢　先是八月中旬，孫傳芳在閩編成入浙軍隊六混成旅，分三次向浙邊進行，孫氏本人於八月二十五日北上，九月十日前後佔領仙霞嶺險要，與浙軍第一師長潘國綱部隊接觸；潘軍不利，曾於一日間退走一百六十里；於是盧永祥放棄太湖附近方面宜興、長興戰地，密集軍隊於松江，並宣言以浙江還付浙人，盡率留浙北軍移駐上海督戰。此後孫傳芳部入杭州，卽沿滬杭鐵路直進，東南戰局為之一變。

奉直戰爭之掀動　先是十一年奉直戰後，張作霖欲雪其近畿戰敗之辱，吳佩孚欲償其克服關外之願；各擴充軍隊，整頓訓練，遂造成東北方面緊張之形勢。十三年八月梢，盧永祥之子盧小嘉赴奉有所接洽；是以蘇浙於九月三日開火，張作霖卽於四日通電助盧。但因軍事佈置及軍事策略關係，直至九月十五日，奉軍始向朝陽進迫。九月下旬，榆關始發生飛機戰與前哨戰。直軍吳佩孚為討伐總司令，計分前線三軍。第一軍在山海關，彭壽莘等主之，以與奉軍第一軍姜登選、第三軍張學良等對抗。第二軍在朝陽，王懷慶等主之，以擊奉軍第二軍李景林等部隊。第三軍在赤峯，馮玉祥等主之，以禦奉軍第五軍吳俊陞、第六軍許蘭洲等。直方以張福來為後援軍總司令，奉方則以張作相所部為總預備隊。至其戰略，則直軍第一軍在山海關與海軍聯合進攻瀋陽，第三軍繞道攻瀋陽後方以相呼應，第二軍在熱河取守勢。奉軍則第三軍、第一軍在榆關、綏中主守，第二軍主攻，以圖取得熱河。雙方又復出動其海軍，以準備在海上活動。而戰術進步，空中之飛機戰，亦在此次戰爭中，占極重要位置。

蘇浙戰爭之結局　浙江方面，杭州事變發生後，代理省長夏超、代理第二師師長周鳳岐即與孫傳芳合作。潘國綱率第一師集中寧波，殘敗之餘，實不足為孫傳芳後顧之憂。北京政府於九月二十日，下令以孫傳芳督浙兼閩浙巡閱使；二十二日，又下令以夏超為浙江省長。於是孫傳芳順蘭谿江直下杭州，以二十五日抵嘉興，會合蘇軍布置軍事，猛迫松江。十月九日，松江守將王賓逃上海，蘇閩軍遂入松江。盧永祥急開軍事會議，而部下不願再戰；盧永祥知事無可為，因於十月十三日，偕同何豐林、臧致平東渡日本，並通電下野。

直奉戰爭之劇烈　奉直主力軍劇戰，一在熱河方面，一在榆關方面。熱河以東，奉軍以第二軍李景林精銳部隊，藉錦朝鐵路猛力向前，占領朝陽。奉軍第五軍吳俊陞與第六軍許蘭洲之騎兵旅，占領開魯。第二軍副軍長張宗昌復以三十日佔領凌源。復進迫赤峯，克之。熱河要地，盡為奉軍佔有。榆關方面，奉直兩軍正式開戰，始於十月六日；奉軍一、三兩軍，各以所部勁旅，合力攻擊直軍一軍。直方援軍以全力堵禦，戰況異常激烈。此時吳佩孚滯留北京，籌備戰費未足，調度後路未周，而前線各軍支持為難，不得已於十月十一日出京，以十二日抵山海關，即令親信軍隊加入前線，努力奪取榆關左翼高地。又親率海陸援軍於十五日在秦皇島上陸，設立大本營，於十六日偕同渤海艦隊司令溫樹德率艦攻擊葫蘆島，直軍陣線因之稍穩。但奉軍仍以全力前進，雙方戰事，皆無所發展。

三、反直戰爭之結局

馮玉祥撤兵回京　榆關奉直兩軍正用全力相搏時，吳佩孚無力兼顧京城，馮玉祥乘機率領滯留古北口軍隊潛行退回，於十月二十二日深夜遣兵緣城而入北京，與京畿警備副司令孫岳所率保護京城之第十五混成旅聯合；首先斷絕各種交通，以次派兵包圍公府，把守各城，捕拿公府親信。並通電攻擊好戰之人云。考此次事變中之主要人物為馮玉祥。附和之者為孫岳、胡景翼，至於王承斌等，亦確於事前有所參與；各人所欲攻擊之目標，則為吳佩孚。馮軍抵京之翌日，馮玉祥卽命薛篤弼到府謁曹錕，迫下停戰令，收東軍隊令，免吳佩孚職令，及特派吳佩孚督辦青海墾務令。

直軍之悉敗　自馮玉祥撤兵入京，榆關直方前綫軍隊，大受影響，各旅均無鬬志；十月二十四月，奉軍戰線，遽行開展，包圍龍王廟方面直軍第二十三師，收繳槍械五千餘枝。同時奉軍第二軍副軍長張宗昌，率部向冷口進擊直軍第十三師及第九師之聯合軍，收繳槍械四千餘枝。於是直軍形勢，益形不利。山海關及沿海岸之直軍，皆在奉軍砲線壓迫之下。吳佩孚以禍起蕭牆；猝不及防，亟於二十六日率兵萬人，疾趨天津。除密令豫鄂蘇浙等省趕速赴援外，並在楊村掘壕備戰，與廊坊曹瑛二十六師保定曹士傑第十六混成旅呼應，藉與國民軍對峙；又通電討馮，播傳奉軍內變，大有氣吞北京，克服馮軍氣概。二十八日下午四時，張宗昌部隊，出現於灤州北面高地，在灤州直軍鏖戰一時，卽被擊散。直軍在津榆路上旣被截斷，吳佩孚遂陷于進退維谷之境。其後三十日山海關直軍完全失敗，國民軍乘勢進攻，吳軍及曹瑛、曹士傑所部皆敗。三十一日，奉軍各路連接，大隊入關，向塘沽進展，與北京國民軍呼應，大有將吳軍全行包圍之勢。十一月一日，山東督軍鄭士琦宣布中立，毀壞津浦鐵路，阻長江各省援吳軍隊北上，及吳軍南退；山西督軍閻錫山亦助國民軍，將京漢鐵路阻斷，使吳佩孚熱心盼望之援軍無法北上。二日國民軍實行進攻天津，奪去北倉防線，吳氏不得已，於三日率其勁卒一部登輪浮海。其有不及登輪者，則令候段祺瑞改編，以示對奉對馮始終不屈。四日奉軍占領塘沽，沿途解除吳軍武裝，收取戰利品。五日張宗昌、吳光新兩部先入天津，大隊繼至，所餘吳軍盡被繳械。考此次東北戰爭，奉勝而直敗，其主要原因，固由直軍第三軍撤退所致。然奉軍作戰，純採新式，軍裝器械糧食，皆年前所準備；迫擊砲、機關槍、大砲極多，效力甚大。直軍則全與之相反，故吳佩孚大失敗。

曹錕之退位　曹錕自政變發動，衛兵武裝即被解除，公府出入亦被限制，左右親信，或被拘捕、或已逃走，完全失其自由。及十一月二日，吳佩孚戰敗離天津，王承斌入府勸退位，鹿鍾麟率兵相迫，不得已交出印璽，並通電及咨國會辭職。但曹錕辭職，仍被監視，不得出京。計自去年十月十日就位，迄今僅一年零廿日。

四、反直戰爭之影響

攝閣之成立　先是馮玉祥撤兵回京，顏惠慶內閣除王克敏在逃，黃郛附和馮玉祥外，餘均提出辭職。六月三十一日[1]，教育總長黃郛兼代國務總理。黃氏欲以混合內閣收束時局，然奉直兩系人物，多未就職，惟以次長展轉兼代。及曹錕辭職通電發出，黃郛更攝行大總統職務。

---

[1] 六月沒有三十一日，此處有誤。據考證，疑爲“十月三十一日”。——編者註

清帝出宮與優待條件修改　前清宣統皇帝因民國成立時優待條件關係，得稱尊號如故。民國四年，雖訂有優待條件善後辦法，亦不過少為限制。十三年十一月五日，北京在政變中，由馮玉祥派鹿鍾麟、張璧迫令清帝出宮，修正原訂優待條件，廢除其帝號。

吳佩孚通電護憲　先是十一月三日，吳佩孚自天津敗走塘沽，即乘輪浮海而去；以八日抵青島，十五日抵南京，十七日抵漢口。十八日，由漢口回豫。臨行時，發表護憲軍政府宣言，但無響應之者。

五、執政政府成立

段祺瑞組織臨時政府　先是北京政變後，齊燮元於十一月十三日，在南京召集蘇浙豫鄂贛皖閩陝八省及海軍聯防會議，川湘亦有代表參與；結果由齊燮元、蕭耀南、孫傳芳、劉鎮華、杜錫珪、周蔭人、蔡成勳、馬聯甲、李濟臣、李炳之聯名通電，對北京政府宣布獨立。時張作霖、馮玉祥、盧永祥方在天津籌商時局，因於十五日共推段祺瑞為臨時總執政，入京應付時局。及吳佩孚通電護憲，段祺瑞乃於二十一日通電，宣布大政方針，期於一個月內，召集各省區代表，開善後會議，以解決時局糾紛，籌備建設方案為主旨；然後由善後會議產出國民會議，以解決一切根本問題，期於三個月內召集。二十二日，段氏入京，以奉軍吳光新部為衛隊。二十四日，段氏就臨時執政職，即公布臨時政府制如下：

第一條　中華民國臨時政府，以臨時執政總攬軍民政務，統率海陸軍。

第二條　臨時執政對於外國，為中華民國之代表。

第三條　臨時政府設置國務員，贊襄臨時執政處理國務。臨時政府之命令及關於國務之文書，由國務員副署。

第四條　臨時執政命國務員分長外交、內務、財政、陸軍、海軍、司法、教育、農商、交通各部。

第五條　臨時執政召集國務員開國務會議。

第六條　本制自公布之日施行，俟正式政府成立，卽行廢止。

據此則臨時政府不取總理制，不設監督機關，而以臨時執政兼內閣首領。故其國務會議，實具從前總統、內閣、國會等三機關之權力，可操縱一切政務。

段執政收束時局之辦法　段祺瑞就任臨時執政，特任唐紹儀長外交，龔心湛長內務，李思浩長財政，吳光新長陸軍，林建章長海軍，章士釗長司法，王九齡長教育，楊庶堪長農商，葉恭綽長交通。就中唐氏未就職，以交長沈瑞麟代理。國內各有力軍人及北京外交團，皆表示擁戴與承認。孫文亦離廣東，來上海，旋繞道日本，轉赴天津，擬以召集國民會議，解決政治糾紛。然實力派既不與贊同，召集亦非易易，故孫文不久卽以肝疾卒於京師。此際段氏雖以和平解決大局為號召，但縱任奉系沿津浦路發展，縱任國民軍系沿京漢路發展，又不願直系長江勢力完全剷除。結果使奉系佔有直魯蘇皖四省，國民軍系拓地豫陝甘三省，吳佩孚仍得優遊信陽、岳州間，為後此反奉反國戰爭導火線。

六、金佛郎案之解決

金佛郎案新協定之成立　先是法國欲拒絕批准華府會義條約，以挾英美，而解決對德問題；故利用中法金佛郎案之爭執，不批准該約，使中國關稅會議不能召集，以為緩衝之計。適值執政政府成立，財政異常艱窘，遂一意進行金佛郎案，以便籌措臨時政費，而為法國批准華府會議條約之交換條件。當於民國十四年（一九二五年）四月十二日，由中法兩方議妥《金佛郎案新協定》八條，其要點如下：

一、法國政府對於中國政府，承認將法國部份庚子賠欵餘額退還中國，作為中法兩國有益事業之用。法國政府承認上項退還賠款得自一九二四年十二月一日起算，其自一九二二年十二月一日後之二十四個月，作為展緩期內，所有過期未付之款，悉數交與中國政府。

二、中國政府向法國政府承認將上項應付而已退還之賠欵餘額，按照一九〇五年所採用之電匯方法計算，並加以匯兑或有之盈餘，一併折合美金，自一九二四年十二月一月起，至一九四七年止，逐年繼續墊借與中法實業銀行（中法合辦），作為該行發行五厘美金公債之担保。此項公債分二十三年還清，按照附逐年付欵表辦理。

《金佛郎案新協定》之批評　《金佛郎案新協定》八條，全案內容不現一“金”字，而辦法又頗彎曲，故初見似為“穩妥無疵”，一經推敲，卽生下列疑問：按第二條“中國政府向法國政府承認將上項應付而已退還之賠欵餘額，按照一九〇五年所採用之電匯方法計算，並加以匯兑或有之盈餘，一併折合美金……逐年繼續墊借與中法實業銀行……”，此段為全案最重要之點。既云按照一九〇五年所採用之電匯方法計算，則電匯行市本無一定，我國政府於每年按期應付賠欵之日，照市價以銀折合，所應付之佛郎數目，交與法國指定之銀行收存，不應發生“盈餘”。所謂“盈餘”者，按通用意義而言，必先有一定之標準，在此標準以下，謂之盈餘。在此標準以上，謂之不敷。本無標準，何來盈餘？或謂原文於盈餘之上，本有“或有”二字，是卽有無不定，並非必有之意。不知卽使含有有無不定之意，於理亦屬未合。況原照會附有逐年應付之數額表（卽墊借中法實業銀行之款額表），是今日已預定其每年確有多少盈餘。本來不應有“或有之盈餘”，而此“或有之盈餘”，且能預計其確定數目，竊所未解。而墊借之款，又以美金折算，此種彎曲辦法，另有用意。蓋因政府對於緩付兩年之賠款，可以暫行挪用總稅務司所扣存之賠款，故以此為有利，不惜在條文中，明明規定逐年付款表，照美金與金佛郎比價，折價應還數目。是文字上雖無金佛郎；而實質上並非紙佛郎。以有無“金”字，為損利之斷定，未免有明修棧道，暗渡際倉之嫌。結果損失國庫至鉅，故自金佛郎案解決，全國大譁，段祺瑞雖通電自白，終不足折服輿論。

第二十一章　反直戰後南北之政局

一、反直戰後奉直國三系之競爭

奉直國三系勢力之消長　段祺瑞執政後，為應付奉國兩系計，不得不消除直系殘餘勢力，藉以伸張皖糸與奉國兩方勢力。於是直隸省長兼督軍王承斌免職，以奉系李景林為督辦。河南督理張福來免職，以國民二軍軍長胡景翼為督辦。吳佩孚在豫被師長憨玉琨所迫，退入鷄公山。安徽督軍马聯甲免職，以皖系王揖唐為省長兼督辦。江西督理蔡成勳，被粵贛邊防督辦驅逐，卽以方本仁為江西督辦。此外則京兆尹劉夢庚易以與民黨接近之王芝祥，察哈爾都統張錫元易以國民軍系張之江，蘇督齊爕元易以皖系盧永祥。熱河都統以闞朝璽充任，綏遠都統以國民軍系李鳴鐘充任；又任馮玉祥為西北邊防督辦，張作霖東北邊防屯墾督辦。其他勢力不及之省分，則皆由督軍督理，改任為督辦。海軍總司令杜錫珪免職，改任楊樹莊；北方直系勢力，完全凋落，國奉兩系，造成對峙局面；南方直系殘餘勢力，尚有湖北督辦蕭耀南、浙江督辦孫傳芳、福建督辦周蔭人。段祺瑞初擬乘時機，恢復皖系舊有勢力；嗣奉國兩系牽掣，不能實現；遂復思保留直系殘餘勢力，以便利用。執政政府，遂在此奉直國三系鼎立之上，以維持和局，運用政權。

江浙戰爭再起　先是段祺瑞入京就職，蘇督齊爕元卽不自安；首先取消獨立，聲言擁段。此時段執政原以皖系盧永祥為直隸督辦，為奉系李景林所扼，不能就職；盧本人又志在江浙，必欲作蘇督而後快意。十三年十二月十一日，段執政免蘇督齊燮元職，以省長韓國鈞兼江蘇督辦。又任盧永祥為蘇皖宣撫使。齊燮元因部下攜貳，通電下野，走上海。奉方遣張宗昌率師五旅，助盧入蘇。二十四日，盧永祥舊部陳樂山，自稱奉段執政令，赴松江復任第四師長職；浙督孫傳芳，恐其不利於己，派兵攻之。十四年一月一日，陳樂山敗走上海，殘軍一部分歸附淞滬護軍使張允明，一部分由孫傳芳派謝鴻勳收編。時奉軍張宗昌部隊，由徐州逐漸南進；盧永祥入南京就職。齊燮元在滬與孫傳芳聯絡，以軍事行動驅逐張允明；齊任蘇浙聯軍第一路司令，孫任第二路司令，向蘇州進攻，逐去反齊之秦洸：更督師西上，與奉軍戰於無錫附近。奉軍沿滬寧路東下，次第收復武進、無錫，更以別動隊抄襲蘇州以東。孫傳芳鑑於形勢不利，不肯積極助齊，二十七日，齊由前敵敗回上海，部下潰散，不復成軍，因逃往日本。此時奉浙兩軍，相持於上海新龍華附近，經陸軍總長吳光新居間調停，以二月三日，成立和議：浙軍退淞江，奉軍退崑山，兵工廠交商會接收，上海永不駐兵，取消護軍使。於是江浙二次戰禍，始告一結束。

善後會議與參政院 先是段祺瑞就任執政，電邀孫文北上，共商國事。十三年十一月，孫文離粵北上，委胡漢民代理大元帥。孫文先赴滬，轉道日本赴津。抵津後，肝疾大作，十二月三十一日，抱病來京。十四年一月一日，段執政召集善後會議，討論全國要政。孫文等反對，主張開國民會議。段執政不顧，仍電各省長官，召集善後會議。其組成分子有四種。（一）有大勳勞於國家者。（二）此次討伐賄選制止內亂各軍最高首領。（三）各省區及蒙、藏、青海軍民長官。（四）有特殊之資望、學術、經驗，由臨時執政聘請或派充者。孫文乃要求加入商會、教育會、實業團體、大學、學生聯合會、農會、工會諸代表，而會中討論軍制、財政諸問題，最後解決之權，當還於國民會議。段執政酌採其主張，允聘各省區省議會、省教育會、總商會、省農會及天津、上海、漢口等總商會之會長，為善後會議專門委員。二月一日，善後會議開幕。十三日正式開會，出席達一百三十二人。舉趙爾巽為正議長，湯漪為副議長。三月十二日，孫文卒於北京行轅（臨歿，遺囑國民黨同志，依照建國方略、建國大綱、三民主義及第一次全國代表大會宣言，繼續努力。對於開國民會議及廢除不平等條約，尤須於最短期間，促其實現）。四月七日，閣議通過，設立臨時參政院，以佐執政。此時善後會議，開會二十二次，歷五十餘日，以四月二十一日閉會。結果：只議決軍事、財政兩善後委員會條例及國民代表會議條例；其他重要之議案，如南北統一、全國清鄉、改革官制、改組臨時政府、聯省自治等，多因意見不同，毫無結果而罷。至善後會議議員，則又被執政府羅致為參政院參政。據四月十三日所公布《臨時參政院條例》：參政院議事範圍，凡關於消弭內戰及對外宣戰、媾和、締約之權，皆賦與之。參政則除各省軍民長官代表及執政派充者外，加入各省省議會議長及各省區法定團體會長互選之一人。至於參政院行使職權之期限，則規定至正式政府成立之日止。趙爾巽、湯漪又改任參政院正副議長，共有參政一百九十三人，七月三十日，在京正式開會。此種豢養政策，說者每謂係補救臨時政府獨裁制之缺陷，然實執政府鞏固地位一種手段。

河南胡憨之爭　河南自陝軍第三十五師師長憨玉琨迫走吳佩孚，國民二軍胡景翼率部入豫為督辦，執政府命憨玉琨為陝甘豫剿匪副司令。憨據洛陽，占豫西四十餘縣，不甘居胡下，招匪增兵。擴大防地，預備決裂。陝都劉鎮華，復遣鎮嵩軍駐潼關觀音堂一帶，以厚憨之實力。胡則收編直系各軍（陳文釗、王為蔚、田維勤等部），招致米振標毅軍。樊鍾秀建國豫軍，以高壓憨部。十四年二月二十三日，胡憨部隊，在禹縣、登封間之白沙，開始衝突。時駐紮保定大名之國民三軍陝甘豫剿匪總司令孫岳部隊，屢被奉系直隸督辦李景林脅迫，要求讓防。執政府因派孫岳率部赴豫調解胡憨之爭。孫部入河南，即加入胡軍作戰。三月十三日，胡部第二師師長岳維峻攻下洛陽，劉憨退守陝州，力圖返攻。會陝北鎮守使井岳秀、陝軍第三師長田玉潔會師潼關，斷劉軍後路。劉鎮華遂退至山西運城，保吳新田繼任陝督，委柴雲陞為鎮嵩軍總司令。憨玉琨在嵩縣原籍自殺；豫西戰事，始告結束。

孫岳部隊入陝西　豫西戰事告終，國民軍本擬乘勝人陝。四月十日，胡景翼以疔發斃命。二十一日，執政府任岳維峻為豫督。五月一日，又任吳新田為陝督，國民軍不能平，復起圖陝之意。五月二十日，孫岳在洛陽指揮軍隊西進。七月初旬，國民三軍暫編第一混成旅長徐永昌部，已入陝境，聲稱入陝剿匪。十五日，吳新田離西安西走，次日國民軍入西安。二十一日，各界公推國民二軍第十師長李虎臣為保安總司令，維持秩序。三十日，孫岳入西安，李虎臣率部回豫。八月二十九日，執政府明令孫岳督陝，李虎臣為軍務幫辦，吳新田為陝南護軍使；河南省長着岳維峻兼署。

二、西南局勢之變化與國民政府成立

西南局勢之紛亂　先是十三年九月中旬，孫文發電委雲南唐繼堯為副元帥及川滇黔總司令。及孫文北上，滇唐和川聯黔，派兵入桂；廣西總司令沈鴻英，又與廣西綏靖督辦李宗仁衝突。十三年十二月，陳炯明遂宣布復粵軍總司令職，以十四年一月向虎門進攻，東江戰爭又起。惟沈鴻英不久敗北，旋即通電下野。而滇唐入桂軍隊，即乘虛入據南寧。及孫文在北京逝世，滇唐乘機就副元帥職，欲藉此取得西南盟主地位。東江方面，許崇智率粵軍以三月七日佔潮汕，二十二日佔梅縣，陳炯明部向閩贛邊境竄去。四月二十日，楊坤如困守之惠州，亦為滇軍第三軍長胡思舜佔領，東江肅清。五月十二日，滇唐以副元帥名義，任桂軍總司令劉震寰為廣西督辦兼省長。滇軍總司令楊希閔與劉震寰勾結，欲倒胡迎唐。六月五日，代理大元帥胡漢民，遂下令免劉震寰、楊希閔職，任朱培德為滇軍總司令。六日，胡漢民據河南與滇桂軍交戰，東江蔣中正、許崇智，西江李濟琛軍，均開向廣州援胡；六月十二日，劉、楊完全失敗。

國民政府之成立　自十四年五月三十日，滬案以後，六月二十三日，復有沙基慘案。胡漢民為應付時艱起見，乃改組廣州政府為國民政府，採用合議制。七月一日，國民政府正式成立。推定汪兆銘、胡漢民、許崇智、伍朝樞、徐謙、張繼、譚延闓、戴季陶、林森、張人傑、程潛、廖仲愷、古應芬、朱培德、于右任、孫科等十六人，為國民政府委員。並推定汪兆銘為委員長，許崇智為軍事部長，胡漢民為外交部長，廖仲愷為財政部長。又將所有各軍名目，一律改稱國民革命軍。七月三日，廣東省政府成立。設有七廳：軍政廳長許崇智，民政廳長古應芬，財政廳長廖仲愷，建設廳長孫科，商務廳長宋子文，教育廳長許崇清，農工廳長陳公博。許崇智任省務會議主席，另設廣州市政廳，以伍朝樞任市政府委員長。

廣州之政變　八月二十日，國民政府財政部長廖仲愷被刺，凶手陳順當場被捕。國民政府指定許崇智、汪兆銘、蔣中正三人，組織特別委員會，全權辦理。株連要人甚多，胡漢民亦被捕。時東江陳炯明已據海陸豐，有捲土重來之勢，國民政府遂決計重征東江。九月中旬，第一軍長蔣中正，乘機將廣九路沿路鄭潤琦（梁鴻楷部下）、莫雄（許崇智部下）等異己軍隊繳械。二十日，許崇智以莫雄關係，辭職赴滬。二十三日，胡漢民由國民政府給一代表名義，令離粵赴俄。從此國民政府勢力，幾全隸蔣中正一人之手。此時滇唐攻桂軍隊已失敗，退出廣西，桂局暫定。至東江方面，蔣中正自任東征總司令，革命軍逐漸發展。至十四年十二月二十六日，廣東除瓊崖一隅外，已全為革命軍統一。

三、五卅慘案及其影響

五卅慘案之發生　先是上海各外國大工廠，時有苛待我國工人之事。十四年五月，日人所辦之內外棉織會社，復因工潮槍斃工人顧正洪。上海各大學學生援助工人，講演顧正洪被殺眞相。公共租界英捕房謂學生有意排外，濫捕講演學生。五月卅日，學生集合大隊出發，在租界內遊行講演，英巡捕復拘捕學生多名。於是學生民衆羣趨南景路老閘捕房，要求釋放被拘學生。觀衆愈集愈多，英捕頭愛伏生卽下令向羣衆開槍，當場擊死七人，重傷十餘人，慘案發生，上海罷工罷市，與英日經濟絕交，以謀抵制。十餘日內，英日人重演慘劇至九次之多，共擊死我國工人學生六十餘人，重傷七十餘人，輕傷不計其數。我國要求懲凶、卹金、道歉諸條，最後英國僅使捕頭愛伏生辭職回國而已。延至十九年二月，上海工部局始交付十五萬元與五卅慘案家屬會領訖，五卅慘案遂如此結束。

漢口慘案、沙基慘案之繼起　自滬案發生，舉國同憤，北京、漢口、鎮江、長沙、九江、廣州、廈門各處，尤最顯著。其演成慘殺者，以漢口、廣州為最重大。六月十日，漢口英國租界小工運貨，被太古公司雇員毆打，適值上海慘耗傳來，碼頭工人因於十一日全體罷工，與學生聯合，示威遊行。英領事調駐漢海軍陸戰隊，分布於租界，向羣衆轟擊，擊死工人十三名，輕重傷者不下百人。六月二十一日，廣州沙面租界內之華工，憤於上海慘案，亦總罷工，英人紛調軍隊衛備。二十三日，廣州農工商學軍各界，遊行示威，行經沙面西礄口，英兵轟擊，華人慘死百五十餘人，受傷五百餘人。漢口、沙面兩案，經我國迭次抗議，其後漢口案就地草草解决；沙面案歷久無結果。

五卅慘案之反響　自五卅慘案起，推原禍始，皆由於有不平等條約，於是取消不平等條約口號遍於全國。政府對外亦有“修改不平等條約之照會”分致各國。此後修改不平等條約；力求猛進，實受五卅慘案之影響。又自五卅案發生，感於上海會審公廨阻礙我國司法，由外交部派員與英法日美意五國委員會商收回上海公廨問題。十五年七月九日，外人允將公廨移交。十六年一月一日，由我國正式接收，改組臨時法院。二月十一日，漢口亦援照上海法院辦理。

四、關稅會議與法權會議

關稅會議之召集　先是華會討論中國關稅自主問題，議定中國得召集“特別關稅會議”；嗣因金佛郎案，致關稅會議不能召集。段執政犧牲數千萬國庫承認金佛郎案，原為取得法人參加關稅會議。五卅慘案後，段執政又利用全國之排外熱潮，開脫英人行兇罪案，取得英人不反對。乃於十四年九月五日，派定沈瑞麟等為關稅特別會議委員。參與關稅會議者，為英、美、日、法、意、比、荷、葡、瑞典、那威、西班牙、丹麥等十二國及我國之代表。十月二十六日，在北京居仁堂正式開會，公推我國代表沈瑞麟為主席。直至十一月十九日，始以裁釐為條件通過關稅自主案。原案文云：“各締約國（中國在外），茲承認中國享受關稅自主之權利，允許解除各該國與中國間各項條約中之關稅上束縛；並允許中國國定關稅定率條例，於一九二九年（民國十八年）一月一日發生效力。中華民國政府聲明裁撤釐金，與中國國定關稅定率條例，同時施行。並聲明於民國十八年一月一日，即一九二九年一月一日，將釐金切實裁竣。”其後又討論裁釐加稅未實施以前，應徵附加稅稅率問題，各國多反對之。直至十五年四月，北京政變，段執政下野，關稅會議，一時停頓。七月三日，各國代表忽發表停止會議之宣言。嗣後中國再三催促各國代表繼續開會，然或藉口歸國，或藉他故，不肯續開。原關稅會議與各國本無利益可言，不過以華會條約之義務，不得不應中國之召；至關稅自主，與增高附加稅，尤非英日諸國所願意，故趁此機會，解散會議。中國無法，延至十六年一月十一日，北京潘復內閣决議，以二月一日起，按照華會規定徵收二·五附加稅，以命令發表。其後總稅務司英人安格聯不肯執行，免其職，以易紈士代之。

法權會議之召集　前在華會時，關於我國之“取消領事裁判權案”，曾議决：“須待各國調查中國法律，司法制度，司法行政後再議。”直至十四年末，各國政府相繼派定委員來北京，開調查法權會議，段執政派定王寵惠為我國全權代表。十五年一月十二日，正式在居仁堂開幕，該委員會由美、英、法、日、比、意、荷、丹、西、那、瑞及中國之十三國代表組織而成，公推我國司法總長馬君武為名譽會長，美國委員史托恩為主席。各國委員先在北京參觀監獄大理院及高等地方審判聽，認為滿意；復討論中國已頒布之各種法律。當時廣州政府，正式拒絕委員團前往。五月十日，中外委員二十八人，僅由北京赴漢口、九江、南昌、上海、杭州、青島、哈爾濱、天津等處調查，至九月十五日，調查手續完竣，復在北京開會。迄十一日，委員會根據華會議决之權限，作成一種法權報告書，並建議案，分呈各本國政府審核。報告書分為三編，將外國領事裁判權在中國實行之現狀及中國法律、司法制度、司法行政手續，分別敘述。大致為不滿意中國現在司法情形之語。其建議案大致在請中國確實保障法院不受行政機關干涉；並改良現有法律、司法與監獄之制度。然後可商漸進撤銷治外法權之辦法。故中國委員王寵惠雖提出《收回治外法權案》，各國委員皆無明白表示；但微露中國須有統一全國之政府，且司法完全獨立時，始能照辦之意旨。

五、反奉戰爭與北京市民革命

奉系勢力之擴張　執政府時代，北方政權，落於奉國兩系之手。段執政使盧永祥督蘇，齊盧再戰，賴奉軍張宗昌部隊，始克戰勝。驅走齊燮元後，張宗昌被任為蘇皖魯三省剿匪總司令，駐軍徐州。奉方以張宗昌屢戰有功，欲酬其庸，乃以“魯人治魯”為名，請執政府令張督魯。段執政以山東督辦鄭士琦拒吳佩孚有功，且係皖系舊人，因令鄭轉為安徽督辦（時安徽省長王揖唐兼任督辦）；但又循奉系之請，以姜登選繼張為蘇魯皖三省勦匪總司令。鄭擬率第五師與第七混成旅入皖，五師不願奉調，乃調第七混成旅先行。十四年五月二十一日，行至兗州平原，張宗昌乃以“魯械留魯”為詞，密令部下將第七混成旅包圍繳械遣散；鄭士琦遂以不能赴皖督任辭職，王揖唐並辭省長職。適奉系謀打通津埔路，張作霖由奉入關，向執政府提出皖督、蘇督人選。而蘇督盧永祥受奉系省長鄭謙牽掣，復藉故離寧，在津發表辭職通電，段執政以奉系意在東南，國民軍系注視西北，欲使其勢力平衡，以鞏固地位。至八月四日，准盧永祥辭職。二十五日，發表命令，以楊宇霆督蘇，准鄭士琦辭職，以姜登選督皖，甘肅兼督陸洪濤專任省長，以馮玉祥督甘，以孫岳督陝，蘇皖魯三省勦匪總司令着即裁撤，此後孫岳、姜登選、楊宇霆先後就職。九月三十日，甘肅督署參謀長蔣鴻遇亦抵寧夏，代馮玉祥發表就職通電。是時國民軍據有陝甘豫三省，察綏兩區；奉軍則於東三省之外，復掩有直魯皖蘇熱五省區。直系浙督孫傳芳，見奉系之擴張勢力，將不利於己；乃為先發制人之舉，於是東南之三次戰禍又起。

孫傳芳組織五省聯軍抗奉　先是東南二次戰役之後，江浙間本有上海永不駐兵之規定。五卅慘案起，奉軍以保護地方為名，遣邢士廉旅駐滬。又楊宇霆督蘇後，即着手掃除江蘇異己軍隊。孫傳芳知統一江蘇，為圖浙之初步，遂亟亟備戰，十四年十月十六日，孫傳芳遂以奉軍駐淞滬，破壞和平為口實，組織浙閩蘇皖贛五省聯軍，自任總司令，分東西兩路，集中淞江。上海奉軍邢士廉旅，首先自動讓防，倉卒之間，一部分為孫軍繳械。十七日，孫傳芳即抵滬，沿滬寧路西進。奉軍節節後退。十八日，蘇軍陳調元、白寶山、馬玉仁等響應浙軍。楊宇霆、鄭謙星夜棄南京而逃。楊軍直達濟南，鄭被阻，轉道上海歸奉。孫傳芳於二十日抵南京，派兵過江追躡奉軍，奉軍放棄浦口，皖督姜登選亦棄職北走。二十四日，孫軍達蚌埠。張作霖以戰線過長，不便作戰，故在一週內，拋棄兩省。急命張宗昌赴前線堅守徐州，姜登選布防德州，更使郭松齡、張學良率隊入關助戰。孫軍抵蚌埠後，於徐州南之夾溝、符離集，與奉軍為爭奪戰，歷十餘日。時奉軍第二十師邢士廉攻下海州，謀從側總截斷孫軍陣線，亦為聯軍擊退。而奉國兩軍又失和，豫之國民二軍第九師長李紀才部，與直系餘部第四師師長陳文釗、第五師師長王為蔚、第十四混成旅旅長田維勤等已逼奉軍右翼，戰於固鎮、徐州間。張宗昌敗退，守臨城；孫軍以十一月七日，佔有徐州。

吳佩孚之再起　自吳佩孚逃入鷄公山，旋入鄂。此後復由鄂城、黃州入湘之岳州。日集散卒，以待機變。及孫傳芳討奉，吳即於十月十九日，發電響應浙孫。二十一日，乘軍艦抵漢，自稱蘇浙豫皖陝晉湘鄂贛川粵桂閩十四省討賊聯軍總司令，於漢口查家屯設立總司令部。委蕭耀南為鄂軍總司令，二十五師師長陳嘉謨為副司令。僑居日本之齊燮元，亦自海外歸來，吳以之為十四省討賊聯軍副司令。吳初欲假道河南，與孫傳芳會攻徐州，嗣以岳維峻保持中立，不允假道而罷。及徐州為聯軍攻下，豫岳乃正式出兵，助聯軍攻直魯兩省之奉系軍隊。

國民二軍之出兵　當東南戰事發生之初，各軍對奉，曾有“浙孫繫其頭，豫岳擊其腰，西北軍擊其尾”之說。十一月初旬，奉軍突增兵近畿，對北京取三面包圍形勢，馬隊且侵入三河縣國民軍防地。馮玉祥致函張作霖責問，奉方願撤退近畿駐兵，在京漢路駐紮之奉軍，李景林亦表示可以讓防。十三日，段執政因下和平令，京漢路沿線責成馮玉祥、岳維峻盡力維持，津浦鐵路前線責成張作霖、李景林妥為辦理，岳維峻即根據國民軍接收京漢防務之令，着着進行。會同國民三軍，攻邯鄲大名。並派第七師師長鄧瑜（寶珊）接防保定，第六師師長樊鍾秀接防大名。此時國民二軍李紀才等入魯部隊，先後佔領曹州、濟寧、泰安等處，與魯軍相持。

郭松齡倒戈攻奉之失敗　先是奉軍軍官，向有新舊派之分；而新派中又有士官派與大學派之分。

- 奉軍
  - 舊派……黑督吳俊陞，吉督張作相，為領袖
  - 新派……總參議楊宇霆為領袖
    - 大學派……郭松齡，李景林屬之
    - 士官派……楊宇霆，姜登選屬之

各派互相傾軋，由來已久。二次直奉戰後，李景林、楊宇霆、姜登選先後得有地盤，郭松齡欲得一熱河都統，而為楊宇霆所扼。及郭軍奉令入關壓迫國民軍，郭殊不欲戰，乃密赴包頭謁馮玉祥，協商合作，並與李景林聯絡一致。十一月二十二日，郭氏自津發出三

電:(一)請張作霖下野,擁張學良為總司令;(二)聲討楊宇霆;(三)罷戰主和,班師出關。二十三日晨,郭在灤縣獨立,稱東北國民軍,扣留姜登選及奉軍師旅長。旋槍殺姜,棄尸灤縣,大激起士官派之忿怨,為郭氏失勢一大原因。二十五日,郭率軍出關,進抵綏中,屢敗奉軍第九師之汲金純部。十二月二日,李景林以受國民軍壓迫太甚,態度忽變,釋放郭氏解津拘禁之奉軍師旅長,並與山東張宗昌聯絡,組織直魯聯軍,自為總司令,拒絕國民軍假道天津援助郭松齡。時國民軍在天津周圍佈防;四日,李景林以討伐赤化為名,實行對國民軍宣戰。此時國民一軍第十一師長宋哲元,由多倫攻取熱河;奉系熱河都統闞朝璽,以十一月三十日,間道回奉,宋哲元遂為熱河都統。郭松齡軍自綏中前進,以十二月五日,佔領錦州;八日,進至溝帮子;十三日,別動隊佔領營口;廿一日,更佔領新民屯,瀋陽大震。日本以保護東三省權利為藉口,出兵滿洲,滿佈南滿鐵路一帶,暗襲郭軍後路,並禁阻在鐵路綫附近作戰;郭軍行動,極受牽掣。其攻山東之國民二軍李紀才部隊,以十一月二十三日,逼近濟南城下。此時吳佩孚擬入豫,因失遣靳雲鶚疏通其舊部王為蔚等。王為蔚達投靳雲鶚而攻李紀才後路,豫軍大挫。十二月十三日,張宗昌反攻泰安,靳亦由南京至兗州,直系豫軍陳文釗、田維勤,亦歸靳統制。國民二軍敗退,漸撤回豫。魯省奉系勢力,仍得保持,隱為關內重鎮。吳佩孚乘機又指揮鄂軍攻豫之國民二軍。其國民一、三軍,則直取天津,直督李景林在北倉,築有極堅固戰壕,國民一軍察哈爾都統張之江率部進攻楊村,據有之,而攻北倉不下。時國民二軍,復分攻馬廠、青縣,以牽掣李軍後路。天津在包圍中。國民一軍重要將領,綏遠都統李鳴鐘、熱河都統宋哲元、京畿警備司令鹿鍾麟,均先後離其防地前來督戰。直至二十二日晨,始佔領北倉。率兵回奉之郭松齡,既不能得關內之援助,復為黑督吳俊陞騎兵所乘,內部生變,以致大敗。二十三日晚,自旗堡已為奉方所得；郭猝不及防，以二十四日被獲，旋被槍殺。其婿砲兵第三旅旅長魏益三，退守山海關，繼續反奉，改稱國民第四軍。

國民軍佔直隸　十二月二十四日，國民一軍張之江部，進佔天津，為鞏固國民軍團體起見，一部開往津榆線，一部退回原防；而請執政府任孫岳為直隸督辦兼省長，鄧瑜為幫辦，以滿足國民三軍、二軍慾望。至李景林則率部由津浦路入魯，依張宗昌。時國民二軍樊鍾秀攻晉之軍，亦為閻錫山擊敗，退入直隸南部，北方戰局和緩。考察政治專使徐樹錚回國謁段執政，以二十九日出京。車行至廊坊，為國民軍遊擊隊總司令陸承武刺殺。從此段執政在外活動力盡失，皖系一蹶不振。

馮玉祥之下野　國民軍與新直系戰爭結束，馮玉祥於十五年一月一日，通電下野。一月四日，馮以全權交張之江，離張家口赴平地泉。旋赴庫倫，由國民黨員徐謙介紹，加入國民黨。五月赴俄國遊歷，六月派李鳴鐘、劉驥赴廣州與國民政府接洽。

北京市民之革命　先是段祺瑞自執政以來，久為民衆不滿。辦理金佛郎案，尤為國民所切齒。郭松齡倒戈之後，北京各團體卽思推倒段執政。十四年十一月二十八日，北京各校學生、市民、工人，約五萬餘，齊集神武門，整隊赴執政府與段邸，請段祺瑞下野。議決組織國民政府。時警衛總司令鹿鍾麟派旅長門致中維持秩序，始得平靖無事。二十九日，羣衆復在天安門開國民大會，議決倒段，組織國民政府臨時委員會。並焚燬研究系之晨報館。三十日，鹿鍾麟禁止羣衆集會，北京秩序恢復，段氏執政地位，暫得保持。

執政府改組與內閣遞嬗　北京革命行動發生後，段執政為分謗起見，於十四年十二月，修改臨時政府制，增設國務院。以十二月三十一日，任許士英為國務總理。十五年三月四日，許閣免職，特任賈德耀為國務總理。前後兩閣閣員，皆雜湊各派人物而成，以將就各方勢力。

六、反國戰爭及其影響

奉直合作與鄂軍入豫　先是吳佩孚再起，岳維峻不准假道攻徐州。李景林受國民軍壓迫時，即思聯絡直系為聲援。魯軍二十四師師長方振武復脫離張宗昌關係，改稱國民第五軍。國民軍之名，遂為奉直魯各系所同惡。十五年一月二十三日，直系所委之聯軍第一軍總司令靳雲鶚，與張宗昌、李景林會晤，訂立合作條約。張作霖、吳佩孚遂同立於反國民軍戰線上。一月下旬，吳佩孚令湖北第一師寇英傑部攻河南。二月十二日，靳雲鶚由山東西侵，為吳氏策應。十四日，蕭耀南在鄂暴卒，吳委二十五師師長陳嘉謨為鄂督。廿六日，靳軍下開封；三月二日，入鄭州。岳維岳[1]、李虎臣率陝軍殘部，退豫西。時洛陽附近之紅槍會，復與國民二軍為難，岳李隻身逃入陝西，其殘部北退，駐順德；晉督命商震出兵石家莊，以三月十五日，攻下順德，擒二軍騎兵旅長鄭庠（鄭思成）。其堅守信陽之師長蔣士傑，亦於是時降吳佩孚；國民二軍完全失敗。十七日，吳佩孚任寇英傑為河南督辦，靳雲鶚為河南省長，河南復歸吳氏掌握。

三一八慘案之始末　先是郭松齡倒戈失敗後，十五年一月十七日，張學良部進攻山海關，魏益三部退昌黎。奉軍湯玉麟、汲金純部復由錦州以窺熱河東部。奉直合作後，二月十四日，張作霖以張學良為總指揮，分四路進攻：韓麟春攻灤縣，張學成攻永平，穆春攻建昌，于勳攻朝陽。國民一軍則以唐之道、門致中援魏益三，鹿鍾麟為總指揮。時魏部多欲降奉；十八日，國民軍令開往保定。李景林、張宗昌之直魯聯軍，亦向直隸進展，與奉軍相策應。二月下旬，李景林部突

[1] “岳維岳”當爲“岳維峻”。——編者註

過馬廠，津南形勢驟緊。國民一軍推鹿鐘麟赴前綫主持軍事，屢勝李軍。張宗昌因命山東海防總司令兼第八軍軍長畢庶澄率艦攻大沽口，國民軍因封鎖港口以為抵抗。三月十二日，日本驅逐艦二艘，駛入大沽口，與國民軍開礮互擊。十六日，日本聯合英美法意荷比西等國，根據《辛丑和約》，向我提出最後通牒，要求津沽間之航道，除去地雷水雷，恢復航路標幟，限四十八小時答覆。三月十八日，北京各界在天安門開國民大會，到者二千餘人，由廣東外交代表團主席徐謙為主席。議决督促北京政府，嚴重駁覆八國通牒，宣布《辛丑和約》無效，驅逐八國公使。旋卽遊行示威，趨鐵獅子胡同國務院請願。至則執政府衛隊三百人，荷槍實彈列門外，已有佈置。羣衆在柵門外，高呼“打倒帝國主義”“打倒段祺瑞”。衛隊遂開槍，死二十六人，重傷者二百餘人。當晚全體閣員，在段邸開特別會議，議决禁止集會，下令通緝徐謙、李大釗、李煜瀛、易培基、顧兆熊等五人，指為共產黨徒，率領暴徒，闖襲國務院。徐等多逃入東交民巷俄使館中。未幾政變陡起，戰事日亟，慘殺案責任問題，遂無復過問者。

國民軍退出北京與段祺瑞去職　自奉系與舊直系合作後，共同對國民軍宣戰。吳佩孚由京漢線出師河南，李景林由津浦線反攻天津，張作霖由京奉線逼灤縣。晉軍閻錫山復出兵大同，威脅國民軍後路。一時戰雲瀰漫，在京名流王士珍，遂於十五年三月十五日，通電倡導和平。國民軍將領張之江、孫岳等覆電贊成，乘機以二十一日，行三路總退却，集中近畿一帶。二十二日，李景林部隊佔領天津。二十六日，李景林在津通電，委張宗昌部第六軍軍長褚玉璞，護理直督。此時國民軍以韓復渠守廊坊，石友三守高碑店，鄭金聲守順義。奉軍分三路攻北京：李景林攻通州為中路，張宗昌攻黃村為左路，張學良攻順義為右路。奉軍自四月二日起，連遣飛機赴北京擲炸彈十餘日。時直系田維勤部已北至涿縣，靳雲鶚則至保定；國民軍由鹿鍾麟向直系請和，以四月九日，驅逐段祺瑞，釋放曹錕。通電此後行止，惟吳佩孚馬首是瞻。國民四軍魏益三部編入田維勤部下。國直議和極接近，而卒無成。十二日，王士珍等組織京師治安維持會，王為會長。十四日，通州陷落。十五日，國民一三軍開始向南口撤退。唐之道部突叛國民軍，占有北京。治安會推吳炳湘為警察總監，維持治安，段祺瑞復出而執政。十八日，吳佩孚電唐之道，令拘捕安福系，監視段祺瑞。十九日，賈德耀內閣辭職。二十日，段祺瑞復去職；臨行以胡維德兼署國務總理，並攝行執政職權。二十日，奉軍張學良部抵京；直軍田維勤部駐京西長辛店一帶。唐之道部被奉軍改編，段祺瑞逃避天津。

七、奉軍入京後北方之局勢

顏閣之復職與改組　段祺瑞下野後，吳佩孚主張擁護憲法，奉方則以擁護約法抵制之。十五年五月一日，曹錕宣言退位，奉方因受治安會調停，贊成十三年之顏惠慶內閣復職，復職後即任命新總理攝政。十三日，顏閣復職；二十二日，改任海長杜錫珪兼代國務總理。是為“攝政時代”。十月改任外長顧維鈞兼代國務總理。及至十六年一月，代閣顧維鈞，復改代為署。

吳佩孚、張作霖北京會議　國民軍退去北京，奉張疊電邀吳會議，於是有吳張同時入京之約。十五年五月二十六日，吳佩孚由漢口北上。此時國民一、三軍合力包圍大同，佔有雁門關以北地。吳部第一軍總司令靳雲鶚暗與國民一軍有聯絡，按兵不動，致晉軍失守大同。三十一日，吳佩孚抵保定，怒免靳職。同時奉聯軍亦在廊坊一帶，解決趙傑所部，以其與靳有關係。六月五日，張作霖入關，六日抵津，二十六日入京。吳佩孚則以二十七日離保，二十八日抵京。即日張吳相會，討論軍事問題。對南口之國民軍，以直魯聯軍及奉軍之一部為主力，並使吳佩孚一部參加；大同方面，以晉軍為主力；多倫方面，以奉軍為主力。時北京有李景林部不穩之謠。張吳會晤，曾論及改編李部問題，吳表同意。當晚，吳回長辛店。二十九日，張亦離京赴津。奉魯以二十九日夜，將住京西李部包圍繳械，改編為鎮威軍第十二軍，仍以榮臻為軍長，歸張學良節制。

奉直軍會攻南口與國民軍西走　先是國民一、三軍退守南口，以鹿鍾麟為司令，是為東路；熱河都統宋哲元為北路總司令，守多倫；李鳴鐘為西路總司令，守平地泉、豐鎮，以防晉閻。張之江坐鎮張家口，主持國民軍大本營事務。十五年七月二日，奉直各軍會攻南口，由魯軍張宗昌主持。直軍田維勤部下，有與國民軍通者，屢起叛變。進行不利。七月二十六日，奉軍吳俊陞部佔領多倫，戰事略有開展。國民軍此時不過十餘萬人，聯軍攻者不下四五十萬，後路既感空虛，子彈又復缺乏，乃以八月十四日為總退却，向西北移動。南口卽為奉軍第十軍軍長于珍所佔領。廿日，奉軍佔領張家口；同日大同解圍，國民軍西走。二十三日，馮玉祥代表徐謙、李鳴鐘抵粵，報告馮氏率國民軍全體加入國民黨。國民政府卽任馮為軍事委員，國民黨中央黨部任馮為國民軍黨代表，兼國民政府委員。二十六日，晉軍佔領平地泉。九月十日，晉軍佔領包頭。此後熱河都統易奉方湯玉麟，察哈爾都統易奉方高維嶽；綏遠都統歸晉方商震。十五日馮玉祥自俄歸國，十七日在五原宣布就國民軍聯軍總司令職，宣誓接受國民黨之主義，决意入陝甘。此時劉鎮華受吳佩孚命令入陝西圍攻西安，國民二軍李雲龍部困守至九月之久。國民一軍分路入陝，至十月中旬，孫良誠部抵咸陽，血戰半月，卒解西安之圍。劉鎮華退守潼關。十二月初，國民軍出潼關，進佔靈寶。劉鎮華到處乞援無效，遂投馮，被委南路軍總司令。從此陝西一省，全入國民軍勢力範圍之下。

第二十二章　國民政府完成北伐

一、湖南戰爭與國民革命軍北伐取武漢

國民革命軍基本軍隊之造成　先是國民黨總理孫文，鑑於廣東反革命勢力雄厚，有訓練黨軍之必要。十三年六月十六日，成立中國國民黨陸軍軍官學校於廣州之黄埔，後改為中央軍事政治學校，即世所稱之黄埔軍官學校。以新自蘇俄考察歸國之蔣中正為校長，廖仲愷為軍校黨代表。黨軍平日於戰術以外，施以主義之訓練；出師時，各軍均設有黨代表，以宣傳黨義，勵行黨化教育，指導組續戰時所在地之民衆及黨部。以完全實現黨化之軍隊。國民革命軍之基本軍隊，於以造成。其後各軍黨代表，改為政治部，復改為政治訓練處。

廣東國民政府內部之變化　先是十四年八月，廖仲愷被刺，胡漢民離粵赴俄，許崇智走上海；廣東國民政府成蔣中正與汪兆銘共治之局。十五年三月二十日，共派海軍局長兼中山艦長李之龍謀倒蔣，失敗；汪兆銘託病出洋。共派之將校全部退出黄埔軍官學校。教務長鄧演達解職，並將俄員數十人解約，遣送回國。汪既去，蔣遂操軍事與政治全權。五月十五日，第二屆中央執行委員會第二次全體會議開會，通過“整理黨務案”，以限制共產黨；但蔣以國民黨尚囿於廣東一偶，欲圖發展，尚有賴於蘇俄，對共派遂出於妥協之一途。又延致張人傑、吳敬恒、孫科、戴傳賢等回粵，以博得黨員信仰。國共初次

接鋒，勝利屬之國民黨。按中國共產黨，成立於九年秋季，[1]其首領為李大釗、陳獨秀等，初設機關部在上海法租界霞飛路漁洋里，受第三國際指導。又有中國共產主義青年團，亦成立於九年。據民國十二年之統計，中國共產黨達四百餘人，中國共產主義青年團達三千餘人。

國民革命軍北伐之導線　湖南省長趙恒惕假自治之名，以保可南可北之態度；湖南師長唐生智，起兵逐之。十五年三月十三日，趙離省。使唐代理省長職權。十七日唐率軍至長沙，於二十五日就省長職，下令免第三師長葉開鑫職，葉部退駐岳州，一部被繳械，餘衆退向鄂邊。葉以二十七日赴漢口。向吳佩孚求援。吳令陳嘉謨之廿五師援葉。唐則聯絡贛督方本仁，使由贛侵鄂。鄧如琢掣方肘。吳以鄧為贛督，方走上海。吳佩孚於四月十九日，任彭壽莘為湘鄂邊防督辦，葉開鑫為討賊聯軍湘軍總司令，大舉攻湘。五月一日，唐軍退出長沙，向衡州撤退，堅守待援。時廣東國民政府已肅清全粵，正謀向外發展，唐生智南來乞援，立允其請，決定湘贛閩同時發動。先遣李宗仁第七軍與陳銘樞第四軍之一部援唐。五月自衡州北進，會唐軍反攻湘陰。葉軍大敗。湖南戰爭實為黨軍北伐之導線。

黨軍北伐佔領武漢　十五年六月，唐生智在衡州就國民政府所委之第八軍長職，此時吳佩孚已離漢北上，指揮軍事。六月六日，國民政府軍事委員會任蔣中正為革命軍總司令，使指揮各軍進行北伐。蔣氏決定北伐政略為打倒吳佩孚，妥協孫傳芳，放棄張作霖。七月九日，蔣中正就革命軍總司令職，誓師北伐。十一日唐以得桂粵援軍，復得長沙。蔣以二十七日自廣州出發，革命軍計有八軍：除李福林第五軍留粵未動外，餘如何應欽第一軍、魯滌平第二軍、朱培德第三軍、陳銘樞第四軍、程潛第六軍、李宗仁第七軍、唐生智第八軍全部動

[1] 此指中國共產主義小組，中國共產黨正式成立於1921年7月。——編者註

員。八月十二日，蔣抵長沙，令陳銘樞第四軍由側面進逼岳州，唐生智所部第八軍由正面會攻，二十二日遂佔領岳州。同時何應欽第一軍攻福建；朱培德第三軍由長沙趨江西萍鄉。吳佩孚急自長辛店南下，以廿五日抵漢口，二十七日督率劉玉春、陳嘉謨赴咸寧前線作戰，並調田維勤、魏益三、王為蔚所部赴援。但軍隊運輸遲滯，未抵鄂境，吳軍已與黨軍劇戰於汀泗僑。三十日吳軍不能支持，潰退武昌。九月一日，田維勤等雖至，已無法挽回頹勢。吳以師長劉玉春為援湘總指揮，令師長劉佐龍守漢口；起用靳雲鶚為副司令。九月六日，唐生智軍因劉佐龍之內應，佔領漢陽。七日渡江取漢口。吳軍退守孝感，武昌則劉玉春率兩萬人堅守。先是黨軍北進吳佩孚迭請五省聯軍總司令孫傳芳出兵，九月八日孫始宣布與黨軍作戰，以陳調元、盧香亭、謝鴻勳、周鳳岐為四路司令，此時吳由孝感退守武勝關。九月十七日，部下龐炳勳師變亂，樊鍾秀乘勢來攻，唐軍復進逼，吳又北走鄭州。固守武昌之劉玉春、陳嘉謨，黨軍攻之不克，至十月八日，始議定開城條件；十日唐生智入武昌，北軍二萬人俱繳械改編。於是革命軍雄踞武漢，以爭蘇贛。

二、國民革命軍打通長江下游
統有東南各省

革命軍爭江西　先是十五年八月中旬，革命軍自湖南分兵向江西發展，五省聯軍總司令孫傳芳，令江西總司令鄧如琢應戰，並派第四師長謝鴻勳率部赴九江增援。九月十日以後，江西戰事轉劇。十九日，革命軍攻南昌，得學生工人及省署警備隊內應，革命軍朱培德、程潛兩軍，以廿日佔領南昌，孫傳芳速自南京赴九江，急令謝鴻勳部

反攻，以二十四日聯軍復入南昌。蔣中正急自鄂赴袁州督戰，革命軍李宗仁部，以十月一日，由鄂之興國突向武寧發展，進攻德安。贛軍內部不一致，孫以鄭俊彥代鄧如琢為總司令。革命軍李部以四日佔德安，南潯路交通截斷；駐在該地之聯軍謝鴻勳部，精鋭幾盡，謝亦受重傷（後歿於上海公濟醫院），德安被攻下。六日聯軍恢復德安，九江形勢略固，時革命軍攻南昌，每利用便衣隊，以亂後防，鄭俊彥連日激戰，不能支持，十二日南昌又不守。孫傳芳催各軍由德安前進，猛攻南昌，又恢復之。而浙江省長夏超，聯絡師長張載揚、潘國綱，忽於十五日獨立，但不久為孫部孟昭月、宋梅村所平。陳儀奉孫命就浙江省長。浙江變起，蔣中正調駐武漢陳銘樞第十師，湘西賀耀祖獨立第二師，開往贛省助戰。十一月一日，德安忽發現賀耀祖部革命軍，以一枝隊猛襲馬迴嶺（在德安北四十五里），擊破守軍，乘勢進迫九江；四日復有革命軍便衣隊，自瑞安侵入九江，於是孫傳芳赴武穴，退湖口，以七日回南京。八日蔣中正攻入南昌，鄭俊彥、盧香亭及贛軍各師，紛紛向鄱陽湖以東潰退，武穴一帶之皖軍，撤回皖省，陳調元回駐宿松，江西大部入於革命軍之手。孫傳芳回南京後，卽派總參議楊文愷北上，求援於張宗昌。革命軍為避免與奉魯軍同時衝突，暫不圖皖，先攻閩浙，此方戰事，一時停頓。

革命軍入福建　國民革命軍何應欽部，以十五年十月初，與閩軍周蔭人部，在永安、上杭、和平一帶接觸。十月九日，何應欽攻入永安城。十二日閩軍曹萬順第五旅，杜起雲第六旅附粵，周蔭人退延平。閩軍第一師長張毅退出漳州，復以三十日退回福州。十一月十七日，省防司令李生春與閩廈海軍司令陳季良聯合，宣布服從國民政府，張毅部大部被繳械，殘部向仙遊、永福退却，時周蔭人軍在延平，受革命軍攻擊，向浙邊退却。張毅部旋受革命軍改編，張走上海。自是福建遂入革命軍之手。

革命軍取浙江 革命軍既入福建，孫傳芳調浙軍第十三師長周鳳岐率部回浙，鎮守杭州；孟昭月至蘇，維護寧滬。十一月十八日，孫秘密北上至津，親謁張作霖求援。張在津召集會議，列席者除直魯重要將領外，尚有孫傳芳楊文凱，當席議決出兵援孫，並以鎮威直魯晉孫吳各軍組織安國軍，設司令部於天津，以張宗昌為援軍總司令。十一月廿二日，張宗昌回濟南。奉方對南策略，最後用總參議楊宇霆議：決定直魯軍出動，以長江以北為止；請孫傳芳回寧，整頓殘部，抵禦黨軍。十二月一日，張就安國軍總司令職，孫回南京。此時閩軍失勢，潰入浙屬溫處兩州。浙人為避兵計，組織各界聯合會，主張自治，請省長陳儀、師長周鳳岐宣布獨立。十四日，周宣言就革命軍第二十六軍軍長，由衢州回嚴州，革命軍便衣隊千餘，不戰而入杭州。十八日張宗昌由濟南南下赴南京，以直督褚玉璞為前敵總司令。二十一日張宗昌、孫傳芳、陳調元在南京會議，決定以陳調元負在皖防革命軍下窺之責，直魯聯軍由皖北進軍作戰，孫傳芳以全力對浙江，同時直魯聯軍實行渡江，於是浙皖之戰事漸急。廿二日，孫傳芳任孟昭月為督戰司令，反攻杭州；廿三日，孟入杭州。適浙軍總司令盧香亭辭職，即以孟繼之。廿七日，張作霖入北京，以順承王府為行轅。十六年一月十二日，孟部佔嚴州、寧波，閩海軍北附來上海，周蔭人亦率部至寧波，孫軍聲勢少振。二月八日，革命軍魯滌平部會同周鳳岐部，由蘭溪以攻桐廬；白崇禧部，自壽昌繞襲富陽。周蔭人部不戰而退，孟在桐廬，獨力難支，亦退杭州。二月十七日，孟軍退出杭州，佈防嘉興。十八日，白崇禧部革命軍再入杭州。

革命軍進據滬寧 革命軍入杭州，孫聯軍沿滬寧路撤退，因久戰疲勞，不堪再戰，漸退守江北休息，將前線交魯軍負責。魯軍前鋒畢庶澄以二月二十四日，進抵上海。張宗昌、孫傳芳因安徽總司令陳調元態度不明，以三月一日，將陳部駐蚌埠之軍隊繳械。五日，陳調元率軍一旅乘艦至蕪湖，宣布就國民革命軍第三十七軍軍長職；安徽軍務幫辦王普，亦就革命軍二十七軍軍長職。於是張宗昌由南京赴徐州，主持皖北戰事，孫傳芳被留在南京坐鎮，褚玉璞在南京主持長江方面之對皖軍事。會滬上工人罷工，革命軍便衣隊拆毀真茹之滬寧路，海軍總司令陽樹莊又以十四日，在吳淞口外，就國民革命軍海軍總司令職，滬上形勢日急。十七日革命軍何應欽攻入宜興，孫傳芳退揚州，餘部白寶山等集常州。革命軍越石湖蕩以攻蘇州，自太湖東岸入溧陽，進逼鎮江，復佔領吳江，以爭松江，孫部周蔭人在滬與魯軍畢庶澄不睦，向江北撤退，畢庶澄棄上海，欲率部返南京，至常州為白寶山等部截留，畢逃，損失頗鉅。三日二十二日，革命軍白崇禧部入上海。廿三日，革命軍何應欽部攻下鎮江。二十四日，褚玉璞率直魯軍退浦口，放棄南京，集中蚌埠。倉卒退兵，匪人乘機搶掠，槍彈滿空，外僑死四五人，英美兵艦即開炮向南京轟擊，我國軍民死千餘人，引起寧案交涉。經革命軍魯滌平、程潛兩軍長入城，秩序始恢復。孫傳芳部由揚州退清江浦。蔣中正由蕪湖入南京，以二十六日，馳赴上海。

國民政府北遷與改組　先是十五年十一月二十六日，政治會議議決，遷都武昌。國民政府委員徐讓（司法）、宋子文（財政）、孫科（交通）、顧孟餘（宣傳）、陳友仁（外交），由粵北上，轉道南昌，以十二月十日至武昌。十六年一月一日，國民政府開始在武昌辦公，另設廣州政治分會。中央執行委員會暫在南昌開會，中央黨部亦暫設南昌。二月二十一日，中央黨部亦移武昌。三月七日至十七日，第三次中央執行委員全體大會在漢口開會，議決："統一黨的指導機關""革命軍總司令條例""軍事委員會大綱""主席改為主席團"諸要案，以防止個人獨裁軍事政治之傾向，而消蔣中正之職權，為後此寧漢分裂一大原因。

三、國民革命軍北爭皖豫與寧漢分裂期中南北之局勢

奉軍入豫與吳部衝突　吳佩孚率部由武漢退走河南，疲困已極，不堪再戰；部下將領不復聽指揮，靳雲鶚且暗與國民軍通聲氣。時國民軍已解西安之圍，乃於十五年十二月，由陝入潼關，佔領陝州觀音堂，進逼洛陽，吳佩孚無力抵禦，欲先解決內部，以清肘腋之患。十二月二十七日，解靳雲鶚副司令之職，令田維勤、王維城部包圍靳軍，靳部任應岐、劉培緒起而反抗；靳復聯絡魏益三、樊鍾秀、龐炳勳，於十六年一月十日，包圍在信陽之田部；內訌大起，吳不能制止。奉軍乃於一月十八日，進抵彰德，吳部大懼，又復團結；靳在信陽，亦對吳諒解。二月十日，吳在鄭州召集部下會議；遂以“所部足敷調遣”為詞，阻奉軍暫勿南下。時張作霖任命張學良為援鄂總司令，韓麟春副之，兼前方總指揮；榮臻為第一路指揮，趙恩臻為第二路指揮，于珍為第三路指揮，魯軍徐源泉部亦入豫東。吳急調各軍至鄭州，以靳雲鶚、魏益三為河南保衛總副司令，王為蔚、王維城守黃河橋，靳部赴開封中牟。奉方則通電討靳，以趙倜為河南宣撫使，說毅軍米振標投奉；二月二十八日，遂與靳軍高汝桐、紀文林部，在中牟衝突。三月十三日，東路于珍軍渡河，由開封進逼鄭州。十四日，中路榮臻軍，賴重砲之掩護，與飛機之協助，始通過黃河鐵橋而至南岸，靳部高汝桐及王維城潰退。奉軍以十五日佔領開封。在開封之毅軍張繼武部復附靳，向于珍軍側背攻擊，于部損失極重，退出開封，在河北收敗兵。十七日，奉軍在鄭州與靳部劇戰；靳南退新鄭，吳西退鞏縣，二十四日，靳部師長高汝桐，反攻鄭州，陣亡，殘軍潰退，鄭州完全為奉軍佔領。靳

則一方集中郾城，從事布防；一方聯唐馮閻出師援助。二十七日，奉軍于珍部反攻，復佔開封，毅軍大部被繳械，奉軍在豫地位日固。四月十日，奉軍展至許昌以南，並佔領偃城。乃革命軍北進，國民軍出豫西，晉軍出娘子關，戰局又變。

北京東交民巷共產黨案　十六年三月下旬，北京軍警當局，搜捕黨人，並查明北京各校有國民黨員約萬人，共產黨員六七百人。四月六日，北京軍警，檢查東交民巷俄大使館及其附屬之遠東銀行中東鐵路辦公處，拘捕中俄共產黨人李大釗等六十餘人。十日，蘇俄召回俄大使代辦齊尼內夫，並要求四項。北京外交部以蘇俄代辦有意擾亂中國治安，拒絕之。二十八日，審判俄使館黨案特別法庭，判決李大釗等二十人死刑；同日下午，執行絞決。

革命軍爭皖豫與奉魯軍放棄徐鄭　自魯軍退蚌埠，皖北遂成戰事重心。革命軍張發奎、陳銘樞所部，與魯軍許崑、常之英所部，相持於合肥定遠。津浦路革命軍賴世璜、白崇禧所部，一由楊州以攻淮安、淸口。一由如皋、鹽城以趨阜定。程潛及陳調元部則策應皖北，夾攻蚌埠。十六年四月，國民政府有寧漢之爭。孫軍反攻，以四月八日，奪回揚州；魯軍克滁州，進抵浦口，革命軍撤退江南，與孫軍夾江相持。津浦方面之防既鞏固。奉軍乃專力豫南，以四月下旬，入臨潁，佔漯河；五月靳雲鶚部向光山、羅山撤退。革命軍唐生智部。遂越武勝關，由信陽進抵駐馬店，與奉軍開始接觸於上蔡遂平。靳部田維勤在遂平、汝南投奉。吳佩孚則由鞏縣赴嵩山，其後南走襄陽，由漳南入川，依楊森。奉軍則萬福麟部，接防鞏洛，在豫頗佔優勢。至五月十四日，津浦方面，革命軍突向江北猛進：一由鎮江攻瓜揚，何應欽指揮之；一由南京趨浦口，蔣中正指揮之；一由安慶、蕪湖向六安合淝，李宗仁指揮之。十五日，魯軍由浦口退滁州，再退臨准、蚌埠。革命軍跟蹤追擊，紅槍會復蠭起，魯軍又退徐州。孫軍受影響，放棄揚州，退走淮安、清江。河南之奉軍，以豫西國民軍進迫澠池，覬覦洛陽；晉軍閻錫山態度不明；有下兵石家莊橫截奉軍歸路之虞，遂放棄隴海線，退守河北。二十八日起，陸續向後撤退，集中保定。同時津浦線上之魯軍放棄徐州，守臨城韓莊。孫聯軍一部至山東郯城；一部由海路退青島，循膠濟路駐濰縣、濟南等地。國民軍與唐生智部入開封，蔣中正部至徐州。

寧漢分裂與清黨　先是孫文“聯俄”“容共”，本為厚積革命勢力。共產黨則欲憑藉國民黨，為自己工作，兩黨互相利用，故貌合神離。逮蔣中正北伐，握軍政大權，共產黨益不能發展。自第三次中央執行委員全體大會以後，武漢方面共產派勢大張，反蔣空氣，日益濃厚。南京克復以後，蔣中正馳赴上海，另成一政治中心。十六年四月初，武漢國民政府電召汪兆銘返國，仍就中央執行委員會主席。四月二日，汪至上海，十日抵武昌。時武漢政府決定免蔣中正總司令職，以唐生智代之。時中央監察委員吳稚暉，提出檢舉共產黨呈文；四月十二日，蔣中正在上海搜繳左傾工會糾察隊槍械，翌日工人遊行與軍人衝突，工人死八十餘人；市政府市黨部均被抄封，並大捕共產黨人，實行清黨分共。十七日，武漢政府遂以屠殺民衆，摧殘黨部，甘心反動為口實；免去蔣中正本兼各職，並除黨籍。蔣知不能與武漢合作，於十八日在南京成立國民政府。張人傑、胡漢民、蔡元培、吳敬恒、李煜瀛等為委員，以“驅共”為號召。南京政府一方緩和唐生智，一方聯絡馮玉祥，以二十四日宣言一致完成北伐；武漢軍唐生智、張發奎所部，始行入豫作戰。當六月二日第十軍王天培部佔頭徐州之時，同時京漢路之鄭州亦為第三十六軍劉興部佔領。適值第十五軍長夏斗寅，第二十軍長楊森聯合反共，猛攻武漢。唐調回入豫之軍隊，始擊退楊夏部隊。河南北伐東進軍事，依六月十日馮玉祥所發起鄭州會議議決，交由國民軍擔任，馮卽令其代表李鳴鐘，在南京與蔣總司令接洽。十六日蔣抵徐州，與前敵將領李宗仁、白崇禧會議兩軍北進事宜。值十八日張作霖就海陸軍大元帥職，將以全力應付國民革命軍。蔣中正、馮玉祥遂以十九日開始會議徐州，賡續三日之會議，結果由蔣馮聯名通電，大意謂率領數十萬三民主義信徒，必盡掃帝國主義之工具，以完成國民革命之使命。又由馮另電武漢政府，極不滿意武漢派共產黨之行動。二十九日，第三十五軍軍長何健，復宣言反共。七月十五日，武漢中央黨部，亦决意分共；俄顧問鮑羅庭解雇，共產分子鄧演達、蘇兆徵、林祖涵、詹大悲先後辭職。二十七日，鮑羅庭由陜甘遄返俄國。寧漢雙方分共以後，共產黨進退失據，遂挺而走險。三十一日，賀龍、葉挺等部軍隊據南昌，組織中國國民黨革命委員會：惲代英、郭沫若、譚平山、賀龍等二十五人為委員。武漢政府遣張發奎第二方面軍進剿。八月五日，葉賀等離南昌，向撫州遁去，旋逃廣東潮汕一帶。寧漢之間，隔閡盡除，意見趨於融洽，復實行合作。

張作霖在北京組織軍政府　北方戰局，自奉軍退守河北後，漸現沈寂。政局則急轉直下有軍政府之組織。十六年六月十六日，安國軍孫傳芳、張宗昌等八將領，擁張作霖為海陸軍大元帥。十八日，張大元帥在懷仁堂就職，發表軍政府組織令，代表中華民國行使統治權。顧維鈞已於十六日通電辭職，張大元帥即任命潘復為國務總理。潘閣：軍事總長何豐林，財政總長閻澤溥，司法總長姚震，外交總長王蔭泰，內務總長沈瑞麟，教育總長劉哲，農工總長劉尚清，實業總長張景惠，交通總長潘復自兼。

蔣中正下野與安國軍南進　寧漢相持，安國軍方面戰事，日有起色。十六年六月二十六日，革命軍入臨城，陷曹州；魯軍集中兗州，孫傳芳軍集中泰安，奉軍張學良、韓麟春所部，由保定開德州，以為策應。七月四日，膠州周蔭人部陳以燊，投革命軍。值此時武漢政府東征軍抵九江、黃梅，南京政府李宗仁、賀耀祖諸部南退，直魯軍再佔臨城、徐州。膠州陳以燊軍遂歸失敗。此時蔣中正鑑於寧漢有速行妥協，共同對北之必要，馮玉祥既親蔣又袒汪，有左右輕重之勢；因突於八月十三日，由寧赴滬，通電下野，返奉化故里。北方此時津浦綫孫軍助魯軍奮攻，已達蚌埠；魯西則國民軍助革命軍圍濟寧。而晉軍自四月以來，卽出兵娘子關，駐石家莊、順德間。晉奉之間，復有盤馬灣弓之勢。八月十七日，孫傳芳乘蔣下野，猛進圖恢復；鄭俊彥部取浦口，下揚州。魯軍亦入豫，與國民軍鹿鍾麟部爭歸德。廿六日，孫軍渡江佔領棲霞、烏龍二山，逼龍潭。革命軍李宗仁第七軍、何應欽第一軍，併力反攻，孫軍大敗，繳械者萬餘人，遂退江北，集蚌埠整理，孫軍實力全失。此時河南方面，國民軍得勢，漸與靳雲鶚交惡；九月九日，馮靳在許昌開戰，靳部敗走，退出京漢路。

奉晉戰爭 先是革命軍北伐，節節勝利，自十六年四月間，山西卽懸掛黨旗。六月六日，閻錫山復就國民革命軍北方總司令職。奉晉兩方，雖仍信使往還不絕，實頗互相猜忌。蔣中正下野後，奉方復索石家莊甚亟。九月二十七日，晉方卽將奉方赴綏檢閱隊之于珍，在陽高車站扣留。廿八日，閻部綏遠都統商震，首攻柴溝堡；同時晉軍第三軍徐永昌部，亦至京漢線北進。奉軍察哈爾都統高維嶽，以事起倉卒，率部退出張家口；駐正定汲金純部，亦退却，新樂、定州、望都皆為晉軍所佔。十月八日。奉軍開始反攻，京漢線上三四方面軍團長張學良為總指揮，京綏線第五方面軍團長張作相為總指揮。十日奉軍戢翼翹部包抄晉軍歸路，佔領定州，京漢綫上之晉軍，全局震搖，相繼退却。而晉軍傅作義部之挺進軍，自晉北爬山從紫荊關襲涿州，以十三日完全佔領之，奉軍後路亦受牽掣。京綏路上之奉軍，又以十四日入宣化，十五日佔張家口。十七日，奉軍南路佔領石家莊；由古北口進至三河之晉軍第九軍鄭澤生部，亦投降奉軍。十一月二日，奉軍北路佔大同；九日，佔綏遠；十日佔包頭；十二日進攻雁門關。晉軍退至長城以南，商震出死力扼守關城，始與奉軍造成持久戰。涿州方面晉軍傅作義嬰城孤守，屢却圍困奉軍，至十二月末，糧盡援絕，始允附帶條件讓城，奉方承認之。以十七年一月十三日，繳械出城，所部由奉軍改編為三十六師；奉方以傅為師長，傅為師長傅不就。

四、寧漢妥協後之黨局與政局

武漢政府遷南京　蔣中正下野後，武漢政府及國民黨總部於十六年八月二十五日，遷入南京。程潛軍入皖，李宗仁回甯，白崇禧就上海防守司令，駐滬。於是唐生智奄有鄂皖贛三省，對於南京頗有輕視態度。九月十五日，南京由甯漢滬及實力派黨員，組織中央特別委員會，委員三十二人，組成分子頗複雜。武漢方面唐生智認為違法篡黨；九月二十一日，自行成立武漢政治分會，隱與南京分離。並遣所部劉興進至當塗，覬覦南京，遂與陳調元部在蕪湖衝突。時汪兆銘歸漢，唐擁汪，反對中央特別委員會，主張召集第四次中央執行監察委員全體大會。

特別委員會派代表
- 南京派 —— 蔣介石、胡漢民、李烈鈞、何應欽、李宗仁等
- 武漢派 —— 汪精衛、譚延闓、孫科、何香凝、唐生智等
- 西山派 —— 許崇智、張繼、林森、謝持、鄒魯等
- 實力派 —— 馮玉祥、閻錫山等

甯漢戰役　南京國民政府當於十六年十月二十日，下令討伐唐生智。並命李宗仁、程潛、朱培德分三路西征。另派長江艦隊上溯，以

資連絡。時南京軍已佔領安慶，汪兆銘由漢口赴廣州。唐部何健無戰意，劉興實力太弱，擬返湘自保；唐知大勢已去，因於十一月十一日，通電下野，十二日東渡日本。唐部何健等軍，均退湖南。十七年一月，湘戰復起，白崇禧、程潛部隊，長驅入湘。二月二十三日，湘軍將領通電服從中央，湘戰告終。

蔣中正復職與第四次中央執行委員全體大會　十六年十月三十日，汪兆銘通電主張在粵召集第四次中央執行委員全體會議。甯方譚延闓、孫科等亦電促各方委員到南京集會。十一月十日，蔣中正由日本返上海。此時已決定取消特別委員會，故汪兆銘等亦由粵來滬。十二月九日，馮玉祥、閻錫山先後通電促蔣中正復任總司令職，浙系軍人何應欽亦聯名通電，促蔣復出主持軍事。汪兆銘亦主張蔣復職。此時廣州共產黨起事，由蘇兆徵等指揮，佔領廣州，但不久為李福林擊散。十七年一月四日，蔣回南京，九日發出復職通電，繼續國民革命軍總司令之職。蔣中正因疏解桂派反對粵委員出席四中全會，遂於二月二日至七日，開成四中全會。是會由蔣中正主持，戴傳賢聯絡，以收全功，為國民黨繼往開來一大會。其重要議決案為開除及停職中委案，整理黨務案，改組國民政府案，推定國民政府委員案。

蔣中正復職後之政治與軍事計劃　蔣中正復職後，國民政府仍以政治會議為最高機關。在軍事方面，蔣為革命軍總司令，親赴徐州開軍事會議，改編第一路軍何應欽等部，為第一集團軍，自兼總司令。又赴開封晤馮玉祥，商議北伐計劃，將國民革命聯軍，改組為第二集團軍，以馮玉祥為總司令。山西北方國民革命軍，改組為第三集團軍，以閻錫山為總司令。又將西征各軍及兩湖原有軍隊，改組為第四集團軍，以李宗仁為總司令。在政治方面，蔣為中央政治會議主席，武漢政治分會推李宗仁為主席，廣東政治分會推李濟琛為主席，開封政治分會推馮玉祥為主席，太原政治分會推閻錫山為主席，此分治合作之計劃，一時頗收調劑平章功效。

五、國民革命軍北伐成功與善後問題

革命軍取魯　十七年三月，北伐準備完成。四月一日，蔣中正抵徐州，九日各路戰爭，同時發動。第一集團軍顧祝同部於十日佔領台兒莊，十二日劉峙部克韓莊及棗莊，十三日入臨城。十八日顧部又佔滕縣及界河；魯軍張宗昌敗走泰安。此時魯西方面，孫傳芳集中兵力於濟甯，遣軍由豐沛趨徐州，欲收迂迴之功，截斷第一集團軍後路。不意第二集團軍孫良誠部梁冠英師，竟於十五日佔領鉅野及嘉祥，復於十六日進據濟甯。孫部李寶璋師之在鉅野者，竟被斷絕歸路；孫回竄濟甯，苦戰金鄉、魚台間數日。十九日孫良誠部佔兗州。顧祝同部又克鄒縣、曲埠。二十一日，再克濟甯，孫魯軍退泰安、濟南。此時京漢方面，第二集團軍馮部與奉軍血戰於彰德附近；大名方面，則直軍褚玉璞與劉鎮華劇戰。四月三十日，第二集團軍，雖退出彰德；而第一集團軍已下泰安，佔領濟南。

日本出兵山東與濟南事件　自革命軍攻克泰安，日本卽籍口保護僑民，出兵佔據膠濟路以及濟南商埠。十七年五月一日，第一集團軍入濟南，日軍有挑釁之舉。五月三日，日兵復開槍擊斃華兵，並派兵攻交涉署，將戰地政務委員會交涉員蔡公時慘殺，署員十六人皆被害。晚間日軍更用大炮轟擊我軍，賀耀祖部多被繳械。七日，日本第六師團福田總司令，要求我軍離開濟南及膠濟路兩側廿華里以外，並限十二小時答覆，八日復開始轟濟南城。我軍不得已退出城外，集中泰安一帶。於是京滬總商會通電請求息兵禦侮，張作霖卽通電息戰。奉軍由順德、石家莊，退至望都、方順橋，軍團部移至保定。孫魯軍由德州退滄州，京綏路奉軍退至蔚縣與渾源。

革命軍底定京津　濟南慘案發生，第一集團軍不能積極北進。十七年五月三日，第二集團軍克順德，五日克大名，又於十三日佔領德州。第三集團軍亦衝至石家莊，向北推進。第四集團軍亦整隊北上，沿京漢路正面作戰。此時第三集團軍努力作戰，更因張蔭梧軍在滿城奇襲成功，遂於二十六日攻下保定。奉軍撤至高碑店、琉璃河。北路商震軍於三十日佔領張家口。東路第一集團軍。亦於六月二日佔頭滄州。張作霖知大勢已去。京津不可守，決定撤退榆關，以三日晨出京歸奉，留張學良、楊宇霆料理退兵。四日，奉軍自琉璃河、長辛店北退，留鮑毓麟第四十七旅維持北京治安。張作霖於四日晨五時，專車行至皇姑屯站，南滿鐵路鋼橋下，猝有炸彈由上面爆發，被炸負重傷，旋殞命。黑龍江督辦吳俊陞亦被炸身死。第二三集團軍馮閻所部，於五日開抵琉璃河，六日到達近郊，首來南苑者為馮部韓復榘師，到後旋即圍繳鮑旅之械。八日閻部商震、張蔭梧、孫楚相率入北京。閻錫山就任京津衛戍司令，張蔭悟就北京警備司令，傅作義為天津警備司令。馮玉祥以會師北京任務終了，令所部退固安、靜海待命。時直魯軍盤據津郊，不下二十萬，張宗昌、褚玉璞以十二日離津，由徐源泉維持治安。孫傳芳所部，則退守灤州。北方局勢大定。

北京、天津之善後　奉軍退出北京，國民革命軍和平接收京津，國民政府遵孫文遺囑，奠都南京，因派專員北上會同戰地委員會，以十七年六月下旬，接收北京軍事政治各機關，搬運卷宗南下。軍事機關由何成濬督率接收，政治機關由周震麟督率接收。天津直魯殘軍，由傅作義收編，徐源泉等部，直至六月末，始相繼撤出天津。此時中央政治會，以六月二十日議決：直隸省改稱河北省，北京改稱北平。北平、天津均為特別市。七月初，蔣中正、馮玉祥、閻錫山、李宗仁會於北平；以六日告祭孫靈，十一日在湯山會議，商議裁兵，次日共同簽字，呈請國府採擇施行。二十五日，蔣南旋，二十八日閻李離平南下，馮亦赴南京。

直魯殘軍之收編與東北易職　平津底定後，直魯殘軍方永昌盤據膠東，佔領烟台。十七年八月，天津警備司令傅作義商同第四集團軍前敵總指揮白崇禧，派員與方永昌部劉珍年接洽。九月一日，劉珍年正式易幟，佔領烟台，方逃秦皇島，膠東問題解決。直魯軍之盤據津東者，由白崇禧組織各集團混合軍，名為右路軍，負責東征，擔任肅清榆關以西之責。九月八日，分三路東逼，克豐潤、蘆台、唐山、開平，直魯殘軍奔潰。厥後負固灤縣，適奉方與國民政府妥協，夾擊直魯殘軍於安山，右路軍亦於十二日佔領灤縣。十九日直魯軍向奉方請停戰收編，張宗昌、褚玉璞下野，直魯殘軍始完全解決。東三省則自七月一日，張學良通電服從國民政府以來，卽派代表四人入關講和。日本駐奉總領事勸告東三省緩期易幟。張學良頗受刦持，延至十二月二十九日，奉吉黑三省與熱河始同時易幟，張並通電表示信仰三民主義，服從國民政府。國府任張為東北邊防總司令長官，張作相、萬福麟為副司令長官；奉吉黑熱同時改組省政府，奉天省改稱遼寧省：統一始告完成。

第二十三章　國民政府統一後之奮鬬

一、國民政府改組與黨務整理

《國民政府組織法》之公佈　先是十六年十二月共產黨在廣州暴動，組織蘇維埃革命政府。事變之後，國府委員胡漢民，即與建設部長孫科、外交部長伍朝樞於十七年一月，偕同出洋，考察政治。北伐告成後，胡漢民、孫科自巴黎電知國民政府，提議促成五權制度。十七年九月胡氏由歐回國，主張黨必須有完固重心及發動，全政府必有適宜組織，黨與政府之綱領須規定：不經由五權制度之三民主義，無由整個實現，故須先培植五院基礎。當由胡漢民、戴傳賢、王寵惠共同草擬國府組織法。十月三日由政治會議修正通過。同日由執行委員會常務會議，照原文議決。以十月四日公布。茲列國民政府組織系統表如下：

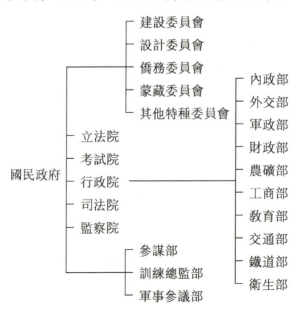

- 國民政府
  - 建設委員會
  - 設計委員會
  - 僑務委員會
  - 蒙藏委員會
  - 其他特種委員會
  - 立法院
  - 考試院
  - 行政院
    - 內政部
    - 外交部
    - 軍政部
    - 財政部
    - 農礦部
    - 工商部
    - 教育部
    - 交通部
    - 鐵道部
    - 衛生部
  - 司法院
  - 監察院
  - 參謀部
  - 訓練總監部
  - 軍事參議部

五院之設立　中央執行委員會政治會議，既通過國民政府組織法，又推蔣中正、胡漢民、孫科、戴傳賢等為五院組織起草委員。十七年十月八日，中央常務會議通過，選任蔣中正等十六人為國民政府委員，並推蔣中正為國民政府主席。譚延闓為行政院長，胡漢民為立法院長，王寵惠為司法院長，戴傳賢為考試院長，蔡元培為監察院長。十月九日，公佈立法、行政、司法三院組織法。十月十日，新任國府委員及主席就職。十月十二日，通過監察、考試兩院組織法。十月十八日，中央常務會議議决選任馮玉祥為行政院副院長、林森為立法院副院長、張繼為司法院副院長、孫科為考試院副院長、陳果夫為監察院副院長。十月十九日，國府委員開第二次國務會議，議决任命行政院各部部長：內政閻錫山、外交王正廷、軍政馮玉祥、財政宋子文、農礦易培基、工商孔祥熙、教育蔣夢麟、交通王伯羣、鐵道孫科、衛生薛篤弼。

黨務之整理　先是北伐完成，國民黨第四次中央執行委員全體會議（四中全會），於十七年二月二日，在南京開會，為防止共產黨活動起見，實行清黨，中執委因隸共產黨而開防[1]黨籍者六人。又為防止腐化分子反官僚政客人黨起見，議决整理各地黨務案。令各地各級黨部一律停止活動，由中央派各省黨務指導委員七人至九人，代行各省執行委員會之職權。各地黨員，一律重新登記。十月二十五日，中央執行委員常務會議（中常會）復議決：（一）登記截止期，為十七年十二月底。（二）凡同盟會、中華革命黨及登記於中國國民黨成立，至民國十二年改組時之同志，得適用特種登記表之證明，加以妥保，即承認其黨籍。特種登記表另定之。十一月一日，復通過補行登記手續條例：（一）凡未能依限辦黨登記之各省各特市海外各總支部及各特

[1] “開防”疑爲“開除”。——編者註

別黨部，得呈請中央核准展期，但至遲不得過十七年十二月底。(二)凡已辦完登記之省特別市海外總支部，須即遵照中央規定辦法，組織正式黨部。(三)凡已依限辦畢登記之地方，如有因故未及登記之黨員，得陳述理由，請求直接辦理登記之黨部，規定日期，補行登記，但以十七年十二月底為限。(四)凡同盟會、中華革命黨及登記於中國國民黨成立至十二年改組時之同志，得用特種登記表。(五)特種登記表，由中央特種登記審查委負會審查之。

五中全會之重要議決案 第五次中央執行監察委員全體大會，為國民黨統一中國後第一次大會。以十七年八月八日在南京舉行，於十五日閉會，會議中爭論之焦點，在“民衆運動”“學生運動”及“政治分會”問題。最關重要者，為政治分會問題。各地政治分會，限於本年年底一律取消。並修正政治分會條例第四條為政治分會議決案，交該特定地域內之最高級地方政府執行之。加但書，不得以政治分會名義對外發表命令，並不得以分會名義，任免該特定地域內之人員。此外重要者為整理軍事案。規定原則如下：(一)軍政軍令必須絕對統一。(二)全國軍隊數量，切實收縮，軍費在整個數量上，至多不得超過百分之五十。(三)各軍各地方，不得自設軍官學校。(四)在國防上，實行海軍空軍及軍港要塞之建設。(五)軍事各案，交蔣馮閻李及李濟琛、楊樹莊六同志，切實規畫，由國府核定施行。

三全代會重要議決案 第三次國民黨全國代表大會，為北伐軍事告終，全國統一後，第一次最高權力之集會。以十八年三月十五日在南京開會。會前由中常會通過各地黨部出席全會代表產生辦法，各地有由選舉之，有由選出加倍人數由中央圈定者，有由中央指定者，有由中央指派列席者。此種辦法，當時各方持異議者甚多。漢口市黨部發出通電反對，謂：“代表由中央指定，則其所代表者非各地黨員之意見。而為中央黨部之意見。其最高之權力，亦非黨員所賦與，而為中央所賦與。”河南省黨務指導委員會，亦上呈抗議指派圈定辦法。中央執行委員會以“意存搗亂，阻僥大會”罪名，一律撤職。汪兆銘、陳公博、顧孟餘等更在上海發出通電，反對三全代會之指派代表。然三月十五日，各地代表之赴南京者，已足法定人數，三全代會，竟如期開會。議決重要議案有處分汪兆銘案，追認林森、張繼等恢復黨籍案，中委名額及選舉方法案，中委資格標準案，修改總章案，並推定第三屆之中央執監委員。其總章修改為：（一）黨員分為黨員及預備黨員兩種。（二）預備黨員年齡須在十六歲以上，黨員須在二十歲以上。（三）全國代表大會會期及中央執委任期，均為二年。（四）區黨部執監委員，任期一年。（五）中常委員改為五人至九人。

二、中央威信之確立與地方勢力之減削

武漢政治分會之擅權與中央之討伐　先是西征軍結束後，國民政府卽於十七年五月間重行成立武漢政治分會，任命李宗仁為主席。五月二十三日改組湖南省政府，任命魯滌平等為湖南省政府委員，指定魯滌平為主席。李宗仁與魯滌平意見不合。十八年二月十九日，武漢政治分會議決撤免魯滌平職，改組湖南省政府，以何健為主席，用重兵奪取長沙。魯滌平率部入贛，以二十五日抵九江，致電中央，報告經過。十八年二月二十七日，中央政治會議認為與《修正政治會議分會暫行條例》第四條，“不得以政治分會名義任免特定區域內之人員”，及編遣委員會“各部隊非得編遣委員會命令，不得擅自調動”之議決案相違。派監察院長蔡元培，會同國民政府委員李宗仁切實查明，以憑核辦。至雙方軍隊，應各駐守原防，不得自由行動。另派編

遣會議總務主任李濟琛與中央編遣區主任何應欽會同秉公淸查具覆。三月十三日，南京中央政治會議，由蔡元培、何應欽、李濟琛三人提出查辦湘事。結果謂武漢分會議决免魯之會議，僅有張知本、張華輔、胡宗鐸三委員列席，議决免去張等三人武漢政治分會委員職。李宗仁事前來京，並不知情，準免置議。復議决在三月十五日以前，各地政治分會，一律撤消。此時第四集團軍總指揮白崇禧部，解决直魯殘軍後，分駐唐山一帶；自湘事起，白不自安，聲請辭職。三月十七日由平赴津，轉道大連南下，由師長李品仙暫代。二十日，唐生智奉中央密令赴唐山收集舊部，由李品仙等署名通電討白崇禧，迎唐生智，聲明服從中央，擁護統一。三月二十五日，國府下令討伐，免李宗仁、李濟琛、白崇禧本兼職，聽候查辦；軟禁李濟琛於湯山。白崇禧則已至香港，李宗仁亦秘密離滬赴港轉粵。中央以蔣中正為海陸軍總司令，蔣以三月二十九日，赴九江指揮軍事。三十日夏斗寅師佔領廣濟、蘄春，長江海軍艦隊司令陳紹寬所率艦隊，亦進展至田家鎮。三十一日，海軍掩護陸軍，佔領黃州。四月一日，進佔劉家廟。於是湘政府主席何健通電擁護中央。四月三日旅長李明瑞，服從中央。胡宗鐸等遂向鄂西總退却。武漢臨時治安委員會應時成立，推舉孔庚為委員長。五日中央軍佔領武漢。六日蔣中正抵漢口，以魯滌平為武漢衛戍司令，劉文島為武漢市長。未幾鄂西胡宗鐸等殘部乞降，鄂西悉定。於中央改組湘鄂省政府，仍以何健為湖南省政府主席，而以何成濬為湖北省政府主席。乃兩湖旣定，而李宗仁、白崇禧、黃紹雄等，又稱兵於廣西，東侵肇慶，復引起兩廣之戰禍。

粵桂戰爭與廣西省政府之改組　十八年三月三十日，粵將領陳銘樞、陳濟棠、蔣光鼐、陳策等，通電擁護中央，並限桂軍於二十四小時內離粵，桂軍大受打擊。四月初旬，李宗仁、白崇禧均已潛行來桂，與黃紹雄組織一二三路軍，與湖北之胡宗鐸等相呼應。及胡等失敗，蔣中正令何鍵出兵攻桂。五月四日，國府下令免廣西省政府主席黃紹雄職，以伍廷颺兼廣西省政府主席。李宗仁即以護黨討賊軍名義，向粵進兵，壓迫肇慶。五月八日，桂軍在廣九路與粵軍發生戰事。時湘軍攻桂節節勝利。五月十一日佔頭廣西之全州，十五日佔領桂林，何健即進至桂林督師。令飛機隊由衡州進桂林，與粵軍合攻梧州。粵主席陳銘樞等，以二十九日克梧州。六月二日湘軍克柳州。六月三日粵軍李明瑞抵梧州。六月十八日，李明瑞部佔桂平。二十四日下潯州，桂軍相率投誠。時桂主席黃紹雄已於二十二日下野。李宗仁、白崇禧、黃紹雄均先後入香港，中央軍已於二十七日佔領南甯。桂省政府於八日遷南寧。粵主席仍定陳銘樞。廣西省政府亦於八月一日正式成立。

山東接防與西北軍誤會　十八年三月二十八日，濟案解决（詳後），國民政府派定接收委員四人，與日本交涉接收濟南。以四月八日，中日兩國議定接收辦法，日軍自十八日起至二十五日止，陸續撤退，但以膠東方面匪亂方熾，坊子段内日軍在限内後撤。時蔣中正方在漢口籌畫對桂軍事，對於接收分別段落一舉不以為然。十二日，電代理軍政部長鹿鍾麟囑轉知山東省政府主席孫良誠知照。十四日，省軍入黨家莊者，開回泰安。外交部商請日使緩撤駐濟日軍，日政府允許。二十四日，國府令孫良誠接防濰縣以西，濰縣以東歸方振武、劉珍年負責。濟南接防展期，孫良誠乃於二十七日，託病率兵由泰安逕行回豫；省政府交呂秀文代理，對國府聲請辭職。國府遂調安徽主席陳調元部迅速赴魯，變更接防計畫，由何應欽前往佈置。並以六月三日，派陳調元接收濟南，令代理山東主席。關於青島濟南及膠濟鐵路一切應行接收事宜，均着負責辦理。以五日實行接收濟南，十日接收完畢。膠濟線亦分別接收。以十六日在青島與日方舉行山東撤防完畢簽字。而時局緊張，謠諑紛起，馮玉祥自二月五日離南京後，赴豫駐輝縣之百泉。蔣馮間雖互有電報往來，誤會卒不能解除。三月二十五日，馮赴華山。四月十八日，馮駐潼關。馮部韓復榘等，炸毀武勝關隧道及漳河鐵橋，在歸德扣留隴海客車。由劉郁芬、孫良誠、韓復榘、石友三等聯名通電，稱護黨救國軍，推馮為護黨救國西北軍總司令。原駐豫境各軍，均向後撤退，集中兵力於潼關，以為入陝準備。乃於五月二十二日，韓復榘、石友三等忽發表通電維持和平，擁護中央。其後復集中洛陽，聽候命令。國府乃下令通緝馮玉祥，免去其本兼各職、時平津衛戍司令閻錫山，力主和平，願陪馮出洋，迎馮入晉。六月二十五日，馮抵太原住晉祠。國府以西北善後為慮，明令任閻為西北宣慰使，負責辦理善後；蔣中正亦赴平留閻，閻始允姑留數月，先辦第三集團之編遣，編遣完畢，將軍權政權交還中央，然後引退，以全信義。馮留太原，第二集團軍編遣事宜，由鹿鍾麟、石敬亭負責辦理。七月七日張學良亦來平，與蔣商對俄問題。會議圓滿，蔣閻張於七月十日先後離平。

編遣問題與西北軍反抗中央　先是幽燕底定，蔣中正、馮玉祥、閻錫山、李宗仁四總司令，咸集北平。十七年七月十一日，開會於湯山，議定整理軍事方案。十七年十二月二日，國府公布國軍編遣委員會條例，並指定何應欽為籌備主任。十八年元旦，國軍編遣委員會成立，開會三星期，通過要案中有："確定軍費總額，實行對政統一辦法""國軍編遣進行秩序大綱""國軍編遣區辦事處組織大綱""陸軍軍官學校組織要領"。其後十八年八月一日，國軍編遣實施會復通過"點驗組織條例""編遣獎懲條例""安置編除官兵實施方法案"等要案：八月二十日，國府主席蔣中正，通電全國協助編遣，決定兵額由一百六十萬，減至八十萬，限於二個月內竣事。時各方軍人，對於中央編遣辦法，未盡諒解。而原駐宜昌，奉蔣主席命隴海之第四師師長張發奎，首先發難，擅自調動部隊，侵入湘西。中央免張職，通電追剿。同時安徽主席第六路總指揮方振武部，復有圖謀，被蔣主席召至京免職。延至十八年十月十日，西北軍將領宋哲元、孫良誠、石敬亭等二十七人聯名發表通電，指責中央，擁護閻錫山、馮玉祥。時閻馮等，方居五台建安村。同時西北軍要人，署軍政部長鹿鍾麟、編遣委員會遣置部副部長劉驥、棄職逃滬，國府明令免職緝拿，並於十一日下令討伐。十四日，韓復榘、石友三等聯名通電，擁護中央。時中央命駐鄂軍向北移動，並以何應欽為討伐西北第一路司令，指揮武漢軍隊；唐生智為第二路司令，指揮隴海軍隊。西北軍宋哲元等兵出三路：一出隴海，一出荊紫關，一趨老河口。戰事以黑石關，登封方面最為緊急。國府主席蔣中正以十月末赴豫，在許昌指揮軍事。同時國府復任命閻錫山為海陸空軍副司令，以安靜山西，閻即於十一月五日，就副司令職。十一月八日，蔣至鄭州，赴鞏縣督戰，登封密縣方面激戰極烈。十四日，中央軍克洛陽，西北軍西走；襄樊方面，西北軍亦退。蔣主席於二十三日由漢起程返京，豫事由唐生智負責結束。

石友三、唐生智之反抗中央　十八年十一月，張發奎軍與桂軍，積極攻廣東，粵局吃緊。十一月二十六日，皖主席石友三部，奉令調粵。石部下多北人，不願南開，突於十二月二日，在浦口譁變。同日石友三自蚌埠通電，主張息爭對外。五日西北軍通電援助石友三。同時唐生智等七十五將領，在河南發出息爭對外電，河南主席韓復榘即響應唐氏。十二月六日，許崇智自香港電蔣中正勸其下野。閻錫山表示國事由國人解決，武力居於服從地位。張學良則表示保境休息，不問關內事。於是石友三在蚌埠組織政府。十二月九日，由六合白酒崗，南攻浦口，蔣主席派顧祝同之第二師，蔣鼎文之第九師應戰。在滁州一帶，發生激戰。唐生智在河南通電後，蔣主席派何成濬代唐之五路總指揮，使負責討唐。時唐與汪兆銘等改組派應合，以倒蔣中正為目的。十二月十一日，監察院院長趙戴文致電北平行營主任方本仁，謂閻錫山決心消滅改組派，閻之態度始略顯露。十二月十九日，蔣主席電令討唐各軍，統歸閻副司令節制，韓復榘、石友三兩部與唐軍一致行動者，亦在其內。於是閻派大軍由平漢線向河南移動。而以二十日，與張學良聯銜通電，擁護中央，韓石等均通電響應，戰局為之大變。十九年一月二日，閻副司令離晉赴豫督師，唐部失利，因將部隊交師長劉興、龔浩等，離軍下野，豫戰始告一段落。一月二十一日，蔣主席任石友三為河南清鄉總指揮，所部調豫，歸韓復榘節制，石部變亂亦結束。

閻馮聯合反抗中央之失敗　河南戰爭，既告結束，石友三部勉強入豫，中央軍沿津浦路推進不已，雜色軍擁擠在河南一省者逾四十萬，其勢難以安靜。十九年二月十日，閻錫山致電蔣中正謂武力不足以統一，願共同下野。時局癥結，趨重三全代會，羣對於前此指派圈定代表辦法，深致不滿。二月二十一日，桂派李宗仁通電，推戴阎锡山、馮玉祥受張學良為陸海空軍總副司令。二十五日，閻馮等四十五人聯銜通電，主張總投票以解決黨爭，旋汪兆銘自港來電，表示贊成。二十六日，閻赴建安村，迎馮入太原。三月一日，張學良發表通電，勸閻蔣息爭。韓復榘、石友三等亦突表示和平。三月三日，閻電中央開去本兼各職，西北軍、晉軍將領表示堅決留閻。時晉軍入豫者，撤回河北。馮玉祥離并赴潼關。石友三部則由歸亳入鄭，轉平漢線入新鄉、彰德。三月十五日，二三四集團將領，通電勸蔣中正引退，共推閻錫山、馮玉祥、張學良、李宗仁為陸海空軍總副司令。三月十八日，西北軍孫良誠部入洛陽，原駐洛萬選才部（舊屬劉振華）讓防。三月二十一日，石友三通電反蔣，韓復榘被迫離汴赴魯。三月三十日，萬選才入開封就豫主席職。四月一日，閻馮李各在所駐地就陸海空軍總副司令職，在石家莊設前敵總司令部，西北軍集中鄭州。四月八日，蔣主席至徐州視察，二十四日由南京轉至漢口。四月二十七日，馮玉祥至鄭州，三十日與閻錫山會於彰德，商議軍事。此時中原大戰，初側重隴海方面。萬選才被其部屬劉茂恩扣禁，架往徐州，中央軍乘勝占有歸德，進圖開封；二方面軍（西北軍）提調生力軍迎擊，開封得全。孫殿英部，困守亳州，後援斷絕。南方張發奎桂軍，節節北上，湖南主席何健於六月四日退出長沙；八日桂軍占領岳州，武漢動搖，粵軍奉蔣主席令入湘，桂軍乃於十日放棄長沙。至於晉軍在津浦線上，自六月下旬逼近濟南，韓復榘部於二十四日退出；翌日，晉軍平穩入城。二十六日占有泰安，韓部退走膠濟線。七月上旬，晉軍東迫青州，南下曲阜。至隴海線上，則相持不下；平漢線上，迄無主力戰。此時黨務方面，國民黨之左右派，在北方皆有活動。陳公博、王法勤等改組派，與謝持、鄒魯等西山派，皆大活動。陳、王立場，為二蒞，鄒魯則一屆。黨中對於法統之爭，一二三屆之爭不休。滬二屆、粵二屆之爭尤難解決。六月一日汪兆銘發表通電，主張速開擴大會議，確定黨之中心；惟對二屆立場，仍不放鬆。西山派仍表不滿，趙丕廉、冀共泉調理，始告解決。除發明聯名宣言外，粵二屆發表一擴會議宣言，滬二屆另外發表一贊成宣言，而署名同為“中國國民黨第二屆中央執行委員會”。七月十三日，擴大會議成立。七月二十三日，會議多次不決，八月十五日，晉軍戰不利，突放棄濟南，撤守黄河北岸。九月一日，擴大會議通過《國民政府組織大綱》，在北方組織政府。推定閻馮汪等七人，為政府委員。九日閻來北平，會同閻謝（持）等就職。此時各方代表雲集瀋陽，東北宛成時局重心，有舉足左右之勢。南京政府代表李石曾吳鐵城遊説結果，東北邊防司令長官張學良因於九月十八日通電，勸告息爭，主張解决國是，宜靜候中央措置，並引兵西上，晉軍後路感威脅，遂退出平津，由東北軍和平接防。自後中央政府勢力大張，地方政府勢力大減，中央與地方各努力於建設業。方期徐圖上治，而外交風雲迭變。

三、外交政策與外交問題

國民政府對外政策　國民政府之產生，完全根據中國國民黨，故國民政府之外交政策，一本乎國民黨對外政策。國民黨對外政策，以“反抗帝國主義”為目標。其所採取之主義，以提倡民族主義為基礎，進而聯合世界上弱小民族，求世界大同。深戒舍民族之義，而言世界主義。其政策經第一次全國代表大會議決者有六。

一、一切不平等條約，如外人租借地、領事裁判權、外人管理關稅權以及外人在中國境內使用一切政治的權力，侵害中國主義者，皆當取消，重訂雙方平等互尊主權之條約。

二、凡自願放棄一切特權之國家及願廢止破壞中國主權之條約者，中國皆將認為最惠國。

三、中國與列强所訂其他條約，有損中國之利益者，須重新審定，務以不害雙方主權為原則。

四、中國所借外債，當在使中國政治上、治實業上不受損失之範圍內保證並償還之。

五、庚子賠款當完全劃作教育經費。

六、中國境內，不負責任之政府，如賄選僭竊之北京政府，其所借外債，非以增進人民幸福，乃為維持軍閥之地位，俾得行使賄買，侵吞盜用，此等債權，中國人民不負償還之責任。

經中央及各省區聯席會議議決者有四：

一、廢除不平等條約。

二、關稅自主。

三、重行締結尊重中國主義的新約。

四、規定外人投資中國之普通條件（外人非用殖民政策，剝削中國者）。

由是以觀，則知國民政府之對外政策，其性質為革命的，自主的，不妥協的；其手段為和平的。

漢口、九江英租界之收回　十六年一月一日，武漢市民慶祝北伐成功，遊行講演。三日在漢口江漢關講演者，逼近英租界。英先派義勇隊於界口，密佈防線，架槍戒備，如臨大敵。至是復調水兵登陸示威，因與民衆大起衝突。當時英水兵用刺刀戮斃一人，傷五人，重傷二人；英兵亦傷四五人。四日漢口農工商學各界大憤，開緊急聯席會，提出對英辦法。英領事見漢口民氣過盛，租界無法維持，因將水兵及義勇軍全部撤退。當日晚，衛戍司令派兵三連直入英租界。五日加派兵一連，派一營長與一黨代表，駐英捕房辦公，英僑民紛紛離去。六日，九江方面，英水兵復與碼頭工人發生衝突，工人傷二人，英砲艦且鳴空砲示威。英使藍浦森遣其參贊歐邁來赴漢口，與國民政府外長陳友仁會議。三十日，雙方議定《漢案大綱協定》，而英兵艦方擬集中上海。陳外長因拒簽字，並發表宣言。英人來滬之兵，為之停留香港。二月五日，重開談判，延至十九日，雙方始正式簽字協定。其內容大要如下：

一、自三月十五日起，漢口英租界工部局解散，租界內之行政管理，正式移交於中國之市政機關。

二、移交後，由國民政府參酌漢口第一特別區管理法，制定管理規則，設立一特別市政局，並設立董事會；由外交部呈請國民政府選派局長，即以局長為董事長，另加中國董事三人，英國董事三人，組成董事會，以管理市政事宜。

三、此項條例，在漢口五租界（英法日德奧）合併為一區域之辦法，未經磋商決定以前，繼續有效。

自是漢口英租界正式收回。其後二月二十日，陳外長與英代表協商收回九江英租界辦法，雙方認可採用漢口英租界協定辦法。三月十五日，遂實行接收九江英租界。此外鎮江英租界，於三月二十四日，由英領事請中國警察接崗，維持秩序，在七月三十日聲明事實上已收回。牯嶺公事房，於七月十六日，由國民政府派員接收。

寧案之解决 先是十六年三月二十四日，有寧案發生（見前），牽涉有美英法意日五國之多。其後漢寧分裂，交涉停頓，遷延不决者經年。十七年三月三十日，中美依據《寧案議定大綱》聲明如下：

一、中國聲明此案之發生，實由於共產黨之煽動；但中國政府仍負其責，肇事人業已懲辦。對於美國政府代表等有不敬之處，領館暨僑民受有生命財產之損失，深示歉意；並擔負繼續切實保護之責，依據國際公法通行原則，擔負賠償損失。

二、關於美國砲艦向南京開砲一節，美國聲明當日砲火為保護砲，實為不得已採取之手段，美政府深為抱憾。

其後十七年八月九日，中英寧案，依中美寧案條件解决。十月中意、中法寧案亦解决。延至十八年五月二日，中日寧案始告解决。

濟案交涉之解决 先是濟案發生後（見前），日兵强佔濟南。十八年五月十八日，日本送致覺書於我外部，我外部立即駁覆。六月八日，國民政府任王正廷為外交總長，與日方交換濟案意見。十日，駐滬日本領事矢田，來京會商濟案，迄無結果。十二月二十三日，日使芳澤謙吉過京，與外長王正廷非正式談判。延至十九年二月七日，解决濟案大綱，大體擬定：

一、日本無條件撤兵。

二、濟案責任問題及賠償問題，組織中日聯合委員會，赴濟實地調查，再定辦法；賠償以對等為原則。

三、蔡公時被害事，日方另行道歉。

未幾日方又不復承認。最後由日本新任駐滬總領事重光葵到滬，邀請我外部亞洲司長周龍光秘密談判。三月三日，雙方大體決定。三月二十三日，外長王正廷到滬與芳澤晤面，將擬妥文件，彼此校閱，各簽一字。文共三件：一為日軍撤退照會，二為約定濟案責任付諸日後調查之換文，三為濟案損害調查委員會之規定。三月二十八日，在南京開中日正式會，正式簽字解決濟案協定。久懸未結之濟案，告一結束。

加入非戰公約　先是民國十六年，西紀一九二七年六月二十日，法外長白里安（Aristide Briand)以《締結法美永久友好盟約草案》送交美國政府。美政府迭次磋商，欲推廣其意，使此次非戰條約之原簽字者，不限於法、美兩國，卽英國、日本以及曩與英、法共同參加《羅加諾（Locarno）條約》諸國，如比利時、捷克、德意志、波蘭等國，均可列入。民國十七年（一九二八年）八月二十七日，在巴黎簽字。當時原簽字諸國為德意志、美利堅合衆國、比利時、法蘭西、大不列顛、加拿大、澳斯推利亞、紐西蘭、南非洲、愛爾蘭、印度、意大利、日本、波蘭、捷克斯拉夫。非戰公約主要條欵有三：

一、用各該國人民之名義鄭重宣言，彼等罪責依賴戰爭以解決國際糾紛；並排斥於各國間相互關係以戰爭為施行國家政策之工具。

二、各締約國互允各國間設有爭端，不論如何性質，如何發端，均當用和平方法解決之。

三、本約應由各締約國依照己國憲法批准，俟各該國咸將批准文件送往華盛頓存案後，本約在各締約國間卽發生效力，本約於發生效力後，應有長時間之公開，以便其他各國之加入。各國加入本約之文件應在華盛頓存案，存案以後本約在旣加入國與以前締約各國之間卽發生效力。

諸國在巴黎簽字後，美政府即照該約第三條之規定，邀請我國加入。外部提交國民政府及中央政治會議，中央政治會議決加入，外部於十七年九月十四日，正式照會美政府，由駐美公使施肇基全權代表在美簽字，加入非戰公約。

中東鐵路事件 十八年五月二十七日，東三省地方當局發覺蘇俄駐哈爾濱領事館集會，有傾覆我國政府，破壞中東路之陰謀；因有搜查逮捕之舉。七月十日，中東路督辦呂榮寰毅然下令撤換蘇俄正副局長，放逐該路重要蘇俄路員回國。蘇俄認為違反《中俄協定》，於七月十八日，聲對中國絕交。中國派代表交涉，不得要領。十月德政府調解亦無效，於是中俄交涉絕裂。我東三省東西邊境，如綏芬、滿洲里等地，同時告警。十月十三日，同江失守，旋又克復。十一月十七日，蘇俄軍進逼滿洲里，札蘭諾爾。二十日，滿洲里陷，二十四日，海拉爾陷。遼寧地方當局，乃開始在伯力與蘇俄交涉，開中俄預備會議，由蔡運升完全承認俄方提案。中央政府不滿，免蔡職。十九年二月十五日，國府任命莫德惠為中俄會議全權代表。莫於五月一日由哈爾濱携帶隨員赴蘇俄；九日，抵墨斯科。俄方對於正約，迄未肯讓步，故中俄會議至今未結。

領事裁判權之撤銷 先是外長王正廷與到强談判撤消領事裁判權，交涉經年無結果。十八年十二月二十八日，國府毅然發表撤銷領事裁判權令。聲明自十九年一月一日起，實行撤銷。凡僑居中國之外國人民，現時享有領事裁判權者，應一律遵守中國中央政府及地方政府之法令規章。外交部並於三十日通令實行裁撤各地交涉署。又由司法部轉令上海臨時法院聽候改組。延至四月一日，上海臨時法院實行改組，稱為江蘇高等法院第二分院。

舊約廢止與新約締結 先是“取消不平等條約”，國民政府定為外交政策。外部曾代表國府迭次發表宣言（十六年八月十三日，十六年十一月二日，十七年六月十五日，十七年七月七日），對外交涉廢止舊約，而以平等及互相尊重領士主權之原則為基礎，另締新約。計有下列八國商約，皆因已屆期滿，應行廢止，另訂新約：

條約別	訂約時期	期滿時期
中丹《天津條約》	一八六三年七月十三日	民國十七年（一九二八）六月三十日
中西《天津條約》	一八六四年十月十日	民國十六年（一九二七）五月十日
中葡《通商行船條約》	一八六四年十月十日	民國十七年（一九二八）四月二十六日
中比《北京條約》	一八六五年十一月二日	民國十五年（一九二六）十月二十七日
中意《北京條約》	一八六六年十月二十六日	民國十七年（一九二八）六月三十日
《中法陸路通商章程》	一八八六年四月二十五日	民國十五年（一九二六）八月七日
《中法越南商約》《中法商務專條》	一八八七年六月二十六日	民國十五年（一九二六）八月七日
《中法商務專條附章》	一八九五年七月二十日	民國十五年（一九二六）八月七日
《中日通商行船條約》並附屬文件及公立文憑	一八九六年七月二十一日	民國十五年（一九二六）十月二十日
《中日商約》《中日通行商船續約》	一九〇三年十月八日	民國十五年（一九二六）十月二十日
《中瑞商約》	一九〇八年七月二日	民國十八年（一九二九）六月十四日

駐平各國公使，大致主張新約確立後，舊約方失效。法意丹葡西比等國公使，皆贊成根據平等互尊主義，早與中國開義新約。惟日本堅持不得廢約。當時中外商約期滿者七國，經我外部照會聲明廢止後，除日本皆承認之。外部自十七年七月一日起，開始向各有關係國交涉；至十二月下旬，五國《友好通商條約》先後簽定。十八年至十九間，更有中希、中波、中捷《友好通商條約》亦簽定。茲列表如下：

條約別	簽訂時期	簽訂地點
中比《友好通商條約》	民國十七年（一九二八年）十一月二十二日	南京
中意《友好通商條約》	民國十七年（一九二八年）十一月二十七日	南京
中丹《友好通商條約》	民國十七年（一九二八年）十二月十二日	南京
中葡《友好通商條約》	民國十七年（一九二八年）十二月十九日	南京
中西《友好通商條約》	民國十七年（一九二八年）十二月二十七日	南京
中希《友好通商條約》	民國十八年（一九二九年）九月	巴黎
中波《友好通商條約》	民國十八年（一九二九年）九月十八日	南京
中捷《友好通商條約》	民國十九年（一九三〇年）二月十二日	南京

其後外部又照會各國公使，重訂關稅新約。自十七年七月始，交涉至十二月末，結成中美、中德、中挪、中荷、中瑞、中英、中法等國關稅條約。延至十九年五月，又訂成中日關稅協定。在外交着着進行勝利中，而東北“九一八事變”突起。

第二十四章　現代中國學術思想之變遷

一、近今哲學之趨勢

東西哲學思想概觀　“哲學者，研究人生與宇宙之究竟關係者也。”故哲學研究，可有二種方向：一自研究宇宙入手，以達於人生；一自研究人生入手，以達於宇宙。但人生與宇宙究竟為一為二，亦無定論，若論人生問題，分析言之，則人宜如何生？人何故生？何為人生？皆從事於哲學思想時。所必然產生之問題，設欲為徹底之解答，甚非易事，故物質與精神，時間與空間，本體與現象，知識之真偽等問題，隨之產生，以形成宇宙論、認識論等，而為西洋哲學之中心。中國春秋戰國時代，各家對於此等問題，雖各有其解答，但不居哲學之首要地位，專以人生之理法——人宜如何生？——為中國哲學之中心。此為中國哲學與西洋哲學，最大之異點。

近今中國哲學思想上之見地　近今中國思想家，治中國哲學確有心得者，首推梁啟超、梁漱溟。梁啟超以整理中國舊有哲學為已任，梁漱溟以中國、印度、西洋之哲學作比較的研究。茲分述二梁思想於下：

一、*梁啟超*　梁啟超謂“中國學術，以研究人類現世生活之理法為中心。古今思想家皆集中精力於此方面之各種問題，以今語道之，即人生哲學所包含之諸問題也。”梁氏復區分先秦思想為儒墨道法四家，而以其他各小派，附屬之。就中尤推崇儒家，專以儒家難其他三家之說：最信“自由意志”之說，而最反對機械的人生觀。惜其未能詳述其理，而舉以告人。

二、梁漱溟　梁漱溟初奉佛法，後見解悄變，轉而尊崇孔子，尤服膺陽明之學。其究研方法，則根據於唯識學。在所著《東西文化及其哲學》上說：（一）西洋生活是直覺運用理智的；（二）中國生活是理智運用直覺的，（三）印度生活是理智運用現量的。斷定世界未來之文化，將自西洋生活先轉入中國生活，再轉入印度生活。

現代西洋哲學思想之介紹　現代西洋哲學思想，有實驗主義、新唯實主義及直覺主義三大派；中國之治哲學者，多各承其師說，推闡其理以介紹於國人：如胡適之於實驗主義，傅銅之於新唯實主義，張君礪（張嘉森）、張東蓀等之於直覺主義是。

二、現代科學知識之進步

清季科學不發達之原因　科學之入吾國，遠在同治年間，惟該時括入“洋務”範圍，未立科學之名。迄於清季，雖以辦理學堂，為注重科學之本，以派遣學生出洋為探索製作之源；然科學上，並未得良好影響。推求其故，固由吾國設立學校研究科學較晚，又迭經政變，民生彫敝，高等教育未盛！但當時以科舉出身為正途，其不由科舉出身，即致位通顯，亦為世所經；及至學校創辦，其獎勵出身，又不離科舉之習，致使科學課目，與五經、四子同為記誦之學，無裨實際應用，是以舊日科學之發達，皆係科學制度為厲。

中國現代科學之幼稚　中國學者研究科學有得者，如王寵佑之於銻，丁文江之於揚子江下流地質，陳煥鏞之於中國樹類之經濟觀，皆著有成書，為世傳誦。但與世界科學相較，實不追其萬一：故論吾國科學，可謂在現代方始萌芽。

三、近今文學思想之蛻化

文學革命之發動　民國五年（一九一六年）以來，文學思想潛受政治思想影響，因以文言文為貴族文學，白話文為平民文學。直至六年一月北京大學教授胡適首倡文學革命之論識，發表《文學改良芻議》(見《新青年》第二卷第五號)一文，大意謂文學隨時代而變遷，唐人不能作商周之詩，宋人不能作相如、子雲之賦；今世白話文學將為中國文學之正宗，又將為後世文學必用之利器；六年二月，北京大學教授陳獨秀發表《文學革命論》(見《新青年》第二卷第六號）一篇與相應和，並揭出三大主義："曰推倒雕琢的，阿諛的、貴族文學；建設平易的、抒情的、國民文學。曰推倒陳腐的、鋪張的、古典文學；建設新鮮的、立誠的、寫實文學。曰推倒迂晦的，艱澀的、山林文學；建設明瞭的、通俗的、社會文學。"民國七年四月胡適又發表一篇《建設的文學革命論》(見《新青年》第四卷第四號)，提唱"國語的文學，文學的國語"。七年冬季，陳獨秀創辦《每週評論》，北京大學學生刊行《新潮》，皆以白話為文，文學上遂突起一種變化。

國語文之盛行　民國八年"五四"運動以後，各地學生團體發行無數小報紙，內容全用白話，同時產生許多白話新雜誌。民國九年，日報亦漸採用白話；白話文傳播，大有"一日千里"之勢，同年教育部令，國民學校一二年級國文，從九年秋季起，一律改用國語。自後白話文，改稱國語文，國語教科書之編輯大盛，國語運動，亦漸成熟。但反對聲浪，並未全息。

注音字母之頒布　先是清末王照，製官話字母（光緒三十一年），勞乃宣加以修正，改稱簡字（光緒三十四年）。民國二年，教育部召集讀音統一會，討論讀音統一問題。讀音統一會，公製國音母韻暨介音共三十有九，取有聲有韻有意義之獨體漢字，作母用取其雙聲，作韻用取其疊韻。既可注於字旁，以代“反切”；又可獨立施用，促進教育。直至七年十一月，教育部始正式頒布從音字母。八年四月，教育部又頒布注音字母新次序（吳敬恒定）。八月九日，《國音字典》出版。注音字母，旋被採用於全國。

詩體之解放　自從文學六年革命之後，詩體亦受影響。胡適主張解放詩體，打破五七言格調，廢除平仄不押韻；注重“具體的描寫”。詩體經此大解放，作品乃異常發達。然作者大率技術未精。

四、近今史地學之趨勢

新史學之創造　梁啟超自清季以來，卽提倡新史學。近年復出其研索心得，著成《中國歷史研究法》，以供治斯學者之工具；予師王桐齡先生專攻東洋史，所著《東洋史》《中國史》，皆屬新史學之創作。

新地學之創造　近來北京地學會，極力提倡新地學，並刊行雜誌以廣宣傳；各大學校，亦間設地學系，從事研究；若白眉初所輯之《民國省區全誌》根據最新調察，縷論其與人生關係，足為此潮流中之傑作。

五、現代藝術之趨勢

現代藝術概觀　西樂輸入亦盛：綱琴、[1]風琴，不必論矣；卽繄華林（Violin）、梅多林（Mandsrin）亦多知音。是由近今各學校中多

[1] “綱琴”當爲“鋼琴”。——編者註

有音樂會之組織，而學子又每喜中西音樂合奏，故能傳播甚速。

書學　近今學校不講書學，國中善書者多在清代已自名家，重視寫字：為父兄者每以書法工整訓子弟；有藝術天才者，又侈談魏碑、漢隸、鐘鼎款識，家庭教育，社會制裁，尚足維持書學於不墜，

畫學　在昔清初畫家作畫，已參用西洋畫法，中西畫法溝通之端緒，已略具端倪。惜繼起無人，影響不巨。

彫刻　篆刻為文士餘技，雕鏤為匠人專長；中國早於此中，得有三昧。民國成立至今不過二十年，為期甚短，對於中國舊日雕刻，毫無進步可言。而各美術學校，竭力介紹新雕刻——彫像——並以寫實主義為依歸，超越美醜的差別，一意求眞；斯藝發達，可計日而待。

建築　住室建造之法，複雜繁多。近代西洋建築潮流，寖反對為古代建築樣式所拘束，主張自由自在創出新構造；又或尋求各時代建築樣式特徵，以期發展其長處。

第二十五章　現代社會改造思想及其問題

一、社會改造思想

最近社會思想解放之動機　海通以來，東西文化日益接觸；國際交通，外力干涉，皆與中國社會思想變化有關。若康梁之立憲，孫黃之革命，皆其適例。民國成立，人民有言論與結社之自由，思想解放益如春苗之怒發；要皆以抵抗帝國侵略主義（帝國主義）為依歸。蓋自晚清以來，帝國主義者，用種種政策（移民、探險、通商、交通、資本）侵略中國；馴至租借地、租界、勢力範圍，雜然并起。我熱心愛國志士，始不得不疾首蹙額奔走駭汗。從事救亡運動，迄今莫不以“打倒帝國主義”為口號！是知中國社會改造思想，皆到強侵略中國之反響。

近今之社會改造思想　中國近今社會思想，幾全為中西文化接觸之產物。惟倡之者祇求快於一時，不能力行以終身；故多數之思想僅有文學之價值。即提倡之者，言行亦每不相符。其確能得國民一般信仰者，僅有國民黨之三民主義，可稱為救國主義。按國民黨以三民主義（民族、民權、民生）五權憲法（立法、司法、行政、監察、考試），為其黨綱。關於中央及地方之權限采均權主義，對於民生方面，以平均地權、節制資本為原則；所採社會政策，趨向於國家社會主義。

二、社會改造問題

貧窮問題　國家之貧富，定於天惠之豐嗇與人力之大小；中國今日貧窮原因，並非天賜不厚，是由不善利用環境，生產能力太弱所致。目前中國之急需，一在發展各種實業，使無業游民有職業；一在培植創辦事業人材，增多羣衆工作機會。

勞動問題　中國近代受歐洲產業革命影響甚微——由於實業尚未發達到機械化程度——但經濟的罷工、政治的罷工已能運用，“五四”以來，尤為顯著；是勞動問題，在中國亦已成為社會問題。不過今日中國所大患，尤在於工人無工可作，將來所受產業革命影響加大，此種情形，當更劇烈。欲圖救濟，不可不講社會政策。社會政策論者，主張維持現在社會制度，以政府力量，抑强扶弱，使勞動者不至受資本家之壓迫，一方使產業歸中央政府或公共團體經營，藉以減殺資本主義之横暴。惟是資本主義在中國現代不能為大祟，因中國現代無資本家，其號稱大資本家者擁資不過三四千萬元；以視美國煤油大王約翰羅克腓拉（John Rockefeller）之有四十餘億元者，直不可以道里計。倘及今早為之防，使富者於或種程度上加以限制，貧者於年老廢疾時，微有所養；則階級鬬爭，或可不見於中國。

婦女問題　中國婦女問題，在辛亥革命成功後，曾宣騰一時，大都以運動女子參政為事；然不久寂然無聞，是由捨本逐末所致。緣婦女欲求解放，須謀經濟獨立；欲謀經濟獨立，宜從教育、職業兩方面作起。蓋婦女必有相當教育，始能有相當能力，謀取相當職業，逐漸增高在社會上地位，以至於完全與男子平等。

家族問題　中國舊日家族制度，習慣相沿，以三代同居共財者為多；即已結婚生子者，與父母同居。今人大抵排斥此種制度，以為足長子孫倚賴性，多數主張惟限於夫婦及未成年之子女同居，提倡小家族制度，此由於社會經濟變動，生活程度日高，卽屬婦女，亦不容在家中坐食，必須走入工廠工作；大家族根本動搖，乃自然之勢。

第二十六章　民國之政治組織

一、官制

民國官制　民國成立，政治組織採三權鼎立制度，立法有國會，分參衆兩院，為議決一切法律及監督政府機關。司法有大理院、總檢察廳，為全國最高司法機關。中央行政以大總統為首長，採取內閣制，以國務院為行政總機關，由國務員——國務總理及各部總長——代負其責任。民國三年，袁世凱實行總統制，去國務總理，設國務卿，但不久復舊。民國十三年，段祺瑞行執政制。民國十四年，國民政府在廣東行委員制。地方立法機關有省議會、行政官，在民國元年有都督、民政長，觀察使、內務、財政、實業、教育各司。民國三年都督改稱將軍，民政長改稱巡按使，而裁撤實業教育各司，於巡按使署中，分設各科；內務司改稱政務廳，財政司改稱財政廳。民國六年。將軍改稱督軍，巡按使改稱省長；又於省長之下，添設實業及教育二廳。民國十一年“廢督裁兵”聲中，改各省督軍為督理，旋又改為督辦。省長之下使道尹為一般行政長官；縣知事，為親民長官。有審判廳長、檢察廳長，以為司法官。民國十七年，北伐完成，國民政府復依據《建國大綱》，政治組織，行五權制度，中央成立行政、立法、司法、考試、監察五院，而以中央執行委員會政治會議，為訓政最高指導機關。地方廢督辦、省長制，仿中央制度，亦行委員制；組幟省政府，廢道存縣。審判、檢察二廳，改稱地方法院。

二、兵制

陸軍　民國陸軍編制，其大體仍前清之舊，有新式軍及舊式軍。新式軍，卽依光緒三十年練兵處所定之營制，而改易其名稱，分為師，旅、團、營、連、排、棚。舊式軍，現存者為各省之巡防營等，卽前清之所謂練軍。茲就現行新軍編制到表如下：

師
- 步兵二旅 — 一旅二團 — 一團三營 — 一營四連 — 一連三排 — 一排三棚
  - 又每團機關槍一連 — 一連三排
- 騎兵一團 — 一團四連 — 一連四排
- 砲兵一團 — 一團三營 — 一營三連 — 一連三排
- 工兵一營 — 一營三連 — 一連三排
- 輜重兵一營 — 一營三連 — 一連三排

軍 —— 合兩師以上為一軍。

每排目兵四十二名。計全師官長及司書人等七百四十八名，弁目兵丁一萬四百三十六名，夫役一千三百廿八名，共一萬二千五百十二名。又有混成旅、混成團，則是混合步騎砲工輜各營而成，組織較普通旅團稍完備，獨立不屬於師。全國軍隊，最多時超過一百七十萬人。

海軍　先是吾國海軍燬於甲午、庚子兩役，清季已謀設法恢復，民國以來，賡續進行，擬復興軍艦四百萬噸：然國家多故，不克擴充，只事維持而已。今分全軍艦為第一艦隊、第二艦隊，又設練習艦隊。現有之海軍力除隸屬各省之小艦（廣東、福建、浙江、奉天等省）外，共四萬二千餘噸，將校士兵共八千五百名。用以防衛長約二千八百英里之海岸，實無何種效力之可言！惟所用船艦，在福州馬尾船政局、上海江南造船所、廣州黃埔船塢造船廠，皆能製造修理，將來自有擴充希望。

三、刑法

刑律　刑律為維持公安，鞏固國家之要務，故凡為國家，皆不可無刑律以為維持，現今民國刑律，係就清末未及實行之《新刑律》刪定者，就中僅除去其牴觸共和國體各條，餘皆實行，稱為《暫行新刑律》。行之十數年，頗著成效；茲就吾國刑律刑罰之種類列表如下：

- 名
  - 主刑
    - 死刑………用絞於獄內執行
    - 無期徒刑…終身囚於監獄監禁之，服法定勞役
    - 有期徒刑…分五等
      - 一等……十年以上十五年以下，但加重及併科得至二十年
      - 二等……五年以上十年未滿
      - 三等……三年以上五年未滿
      - 四等……一年以上三年未滿
      - 五等……一月以上一年未滿
    - 拘役………一日以上二月未滿，囚於監獄監禁之，服法定之勞役
    - 罰金………一圓以上
  - 從刑
    - 褫奪公權…終身或於一定期限內褫奪其公權之全部或一部，以應科徒刑以上者為限
    - 沒收………限於（一）違禁私造私有，（二）供犯罪用，（三）因犯罪所得之物

四、賦稅

田賦　田賦一項，在政府於歷年預算冊內僅分地丁、漕糧、租課、差徭、墾務、雜賦、附稅七項。民國五年預算，田賦收入總數，計九千七百五十五萬三千五百十三元。

房稅　民國以來，各省房捐，多沿舊章於每月租價內，十成酌提一成，惟因各省迭遭軍事，當局抽收，往往不按定章。

營業稅　此類稅有牙稅、當稅、菸酒牌照稅、特種營業稅、普通商牌執照稅、礦稅等。

登錄稅　此類稅有契稅、驗契、註冊費等。

印花稅　此稅係由貼用印花，證明民間財產貨物權利轉移，或於應行納稅之物，貼用印花以代交納現款。

所得稅　雖已頒條例，但受內戰影響，迄未全行。

物產稅　此類稅為鹽稅、茶稅、菸酒稅、菸酒公賣稅、牲畜及屠宰稅、絲繭稅、貨物稅（釐金、統捐，產銷稅、落地稅、認捐、包捐）。

關稅　沿清舊制，仍有海關、常關之分：海關係國境稅關之性質，常關係內地稅關之性質。海關稅之經徵，屬之稅務司管理；常關稅之經徵，在海關五十里以內者，歸稅務司兼管，五十里以外者，及內地常關，統歸我國官吏管理。海關稅仍分進出口稅、子口稅、復進口稅、船鈔四種。至進口稅以從價五分為基礎，純係協定稅率，而非至定稅率。自我國根據華府條約，召集關稅會議，力求關稅自主；迄今僅得依華會條約，增加關稅。

五、學制

舊學制 民國元年五月，教育部通令，學堂改稱學校。當時教育，雖沿襲清末之基礎，而學制則於七月完全改革。——該項學制係由臨時教育會議在北京開會所議決。——小學校名稱初本仍舊，至民國四年十一月始將初等小學校改稱國民學校，茲錄其學校系統表於下：

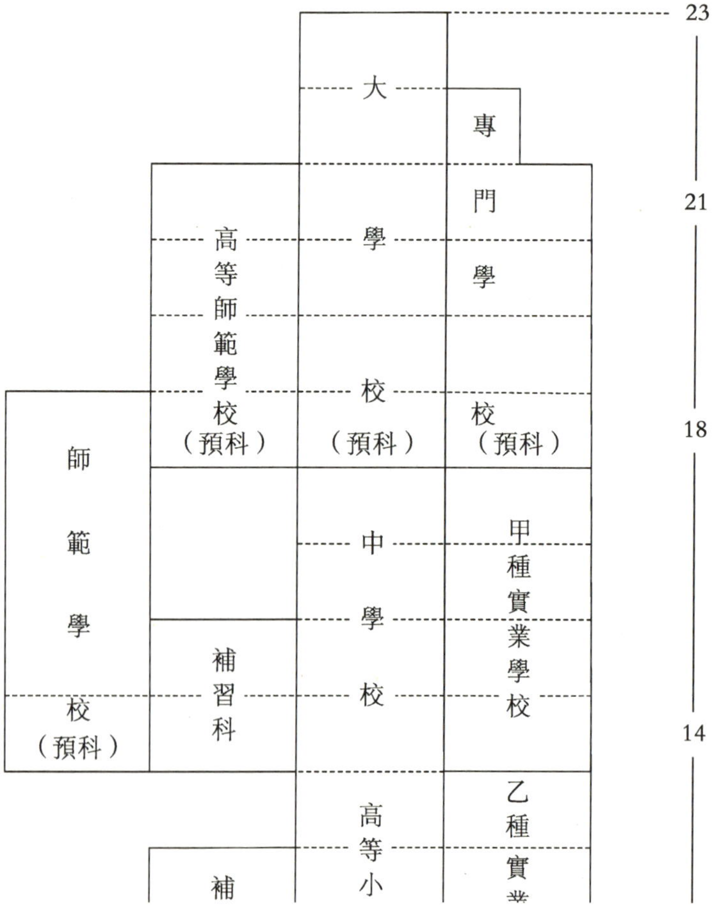

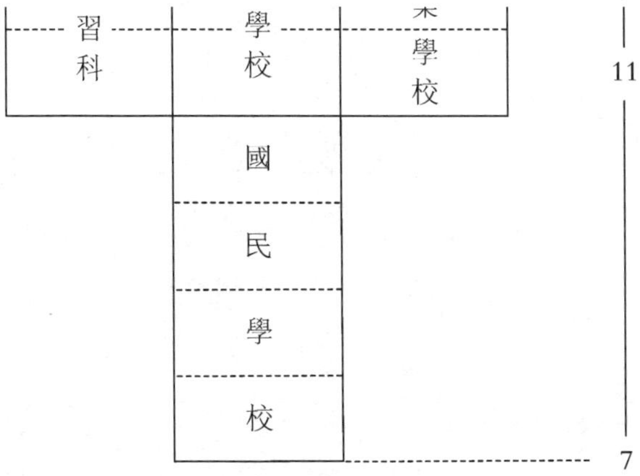

新學制　民國十年十月，全國教育聯合會，開會於廣東，討論學制之改革；當時製定新學制系統草案，呈請政府改革。民國十一年十一月，政府即據以頒布學校系統改革案。其標準有七：（一）適應社會進化之需要；（二）發揮平民教育精神；（三）謀個性之發展；（四）注意國民經濟力；（五）注意生活教育；（六）使教育易傳普及；（七）多留各地方伸縮餘地。茲錄其學校系統圖如下：

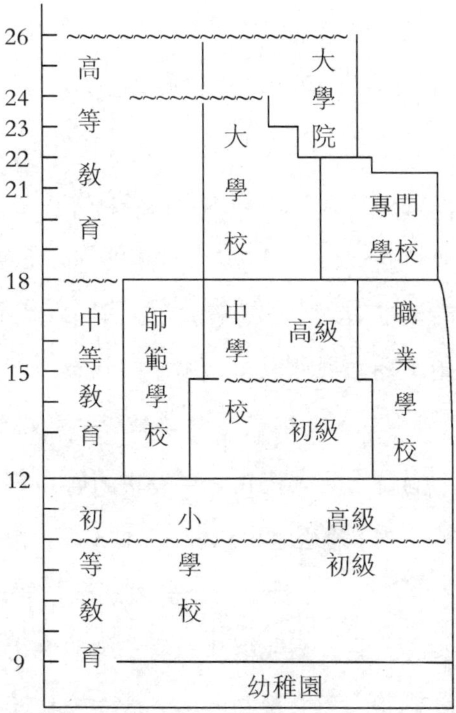

右圖左行之年齡表示各級學生入學之標準但實施時仍以其智力與成績或其他關係分別定之。

第二十七章　民國之社會狀況

一、宗教

宗教信仰之自由　民國成立之始，《臨時約法》即規定“人民有信教之自由”，其後民國二年《憲法草案》，民國三年《新約法》，民國十二年《中華民國憲法》，皆載“人民有信仰宗教之自由”條文：是可知宗教信仰之自由，在中國現代法律上亦已成為確定不易之件，足為中國宗教史上放一異彩。

宗教流傳之現勢　民國宗教流傳之現勢，佛道而外，有喇嘛教、回教、基督教。

（一）佛教　中國佛教現狀，若論十宗宏傳：則教下三家（天台宗、華嚴宗、法相宗），衣缽僅存。小乘二派（俱舍宗、成實宗），早已絕續。律宗、禪宗，流傳漸衰。密宗（眞言宗）在西藏喇嘛中，尚有持者。三論宗，已由日本傳回，在今西洋科學、哲學彌漫之世界，或能與唯識宗（法相宗）同放異彩。至於淨土宗，自清末石埭陽文惠（仁山）竭力提倡以來，中土已大盛行。

（二）喇嘛教　喇嘛教導源於釋教，舊分紅教、黃教兩派。紅教崇尚吞刀吐火幻術，早為世所輕，黃教重見性度生，斥聲聞小乘及幻術下乘，闡道遠出紅教上。西藏、青海、蒙古等處人民，今猶深信其教。

（三）道教　現今道教狀況，與清代相去未遠，虛無恬淡，制欲養心教義，久成墜緒；而多神的魔術與魔鬼學，多參雜其中。近年道教徒衆，漸欲挽回頹勢，間有道教學校之設立，或足一洗巫風之陋。

（四）回教　中國回教徒，約有二千萬；除散處於各省者外，大部居於新疆、甘肅、陝西、雲南。近來回教徒分新舊兩派，互相仇視，尤以西安為烈。

（五）基督教　清季基督教在中國已甚發達，民國成立以來，傳布益廣。中國基督教徒可分天主教、耶穌教兩大派：天主教信徒，今已增至一百九十九萬餘人。宣教師以法人為多，其次即屬意、西、比三國人。耶穌教信徒，今已增至三十三萬餘人。傳教士多為英美諸國教會所派遣。

二、禮俗

冠服　民國成立，改易服色。男子禮服，分大禮服、常禮服二種：常禮服復分甲乙兩種。女子禮服為褂、裙；週身得加繡飾，通常男女多着便服。

食住　食品足以供吾人滋養者，與清季無甚差異；而烟酒等嗜好品，在社會行銷益廣，大為青年之害。居室在鄉間者，茅屋籬垣，依然古風：鐵路所通城鎮，往往洋房樓房林立。此由於蓋造中式房屋價昂，且不適於公司商店應用故。

婚姻　現代婚禮，各地有各地俗禮，各教有各教儀式，仍未可以强同。比年以來，盛行新式結婚儀式，倡於都會商埠，而內地亦寖行之，蓋以事之繁簡豐濇，皆可隨時酌定，惟家之宜，故迄今日見推廣。

喪葬　民國成立，民間多遵行舊禮，而變通之：凡有服者仍舊用舊式喪服。亦可仍用平時禮服，惟男之左腕圍以黑紗，女之左胸際綴以黑紗結；來賓亦然，不用亦可。喪家定妥設奠受唁日期，即以訃文通告戚友。訃文舊日僅由死者之子具名，近今都會所在，間見由死者子女共同具名者，亦男女平權思想之表現。

祭祀 現今民間祭祖祀神之典，與清季無甚殊異；惟基督教勢力，日益彌漫，此風已逐漸衰微。

禮式 民國成立，廢去拜跪禮，改行鞠躬禮。男子禮為脫帽鞠躬，尋常相見，用脫帽禮。女子亦適用鞠躬禮。

風尚 辛亥革命，全國人民，頗具發揚蹈厲之精神，然以成功過速，流風所致，相率趣於浮動，全國遂呈不安現象。近日愛國士夫，頗思導人於和平努力奮鬬之途，國民氣質，可漸趨於甯靜沈着，艱苦卓絕。

三、實業

農業 我國號稱農國，今則逐年所產糧食，反不足供自國之需用；讀海關糧食進出口之統計，出口糧食，每不及進口三之一；卽出口貨中，最佔重要位置之絲茶，亦有江河日下之勢；而入口貨中之鴉片、菸草、酒類，反見激增；改良之責，是在政府與社會。

工業 自民國元年迄今，政爭兵亂，無年無之；舉清末獎勵實業政策之成績盡破之，而無以為繼！幸在歐戰發生時，歐美之商品來源斷絕；日貨又以二十一條之要求，而受國人之抵制：吾國工業始得自動發展機會。不過外人援據《馬關條約》，在各商埠設立各稱工廠；歐戰以來，日本工廠及中日合辦工廠，尤有激增，實我工業前途之障碍。

商業 吾國在清末，始知重商，設立商會，以資提倡。民國肇造，踵行舊規，商會亦逐年加多，但海陸商埠開放太多，輸入貿易亦固之而逐年增加，商業實權，歐戰前操之英德，歐戰時轉於日美，戰後英國漸恢復其地位。當日本二十一條提出時，國人提倡國貨，抵制日貨，實商業發達之良機。然就輸出輸入貨物價值比較之，總是入超，民國九年，入超增至二億二千餘萬兩；十年且增至三億零四百餘萬兩。

鑛業　總溯近世紀吾國鑛業之歷史，可分為三期：自清光緒之初，迄於甲午，開創提倡，依賴政府，是為官鑛時代。甲午以還，鑛權許與外人，動以省計，是為外資時代。日俄戰爭迄今，國人覺悟，多自行集資辦鑛，是為民鑛時代。然此三時代界限相重，其所建置，或一成而不廢，或名存而實亡，故今商鑛之外，仍多官鑛，華商之外，不乏外商！而官商又嘗合辦，中外不妨聯資，組織既煩，頭緒益雜。民國三年，新鑛業條例成立，完全取優先權主義，輕地主之權，減政府之稅，而後領照探採者漸多。迄至民國十一年，鑛區面積至三千餘方里，鑛稅收入年達數十萬，不可謂非民國政府之成績。

交通業　中國創行新政已數十年，迄今稍有成績可舉者，當推交通，交通之中，尤以鐵路為首屈一指。次為郵政，次為電政，次為航業，次為航空。茲分述其梗概：

（一）鐵路　現今國中已成鐵路，約達二萬一千里。惟年來兵事迭起，國家財政困竭萬分，司其事者往往無法擴充。

（二）郵政　中國按照歐西方法，創辦國立郵政，始於清光緒二十二年。迄今郵政局所已達一萬以上，火車郵路已達二萬餘里，輪船郵路已達三萬餘里，民船郵路已達四萬餘里，而郵差郵路則已達六十餘萬里，辦法之善，進步之速，為各國所稱贊。華府會議結果，各國允為撤銷在華客郵，及至民國十一年杪，一律實行，我國郵政逐獲獨立。

（三）電政　清末全國電線，統計十二萬餘里，局所共有六百餘處。辛亥軍興之際，頗遭蹂躪。若海線，除原有徐口線、滬烟沽正線、烟沽副線外，皆為外人所辦。無線電報於民國成立後，屢購無線電台，分設內地邊疆各適中之地，以靈消息。至於電話，舊日多為有線局部電話，近年逐漸改良，擴充有線長途電話，其無線電話，近始適用於歐、美；吾國正謀購置採用。

（四）航政　吾國舊日航業，以無强大海軍保護，故海通以來，將及百載，而航業尚未發達。遠洋航業，在民國四年旅美華僑，始組織太平洋郵船公司，購輪三艘，往來中美間，頗獲厚利。但以此與境內外國航行業相較，未免又相形見絀。

（五）航空　自飛機、飛艇發明以來，交通界另闢一新紀元。清宣統三年，購飛機一架。民國二年設航空學校添購飛機十四架，漸知航空與軍事交通有重要關係。八年購飛機五百架，特設航空事務處，後又改航空事務處為航空事務署。當時雖規劃商務飛家，著有成績；但不久國內戰爭迭起，飛機皆為各方軍隊取用。

四、經濟

財政　先是民國元年，軍事之餘，中央用款，惟有恃募內外債以為挹注；按月所支政費，僅三四百萬元。二年，大借外款，半充軍費，而國家元氣大傷。當時編製二年度預算案，凡借款在收支者均經列入，故收支之數，大增於昔，歲入共計銀四萬一千二百六十六萬六千九百六十五元，歲出共計四萬九千七百八十七萬二千六百零五元；收支相抵，實虧八千五百二十萬五千六百四十元。三年，國內戰事告終，各省對中央解款，時政漸形活潑。當時編製預算案，歲入銀二萬五千四百七十四萬零五百三十三元，幾出銀二萬二千九百二十六萬三千三百七十五元；收支相抵，表面上盈出二千五百四十七萬七千一百五十八元。然四年袁世凱竭天下之財，經營帝制，國家概算之數，又不敷至四千萬左右。至五年滇黔首義，各省解體；歲入減縮，支出增鉅；雖有預算案，不足憑信，然六年對德宣戰，延付庚子賠款；五年之內，每歲可省一千九百萬餘元，實為整理財政之良機，乃南北分裂，連歲用兵，大借日欵，中國財政遂益紊亂。

貨幣　先是清末貨幣紛紊，政府欲行改革，擬採金匯兑本位制（虛金本位制），未果行而革命軍起。民國成立，卽復提倡改革幣制，議採金匯兑本位制，亦不果行。至民國三年二月，政府頭布《國幣條例》，乃定銀為本位。旋於八月頒布《金券條例》，以為改用金本位預備。然全國貨幣制度仍未統一，銀兩墨洋以及外國紙幣，依然通用民間，計全國各地之貨幣，殆數十種，本國銀幣則前清各省所鑄之龍洋，入民國以後尚流通。至民國鼓鑄之新幣，在元年先鑄紀念雙角銀元，上刻孫文肖像。三年又鑄一元半元標準新幣，幣面均刻有袁世凱肖像，定為國幣，通行各省；銅元在清季已甚濫，民國成立，在南京製造局鑄開國紀念幣（面上國旗星旗交揮），民國十年又鑄一分及二分銅元（面上文為一分或二分，背刻嘉禾，中有圓孔）。至於舊日制錢，以形大而質美，近多被燬為銅元，罕為流通。過此以往，制錢漸歸淘汰，行當絕跡於市面。紙幣則銀元券、銅元券，各省皆有發行，然在然行地方取現者，必有折耗。

金融機關　我國新式金融機關，現已粗具規模，計其種類有本國銀行、中外合辦銀行、外國銀行。我國舊式金融機關，有票莊、錢舖、銀爐等，在辛亥革命時，倒閉者甚多。

錢價物價　清季銅元濫鑄，銀元一元，可易銅元一百二十枚，一般社會已詫為怪事！至民國元二年以後所易益多。然民國四五年間，金價跌落（受歐戰影響），每金一兩不過易銀十四五兩，故當時銅元尚不感毛荒。至民國八年以後，金價漸復原狀，每金一兩兑銀三十七八兩，而各省鼓鑄銅元不已。降至民國十年每銀元一元，可兑銅元一百四十餘枚，十一年可兑一百七八十餘枚，十二年可兑二百枚，十三年可兑二百八十枚，十四年兑至三百二十枚，十五年兑至三百七十枚，今已兑至四百枚。然市間所見多當制錢二十文者、其當制錢十文者已多被燬改鑄。若論物價，在民國元年，京津等處，斗米不過鋼元七十枚，斤麵不過銅元八枚；薪菜肉類，亦至賤。今則各貨價格，較前高三四倍不等，故民生日困，金融日緊。

中國近百年史下卷終

編後記

孟世傑(1895～1939年)，歷史學家，河北大興(今屬北京市)人，字咸宇。他畢業于北京高等師範學校史地系，歷任燕京大學、法政大學、北平師範大學、北京女子師範大學、北平大學、東北大學、四川大學及北京師範學院講師、教授等職。著有《中國最近世史》《中國近百年史》《先秦文化史》《化石期之文化》等，譯有《東亞文化之黎明》。

王桐齡（1878～1953年），歷史學家，號嶧山，河北任邱人。清末考取秀才，後留學日本，1912年畢業于東京帝國大學文學系，獲文學學士學位，是我國第一個在國外攻讀史學而正式畢業的學人。回國後，曾任北京政府教育部參事，後執教於北京高等師範學校（今北京師範大學）。著有《中國史》《東洋史》《中國民族史》《中國歷代党爭史》《儒墨之異同》《局儉堂詩存》等史學專著。

《中國近百年史》出版於1931～1932年，主要面向當時的高中學生，是一部民國時期教科書。其內容由1925～1926年出版的孟世傑所著《中國最近世史》改編而成。本書共三編，以時間為序，系統介紹了自鴉片戰爭開始一直到作者成書之時將近一百年的歷史進程，目的在於敍述帝國主義侵略中國之經過，說明中國近代政治經濟變革之背景，闡發三民主義之歷史、根源，指示中國民族應有之努力宗旨。囿於時代所限，書中觀點、立場與今人有所不同，但此書敍事簡明清晰，對於今人瞭解中國近代歷史不無裨益。

此次出版的《中國近百年史》，據1931～1932年百城書局所發行的底本進行整理，並參照1925～1926年出版的《中國最近世史》修訂。還需要向讀者說明的有以下幾點：由于時代局限，書中某些觀點如今看來或不當或偏頗，但其反應了當時社會的某種認識，故完整再版；為保持舊籍原貌，文中因時代所限出現的同字異書、與今人不同的外文書寫與翻譯，一般不作改動；原文的標點運用與現行的有所不符，在整理過程中，在保持原貌的基礎上，進行了必要的訂正，不一一注出說明；原文中所涉及的條約、書刊多未有書名號，在保持原貌和方便讀者閱讀的原則下，酌情補加書名號；對原文中一些明顯錯訛之處，主要為時間標注和史實錯誤，進行了必要的修改，並以"編者註"的形式加以說明。限於整理者水準，錯漏不當之處仍在所難免，誠望讀者諸君批評指正。

劉江　王曉燕

2013年10月

《民國文存》第一輯書目

紅樓夢附集十二種	徐復初
萬國博覽會遊記	屠坤華
國學必讀（上）	錢基博
國學必讀（下）	錢基博
中國寓言與神話	胡懷琛
文選學	駱鴻凱
中國書史	查猛濟、陳彬龢
林紓筆記及選評兩種	林紓
程伊川年譜	姚名達
左宗棠家書	胡嘯天
積微居文錄	楊樹達
中國文字與書法	陳彬龢
中國六大文豪	謝無量
中國學術大綱	蔡尚思
中國僧伽之詩生活	張長弓
中國近三百年哲學史	蔣維喬
段硯齋雜文	沈兼士
清代學者整理舊學之總成績	梁啟超
墨子綜釋	支偉成
讀淮南子	盧錫烴

國外考察記兩種	傅芸子、程硯秋
古文筆法百篇	胡懷琛
中國文學史	劉大白
紅樓夢研究兩種	李辰冬、壽鵬飛
閒話上海	馬健行
老學蛻語	范禕
中國文學史	林傳甲
墨子閒詁箋	張純一
中國國文法	吳瀛
錢基博著作三種	錢基博
老莊研究兩種	陳柱、顧實
清初五大師集（卷一）· 黃梨洲集	許嘯天
清初五大師集（卷二）· 顧亭林集	許嘯天
清初五大師集（卷三）· 王船山集	許嘯天
清初五大師集（卷四）· 朱舜水集	許嘯天
清初五大師集（卷五）· 顏習齋集	許嘯天
文學論	夏目漱石、張我軍
經學史論	本田成之、江俠庵
經史子集要略	羅止園
古代詩詞研究三種	胡樸安、賀楊靈、徐珂
古代文學研究三種	張西堂、羅常培、呂思勉
巴拿馬太平洋萬國博覽會要覽	李宣龔
國史通略	張震南
先秦經濟思想史二種	甘乃光、熊夢
三國晉初史略	王鍾麒
清史講義（上）	汪榮寶、許國英
清史講義（下）	汪榮寶、許國英

清史要略	陳懷
中國近百年史要	陳懷
中國近百年史（上）	孟世傑
中國近百年史（下）	孟世傑
中國近世史	魏野疇
中國歷代黨爭史	王桐齡
古書源流（上）	李繼煌
古書源流（下）	李繼煌
史學叢書	呂思勉
中華幣制史（上）	張家驤
中華幣制史（下）	張家驤
中國貨幣史研究二種	徐滄水、章宗元
歷代屯田考（上）	張君約
歷代屯田考（下）	張君約
東方研究史	莫東寅
近世歐洲史	何炳松
西洋教育思想史（上）	蔣徑三
西洋教育思想史（下）	蔣徑三
西洋教育史大綱	姜琦